중등예비교사를 위한

교직실무

이기용 강정숙 김규태 김덕희 이경순 최석민 공저

양 성 원

머리말

교육은 인간을 대상으로 하여 개개인이 가진 잠재가능성을 발현한다는 측면에서 볼 때, 학습자의 요구와 특성을 반영하여 맞춤형 교육을 수행해야 함은 자명한 사실일 것이다. 이 책에서는 중등예비교사가 실제 교육현장에 나가기 전에 습득해야 할 지식과 기술을 소개하며, 그동안 배운 내용을 통해 예비교사로서 갖추어야 할 교직 역량 및 태도 변화에 초점을 두고자 하였다. 특히, 교직실무라는 교과목은 앞으로 도래할 제4차 산업혁명시대에서 요구되는 교사로서의 전문지식 및 현장지식을 충분히 학습하는 데 초점을 두고 있으며, 우리 중등예비교사들은 학교현장과 관련 다양한 실례를 조사하고 분석하여 실제 교육현장에 적용할 수 있는 능력을 함양하는 데 많은 노력과 시간을 투입해야 할 것이다.

현행 소양교과목으로서 교직실무는 교원양성과정에 재학하는 모든 학생들이 필수적으로 이수해야 하는 교과목이며, 대학의 수업 환경에서 다소 어려움은 있지만 최대한 교직과 관련된 실무를 익히는 데 그 의의를 두어야 한다. 이에 이 교과목을 수강하는 학생들은 그동안 배우고 익힌 교육학 관련 지식을 최대한 동원하여 교육학과 관련된 수업을 마무리하는 데 역점을 두어야 할 것이다.

본 서는 제3부 제12장으로 구성되어 있으며, 제1부는 교직의 이해로서, 제1장 교직과 윤리, 제2장 교원의 권리와 의무 및 역량, 제3장 교원의 복무 관리이다. 제2부는 학교행정 실무로서, 제4장 학교경영 조직 및 계획, 제5장 교원의 전문성 개발, 제6장 학교교육과정의 편성 및 운영, 제7장 수업의 이해, 제8장 생활지도 및 상담, 제9장 교사의 업무와 사무 관리이며, 제3부는 학급경영 실무로서, 제10장 학급경영 및 학급경영자, 제11장 학생문화와 학생생활, 제12장 학생평가 및 생활기록부 등이다. 또한, 이 책에서는 집필과정에서 대학교수 3명과 교육현장 전문가 3명이 협동 작업을 통해 중등학교 현장의 내용을 많이 담으려고 노력하였다.

하지만, 이 책을 탈고하는 과정에서 자세히 들여다보니 부분적으로 미진한 내용들이 많이 발견되었으며, 교직실무의 영역과 내용이 너무 방대하다 보니 모든 내용을 담기에는 다소 한계가 있었다. 앞으로 이 책은 독자들의 따가운 지적과 조언을 통해서 계속적으로 수정 및 보완해 갈 것이며, 계속해서 변화하는 교육현장의 목소리를 반영하여 지속적으로 개정판을 내려는 노력을 할 것이라 다짐해 본다.

그동안 교육의 현장에서 교육을 위해 많은 시간과 노력을 기울여 온 교수 및 현장 전문가들의 경험을 바탕으로 이 책이 집필되었으며, 이 책은 교육학을 공부하는 예비교사뿐만 아니라 교육현장에서 이를 실천하고 있는 교원들에게 조금이나마 도움이 되기를 기대해 본다. 또한, 앞으로 독자 여러분들의 많은 지적과 조언이 있기를 바래 본다. 끝으로, 이 책을 기꺼이 출판하도록 아낌없는 지원과 격려를 해 주신 강철원 사장님과 편집부 선생님들께 깊은 감사를 드린다.

2020년 2월

경북 안동대학교 사범학관에서

저자 일동

차 례

Part 01 교직의 이해

chapter 01 교직과 윤리

chapter 02 교원의 권리와 의무 및 역량

chapter 03 교원의 복무관리

Part 02 학교행정 실무

chapter 04 학교경영 조직 및 계획

chapter 05 교원의 전문성 개발

chapter 06 학교교육과정 편성 및 운영

chapter 07 수업의 이해

chapter 08 생활지도 및 상담

chapter 09 교사의 업무와 사무 관리

Part 03 학급경영 실무

chapter 10 학급경영 및 학급경영자

chapter 11 학생문화와 학생활동

chapter 12 학생평가 및 생활기록부

part 01

교직의 이해

contents

chapter 01

교직과 윤리

1. 중등학교 교직의 의미

가. 교직의 의의

교육이란 용어는 우리의 일상생활에서 매우 중요하며 많이 사용되고 있다. 교육(Education)의 어원이 educare = 'e'(out, 밖으로) +'ducare'(lead, 이끌어 내다)에서 왔다는 측면서 보면, 교육이란 학생 개개인이 가진 잠재가능성이나 적성을 밖으로 끌어내어 발현되도록 한다는 의미를 가지고 있다. 이처럼 교육에 대한 정의는 어원적 측면뿐만 아니라, 이 사회에 필요한 인재 양성, 전 세대가 물려받은 문화유산의 전달, 자아실현, 인간성 형성 등의 다양한 의미를 포함하고 있다. 즉, 교육이란 학생 개개인이 가진 잠재가능성을 발현케 하여 이 사회의 다양한 분야에 필요한 유능한 인재를 양성한다는 점에서 그 의의가 있을 것이다.

이러한 교육을 실현한다는 관점에서 교사의 역할은 그 무엇보다도 중요하며, 교사라는 직업을 포함하는 교직은 향후 제4차 산업혁명 시대에서도 보다 많은 역할을 부여받을 것이라 예상할 수 있다.

교직이 다른 직업과의 차별되는 이유는 첫째, 교직수행은 직업자체가 삶의 중요한 요소로서 자신의 능력을 발휘함으로써 자아를 실현하는 과정이 된다(강기수, 김희규, 2012). 즉, 교직자들은 가르치고 연구하는 교육수행의 일 자체를 삶의 기쁨과 보람으로 여긴다는 점이다. '교직은 천직'이라는 말처럼 학생에 대한 인간애와 교직자로서의 사명감을 가지고 가르치는 일에 자부심과 성취감을 느낀다는 것은 즐거운 마음으로 교사의 직을 수행하면서 기쁨과 보람을 갖는 다는 의미이다.

둘째, 교직수행은 이 사회에 필요한 인재를 길러 내는 계획적이고 의도적인 행위이며, 교육은 사회의 안정성에 기여함과 동시에 인간답게 살아가도록 인간의 사회화 기능을 담당한다. 이러한 측면에서 교육현장에서의 교직수행은 교사 본연의 자아실현과 학생들의 자아실현을 동시에 추구하며, 정치적 이념이나 사회변화 등에 흔들림 없이 오직 교육의 정체성으로 지속되어야 한다.

셋째, 교직수행은 국가발전 및 공익의 추구를 통한 사회적 역할과 국가적인 이상을 실현하는 기반이 된다. 이는 교직 자체가 국가 및 국민의 공익을 추구한다는 점에서 봉사적 측면이 매우 강하며, 이러한 역할들은 교직만이 가진 특징이라 볼 수 있다.

사실 교직이 향후 도래할 제4차 산업혁명 시대에 어떻게 변화될 것인가에 많은 사람들이 관심을 갖는다. 위에서 언급한 내용을 볼 때, 인간의 성장과 발달에 기여하는 직업이라는 측면에서는 그 중요도가 높아질 것으로 기대되지만, 본질적으로 어떠한 역할을 수행할 것인가에 대한 대답은 그리 쉽지는 않을 것이다. 이에 향후 예비교사들은 교사로서 갖추어야 할 핵심역량 및 직무역량을 함양하는 데 많은 시간을 할애하여야 할 것이며, 교사라는 직업에 투철한 사명감 및 자긍심을 가지고 지속적인 노력을 해야 할 것이다.

나. 교직의 특성

교직에 대한 직업적 특성을 보면, 교직은 다른 직업과 달리 인간을 대상으로 인간의 성장과 발달에 초점을 두며, 인간을 인간답게 길러 내는 성스러운 직업으로서 특별한 자질과 투철한 사명감이 요구되는 직업이다. 교직은 자신의 자아실현뿐만 아니라 모든 국민의 성장, 사회 및 국가사회 발전에 큰 영향을 미치는 직업적 특성을 갖는다. 따라서 교사라는 직업은 국가가 정해 놓은 법규의 준수와 함께 일상생활에서도 많은 윤리성이 요구되는 직업이며, 지역사회의 지도자 내지는 교육자로서 살아가기를 요구하는 실천도덕을 중요시하는 직업이다.

교직의 특성으로 첫째, 교직은 인간을 바람직한 방향으로 성장하도록 변화시키는 것을 목적으로 학생들을 가르치고 지도하는 업무를 주로 수행하는 직업이다. 둘째, 교직은 국민들의 사회경제적 효과를 산출하는 삶의 중요한 원천으로 작용하며, 셋째, 교직은 미성숙한 인간을 성숙한 인간으로 나아가도록 교육시키기 때문에 다른 직업들보다 특별한 직업윤리가 요구된다. 넷째, 교직은 미성숙한 인간의 교육을 통해 전인적 성장 및 자아실현을 할 수 있도록 하는 지원적·봉사적 성격이 강하다는 점이다. 마지막으로, 교직은 사회 및 국가발전, 문화의 계승 및 발전, 개인적 발전 등의 모든 분야에 영향을 지대하게 미치는 직업이라는 점에서 다른 직업과 차별성을 가진다(김상돈, 김형진, 2012).

또 다른 측면에서 다른 직업과 구분이 되는 교직의 특성을 보면(기순신, 2001), 첫째, 교직은 인간을 대상으로 하는 직업이라는 점이다. 인간을 대상으로 하는 직업으로 법률가나 의사도 있지만, 그들은 인간 그 자체를 주 대상으로 하기 보다는 신체적 및 정신적으로나 법률 관련 일부만을 그 대상으로 삼는다. 그 반면, 교사라는 직업은 인간의 한정된 부분만을 그 대상으로 하는 것이 아니라 전인적인 인간, 즉 인지적, 정의적, 신체적, 사회적, 문화적 및 정치적, 경제적 특징을 지닌 인간 그 자체를 대상으로 한다.

둘째, 교직은 미성숙자를 대상으로 하는 직업이다. 검사나 판사는 인간을 대상으로 그 일상생활에서 일어나는 일들을 다루지만, 교사는 아직 성숙하기 않은 아동이나 청소년을 대상으로 하여 교육하고 지도한다는 점에서 그 차별성이 있다. 즉, 교사는 현재 미성숙한 인간을 무한한 잠재가능성을 가진 한 인간으로 성장하고 발달할 수 있도록 도와주어 개인의 삶을 다양한 측면에서 변화시킬 수 있다.

셋째, 교직은 일반적으로 인간의 정신생활을 대상으로 하는 직업이다. 물론 의사들 중에서도 정신과 의사의 경우에는 인간의 정신세계를 다루지만, 그것은 병적 증상에 한정된 정신을 다루므로 관심의 초점은 어디까지나 인간의 신체에 국한되어 있다고 볼 수 있다. 하지만, 교사들은 학생의 신체적 발달뿐만 아니라 그 주된 관심사인 학생들의 정신적인 측면에 초점을 두고 교육하고 지도한다는 특성이 있다.

넷째, 교직은 봉사를 하는 직업적 특성을 가진다. 물론 교사들도 일반 다른 직업의 종사자처럼 일정한 경제적 보수를 받고 있지만, 다른 직업에 비하여 봉사라는 것이 더욱 요구되는 직업적 특성을 가진다. 즉, 교직은 다른 직업에 비하여 봉사직으로서의 특성이 더욱 부각되고 있으며, 인간의 성장과 발달에 초점을 둔다는 점에서 윤리적 봉사정신의 발휘가 강조되고 있다. 이러한 측면에서 가르치는 직업의 특성을 지닌 교사들은 인류 및 국가 사회의 발전을 위해 봉사하고 공헌하는 직업적 특성을 지닌다.

다섯째, 교직은 국가와 민족에 대한 지대한 영향을 미치는 공적인 행위를 하는 직업이다. 교직은 국가가 추구하는 인간상이나 가치관을 실현한다는 차원에서 공공성이 부각되는 직업이며, 국가나 민족의 장래에 대해 지대한 영향을 미치는 공공사업을 수행하는 직업이라 볼 수 있다. 즉, 교직은 백년지대계(百年之大計)의 차원에서 국가와 민족의 운명과 직결되어 있는 직업이라는 측면에서 다른 직업에 비해 국가와 민족의 장래에 직·간접적으로 많은 영향을 미치는 직업적 특성을 지닌다. 현대사회 많은 국가들이 교육에 막대한 예산을 투입하여 교육정책을 수행하고 있으며, 이러한 투입은 향후 국가나 민족의 장래를 결정한다는 측면과 공공성 측면에서 매우 중요하다고 볼 수 있다.

여섯째, 교직은 사회 및 국가 발전에 중대한 역할을 부여받은 직업이다. 교육의 중요한 기능 중에 하나는 인류가 그동안 이룩한 문화유산을 보존하고 계승하여 새로운 문화를 창출하는 것이다. 즉, 교육을 담당하는 교사는 그동안 인류가 축적한 문화유산을 다음 세대에 전달하는 역할을 수행하며, 앞으로의 세대에 보다 나은 문화를 창조하고 희망찬 미래를 건설하는 일에 주역이 되는 역할을 수행하는 일들을 교사가 한다는 점이다. 따라서 교사라는 직업은 현재 상태에서 안주하여 보수적이고 소극적인 일을 수행하는 것이 아니라 보다 나은 미래를 위해 적극적이고 진취적 자세로 행동해야 하는 미래지향적인 직업이라 볼 수 있다.

이상과 같이, 교직은 인간을 대상으로 한다는 점, 미성숙자를 대상으로 한다는 점, 인간의 정신생활을 다루는 점, 봉사를 강조하는 직업이라는 점, 국가와 민족의 발전을 위해 공적인 행위를 한다는 점, 사회 및 국가의 발전에 중요한 역할을 수행한다는 점, 사회에 필요한 다양한 인재를 양성한다는 점 등의 역할을 수행하는 측면에서 다른 직업에 비해 차별성을 갖는다. 따라서 향후 도래할 제4차 산업혁명 시대에는 교사의 역할이 어떻게 변화해야 하는 지에 대한 성찰이 요구되며, 교육자로서 투철한 사명감 및 자긍심을 가지고 교육에 임해야 할 것이다.

다. 교직관의 유형

교직을 어떻게 바라보느냐에 대한 관점이 바로 우리의 교직관이라고 볼 수 있으며, 이는 예비교사들에게 교직교육을 함에 있어서 매우 중요한 문제이다. 이는 교사를 어떤 관점에서 바라보아야 하는가와 교사들의 사명감과도 직결되는 문제일 것이다. 일반적으로, 교직관은 교직의 본질을 어떻게 인식하느냐와 관련된 가치관이며, 교사의 태도 및 행위에 많은 영향을 미친다. 따라서 교사는 건전하고 타당하면서 확고한 교직관을 가져야 할 것이다. 교직관은 학자들마다 다양하게 정의되고 있지만, 본 교재에서는 교직관의 유형으로 성직관, 노동직관, 전문직관 등을 제안하고자 하며, 그 구체적인 내용은 다음과 같다.

1) 성직관

성직관(聖職觀)은 역사적으로 가장 오래된 교직관이며, 성직자가 교사를 겸하였던 서양의 중세로부터 시작된다(강기수, 김희규, 2012). 유럽의 중세사회에서는 성직자가 교육업무와 종교업무를 겸직하였으며, 교사는 독립된 직업인으로 인식되지 못하였다. 이에 교직을 종교직과 동일시하여 성직이라 불렀으며, 교육을 맡은 이들은 독립적인 직업을 가진 교사가 아닌 성직자들이었다(권기욱, 2006; 김희규 외, 2018).

이러한 성직관은 교직을 신부, 목사, 승려 등이 수행하는 것과 같은 정신적 봉사활동을 강조하는 직업으로 보는 교직관이다. 이러한 성직관에서의 훌륭한 교사는 학생에게 참다운 인간교육을 하겠다는 각오로 심신을 수양하고, 교육의 열정을 몸소 실천하며, 사랑과 봉사의 정신으로 학생 교육에 전념하며, 물질적 보상에는 관심이 적은 편이다.

성직관에서 중시하는 교직의 관점은 다음과 같다(김희규 외, 2018). 첫째, 성직관에서의 교직은 단순히 시간과 노력을 제공하고 대가를 지불받는 직업적인 속성보다는, 교육행위의 본질이자 인간으로서의 도리라고 할 수 있는 사랑으로 가르치고 존경으로 배우는 사제 간의 인격적인 관계를 무엇보다 중요시한다.

둘째, 성직관에서 바라보는 이상적인 교사상은 인간과 학생에 대한 끊임없는 사랑과 헌신, 자신에 대한 인내와 절제, 직무에 대한 희생과 봉사의 자세로 초연하게 스승의 길을 걷는 성인군자와 같은 모습이다.

셋째, 성직관에서의 교사는 다른 어떤 관점보다 스승으로서 높은 수준의 도덕적 가치와 윤리관의 함양을 요구한다. 또한, 경제적인 부나 물질적 만족보다는 정신적인 만족감과 가치를 더 중요시한다.

넷째, 성직관에서의 교권은 권리의 주장이 아닌 본연의 의무에 충실함을 강조한다. 직업인으로서 누구나 기대하게 되는 물질적 보상에 따른 처우 개선이라든지 직급이나 직위상승에 대한 추구는 성직자적 교직자로서 바람직하지 않은 모습이다. 따라서 오늘날 교원단체에서 제안하는 전문단체의 결성을 통한 교원의 복지증진이나 사회적 지위 향상과 같은 스스로의 권리를 요구하는 입장과는 다소 거리가 있다고 볼 수 있다.

이러한 성직관은 교직의 직업적 속성보다는 교육행위의 본질인 교사와 학생 간의 인격적 만남을 토대로 한 윤리적 관점에서 비롯된 것으로 볼 수 있다. 하지만, 성직관에 대한 다양한 비판점이 제기될 수 있으며, 구체적인 비판점을 제안하면 다음과 같다(권기욱, 2006).

첫째, 교사의 세속적인 생활을 지나치게 부정하며, 사회에서 고립된 청빈과 금욕적인 생활을 강조한다. 교사의 헌신적 봉사와 희생을 강요함으로써 교사의 권리를 지나치게 제한한다. 둘째, 성직관은 전통적인 사회에서 형성된 교직관이며, 산업화 사회의 가치가 다원화된 사회의 가치에는 비현실적이고 수용되기 어려운 점들이 있다. 셋째, 성직관은 사회에서의 교사의 역할에 대한 기대, 교사에 대한 제약, 사생활에 대한 침범이 많아 교사들이 수용하기를 거부하는 측면이 있다. 또한, 성직관은 시대적으로 낙후되고 비현실적인 것으로 비판받고 있는 실정이다.

이상에서와 같이, 교직에 대한 성직관은 교육행위의 본질이자 인간으로서의 도리라고 할 수 있는 사랑으로 가르치고 존경으로 배우는 사제 간의 인격적인 관계를 무엇보다 중요시한다. 또한 성직관에서의 교사는 인간과 학생에 대한 끊임없는 사랑과 헌신, 자신에 대한 인내와 절제, 직무에 대한 희생과 봉사의 자세로 초연하게 스승의 길을 걷는 성인군자와 같은 모습이며, 스승으로서 높은 수준의 도덕적 가치와 윤리관의 함양을 요구하며, 경제적인 부나 물질적 만족보다는 정신적인 만족감과 가치를 더 중요시한다고 볼 수 있다.

2) 노동직관

노동직관은 교직을 노동자라는 입장에 입각하여 교사를 노동자로 간주하는 관점이다. 이 교직관은 정부(교육부)나 사립학교법인과 근로에 관한 고용계약을 통하여 고용자와 피고용자의 관계가 형성된다. 이 교직관은 교사가 교육하거나 지도하는 일들을 노동으로 보고, 이러한 업무를 수행하는 교사를 노동자로 본다. 또한, 막스베버의 계급관에 근거하여 교사를 노동자 계급의 일원으로 보는 교육관이며, 교사는 교육기관에 근무하는 조건으로 보수를 받고 있기 때문에 노동자의 상황에 있다고 본다. 노동직관은 노동에 대한 반대급부로서 근로자의 처우개선, 임면문제, 근무조건 향상 등을 위해 노동3권인 단체결성권, 단체교섭권, 단체행동권의 보장을 강조한다.

교직을 노동직으로 보는 관점은 1986년 6.29 민주화선언 이후 사회의 민주화에 의하여 가속화되었다. '한국교원단체총연합회'가 관 주도로 우리나라에 유일한 교원단체이었지만, 1989년 '전국교원노동조합(전교조)'이 결성됨으로써 교원단체는 이원화되었으며, 전교조의 입장에서는 교직의 노동직관이 더 강화되었다. 그 이후 '한국교원노동조합'이 결성됨으로써 교원단체는 삼원화가 되었다. 교직의 교사들도 노동조합 단체에 참여할 권리를 갖게 되었다(권기욱, 2006).

교직으로서 노동직관의 주요 내용을 정리하여 제시하면(김희규 외, 2018), 첫째, 노동은 신성한 것이며, 교직수행도 하나의 노동으로서 교사는 교육노동자라는 점이다. 둘째, 교원노동조합의 단체결성권이나 단체교섭권뿐만 아니라 단체행동권까지의 노동3권이 보장되어야 한다는 점이다. 셋째, 교사의 지위 향상은 오직 노동자로서의 권리 행사를 통해 이룩될 수 있다는 점이다. 넷째, 교사는 자신의 정치적 사상을 교육활동에서 명확히 표명할 수 있어야 한다는 점이다.

노동직관에 대한 비판점으로는 첫째, 노동을 제공하는 대가로 보수를 받는 자를 노동자라고 한다면, 대통령, 장관, 판사, 교장, 원장 등도 노동자이며, 모든 직업인은 노동자일 것이다. 하지만, 일반적으로 이들과 전문직 종사자들은 노동자에 포함하지 않는 경향이 있어 논리적으로 문제가 있다고 볼 수 있다(권기욱, 2006). 즉, 교직이 노동직이라 것에 대한 설득력이 약하다는 점이다.

둘째, 우리나라 전통적인 유교사상과 사회풍조는 교사를 노동자로 보는 데 대해서 거부감이 강하다는 점이며, 우리 국민의 정서에 맞지 않다는 점이다. 사회주의 국가에서는 교직을 노동직으로 보는 것이 타당하다고 볼 수 있지만, 민주주의국가에서는 완전히 수긍하지 않는 경향이 있다.

셋째, 교직을 단순히 노동직으로 봄으로써 교사들이 자신의 교직활동을 단순화하고 교육자로서의 전문성 신장을 위한 연구 활동에 소홀해 질 수 있다는 점이다. 교원에게 연구 활동은 법률에도 나와 있는 권리이자 의무이다. 「교육기본법」 제14조(교원) ②에는 "교원은 교육자로서 갖추어야 할 품성과 자질을 향상시키기 위하여 노력하여야 한다."고 하여 교육자의 전문성 향상의 중요성을 강조하고 있다. 이처럼 노동직은 자신의 권익주장에 몰두하여 자칫 직무 전문성을 향상시키기 위한 노력에 소홀하지 않을까 하는 우려도 있다.

이상에서와 같이, 교직에 대한 노동직관의 특성은 노동은 신성한 것으로 교직도 하나의 노동으로서 교사는 교육노동자라는 점이며, 교원노동조합의 단체결성권이나 단체교섭권, 단체행동권의 노동3권이 보장되어야 한다는 점, 교사의 지위 향상은 오직 노동자로서의 권리행사를 통해 이루어진다는 점, 교사는 자신의 정치적 사상을 교육활동에서 명확히 표명할 수 있어야 한다는 점이다. 하지만, 교사는 교육전문가로서 교육적 사명을 다한다는 차원에서는 노동직관은 공공성 차원에서 그 설득력이 다소 떨어진다는 비판점도 제기되고 있다.

3) 전문직관

교사라는 직업은 학생들의 성장과 발달을 위해 적절한 교육을 수행한다는 차원에서 전문가 집단에 의해 전문적 지식과 기능을 전달하고 교육하는 활동을 수행하며, 이러한 근거로서 교직을 전문직으로 보는 관점이다. 일반적으로, 전문직은 직무를 수행하는 데 전문적인 지식과 기술을 필요로 하는 직업이며, 의사, 판사 및 검사, 변호사, 약사, 교사 등이 근무하는 직종을 전문직이라 할 수 있다. 이러한 전문직의 전문가는 고도로 전문화된 이론적 지식을 소유하고 있으며, 그 지식을 일상적인 업무 수행에 적용하는 방법과 기능을 가진 사람들이다. 전문직의 일반적 특성을 규명하고, 교직의 전문직관을 이해해야 한다.

교직의 전문직관은 1956년 리버만(M. Liberman)의 저서 『전문직으로서의 교육』이 발간되면서 대두되었으며, 이 저서에서 Liberman(1956)은 전문직에 대한 기준을 다음과 같이 제시하였다.

- 첫째, 전문직은 독특하고 분명한 사회적 봉사기능을 갖는다.
- 둘째, 전문직은 직능의 수행에서 고도의 지적 기술을 요구한다.
- 셋째, 전문직은 장기간의 준비교육을 필요로 한다.
- 넷째, 전문직은 개인적으로나 집단적으로나 광범위한 자율성을 가진다.
- 다섯째, 전문직은 자율의 범위 안에서 행사한 행동과 판단에 대하여 스스로 책임을 갖는다.
- 여섯째, 전문직은 자치조직을 가진다.
- 일곱째, 전문직은 사회적 봉사가 경제적 보수보다 우선시된다.
- 여덟째, 전문직은 그 자체의 직능을 수행하는 데 준수할 직업윤리를 가진다.

이러한 전문직관에 대한 보다 더 구체적인 이해를 위한 전문직의 특성을 제시하면, 다음과 같다(권기욱, 2006).

첫째, 전문직의 특성으로 자격증을 갖추어야 하며, 전문직은 직업에 입문하는 데 필수적으로 관련된 자격증을 요구한다는 점이다. 그 이유는 학생들과 교사들을 보호하고 전문직에 종사하려는 사람들 간에 질서를 확립하며, 전문직 자체의 사회경제적 지위를 유지하기 위함이다. 즉, 자격증을 발급하고, 자격증을 가진 사람만이 입문할 수 있도록 하며, 대표적인 전문직에는 의사, 변호사, 약사, 교사 등이 있으며, 그들의 직종은 자격증을 획득하여야만 종사할 수 있다.

둘째, 전문직의 특성으로 전문성을 갖추어야 한다. 전문직은 종사자들이 직무수행에서 전문적인 지식과 기술을 기초로 하고, 종사자들에게 이를 소화할 수 있는 지적 능력을 요구한다는 점이다. 많은 직업들이 전문성을 요구하지만, 전문직은 다른 직업에 비해서 상대적으로 더 많은 전문성을 요구한다고 볼 수 있다. 여기서 전문 지식이란 구체적이기 보다는 추상적이고, 실천과정에서 일반화되어질 수 있는 원리들로 구성된다.

셋째, 전문직의 특성으로 자율성이 있다. 전문직은 담당하는 과업을 자신의 전문성에 근거하여 수행하고, 그 결과에 스스로 책임을 갖는다. 자율성은 과업을 수행하는데 자유로운 행위가 보장된다는 의미이며, 자율성은 업무 수행에서 요구되는 전문성에 비례하여 요구되고 그에 상응하는 책임을 가져야 한다.

넷째, 전문직의 특성으로 실천성이 강조된다. 전문직은 학구적이기 보다 실천적인 경향이 있으며, 전문직은 이론적 지식을 바탕으로 현장에 적절하게 적용할 수 있는 실천적 지식과 능력을 요구한다.

다섯째, 전문직의 특성으로 윤리강령을 강조한다. 전문직은 구성원들이 자율적으로 준수해야 할 고유의 윤리강령을 가지며, 업무수행이나 의사결정에 있어서 자율성이 많이 부여되기 때문에 자율성에 대비된 윤리적 규제가 적용되기도 한다. 즉, 자신이 행한 행위에 대한 결과로서 잘못이 있을 때에는 징계를 받을 수 있다는 의미이다.

여섯째, 전문직의 특성으로 장기간의 교육이 수반된다는 점이다. 전문직 종사자는 장기간의 전문적 교육 및 훈련을 통해 양성되며, 직업 상 어려운 입문과정과 지속적인 현직교육을 수행한다. 즉, 전문직은 직업에 종사하면서 일정 수준 이상의 전문성을 유지할 수 있도록 계속적인 교육을 요구하는 직업적 특성을 갖는다.

일곱째, 전문직의 특성으로 전문직 단체 결성을 한다는 점이다. 전문직은 자신들의 권익을 보호하는 단체를 결성하며, 자신들의 전문성을 유지하고 지위를 향상시키기 위하여 단체를 결성하여 운영하고 있다.

전문직관은 교직 관련 전문적인 지식과 기술 및 태도가 요구되는 직업이라는 점에서 교사를 전문가로 본다. 교직의 전문직관에 대한 타당한 이유를 제시하면, 다음과 같다.

- 첫째, 교사는 업무 수행에서 계속적인 교육과 연구를 통해 습득하는 전문적 지식과 기술을 필요로 하며, 학생교육의 효과성을 도모하기 위하여 전문성을 함양하여야 한다는 점이다.
- 둘째, 교직은 지적 · 정신적 활동을 위주로 하는 직업이며, 학생을 위한 이타적인 활동을 수행한다는 점이다.

- 셋째, 교사라는 직업은 이론적 지식에 기초하여 교실에서 야기되는 문제들을 자율적으로 해결하며, 그러한 의사결정에는 윤리성과 도덕성이 요구된다.
- 넷째, 교사는 전문적 단체를 결성하여 전문성을 제고하기 위해서 노력하며, 권익 옹호와 교권의 확립을 주장한다는 점이다.

교직의 전문직관에 대한 비판점 내지는 문제점으로는 첫째, 교직을 전문직으로 인정해 줄 수 있는 사회적인 인식이 아직도 낮다는 점이다. 아직도 사회 일각에서는 교직이 과연 전문적인 일들을 수행하는 가에 대한 의문을 제기하고 있는 실정이며, 이러한 실정에 대비하여 우리 교사들은 전문성 함양에 좀 더 매진해야 할 것이다. 둘째, 교직이 전문적 요건이 미흡함을 들 수 있을 것이다. 교직이 전문직이 되기 위해서는 교사의 적임 기준, 사회적 우대, 직업의 생애성, 직업윤리 등이 좀 더 갖추어져야 할 것이다. 셋째, 교직은 전문직으로서 자율성이 있다고 하지만, 그 자율성이 많은 부분에서 제한을 받고 있다는 점이다. 즉, 교사들은 개인적으로나 집단적으로 자신들의 직업을 통제할 권리를 충분히 갖지 못하며, 대부분의 일들이 법규들에 의해서 많은 통제를 받는다.

이상에서와 같이, 교직에 대한 전문직관에서의 교직은 학생들의 성장과 발달을 위해 적절한 교육을 수행한다는 차원에서 전문가 집단에 의해 전문적 지식과 기능을 전달하고 교육하는 활동을 수행하며, 이러한 근거로서 교직을 전문직으로 보는 관점이다. 또한, 교사에게는 업무 수행에서 계속적인 교육과 연구를 통해 습득하는 전문적 지식과 기술이 요구되며, 교직은 지적 · 정신적 활동을 위주로 하는 직업이며, 이론적 지식에 기초하여 교실에서 야기되는 문제들을 자율적으로 해결하며, 그러한 의사결정에는 윤리성과 도덕성이 요구된다고 볼 수 있다. 따라서 교직의 전문직관에 대해 많은 비판점도 있지만, 전문가로서의 역량을 함양하여 전문적 지식과 기술을 적용하고 지도하는 데 초점을 두고 임해야 할 것이다.

2. 교직윤리

가. 교직윤리의 의미 및 필요성

교직윤리의 의미는 윤리와 도덕에서 찾아볼 수 있을 것이다. 일반적으로, 윤리(倫理, ethics)란 인간 행동의 옳고 그름에 대한 표준규범을 의미하며, 공동체 생활을 하는 사람들이 무엇을, 어떤 기준에 의해 행할 것인가에 대한 원리의 체계화 및 준거를 의미한다(이종재 외, 2006). 윤리는 인간이 다른 사람들과의 관계 속에서 삶을 영위하기 위하여 개인으로서나 집단으로서 지켜 나가야 할 것으로 기대되는 사회적 규범이다(김희규 외, 2018).

도덕(道德, morality)은 인륜의 대도이며, 인간으로서 마땅히 지켜야 할 도리 및 그에 준하는 행위로서, 선하고 바른 일을 행하며, 악하고 부정한 일을 하지 않는 표준이 된다. 즉, 도덕은 인간 행동의 옳고 그름에 대한 표준 내지는 규범을 의미한다. 도덕은 종교적인 판단기준을 토대로 개인성(덕행, 품행, 풍기 등), 구체성(이웃 봉사, 헌신), 사실성(타인 존중)을 띠지만, 윤리는 종교적 원천과 관계없이 초월적인 것으로 추상성(선험적), 이론성(실천이성 법칙), 집단성(직업, 전문성)을 띤다. 이러한 측면에서 인간은 도덕적으로 되기보다는 윤리적으로 되기가 더 어렵다고 볼 수 있다(이종재 외, 2006). 이러한 내용을 정리하여 제시하면, 다음의 〈표 1-1〉과 같다.

〈표 1-1〉 도덕과 윤리의 비교

구분	의미	개념	차원
도덕	• 양심에 비추어 옳지 않은 일을 하지 않는 것 • 사회의 규범이나 규칙을 일방적으로 전달하거나 습관화하는 것	• 소극적 · 종속적 개념 • 하위 개념	사회 및 국가
윤리	• 이성적인 판단에 따라 옳은 일을 행하는 것으로, 도덕보다 한 차원 우위의 개념 • 규범이나 규칙을 학습자의 반성과 자각을 통해서 내면화하는 것	• 적극적 · 주체적 개념 • 상위 개념	개인 및 조직(단체)

이와 같이, 윤리는 인간이 사회생활 속에서 마땅히 행하거나 지켜야 할 도리 내지는 행동규범이다. 이에 교직윤리는 교원이 학습자의 교육을 위한 교육봉사자로서 마땅히 지켜야 할 법적 및 도덕적 행동규범 내지는 공식적·비공식적 행동규범으로 정의할 수 있다.

교직윤리에 내포된 구체적인 교직윤리의 의미를 제시하면, 다음과 같다(신현석 외, 2014). 첫째, 교직윤리는 학습자를 위한 교육봉사자로서의 윤리라고 할 수 있다. 즉, 개인, 가족, 교원집단의 이익보다 학습자의 이익, 학생과 학부모, 일반 국민의 교육적 이익을 위해 봉사하는 윤리이다. 둘째, 교직윤리는 교육공무원으로서의 공직윤리의 성격을 띤다. 셋째, 교직윤리는 최고의 교육적 가치실현이라는 적극적인 측면과 최소규범의 준수라는 소극적인 측면을 함께 포함한다. 이에 교육실천에서 추구해야 할 적극적인 지향점이자 교원의 교직생활 전 과정에서 지켜야 할 구체적인 행동지침이라고 할 수 있다. 넷째, 교직윤리는 교원이 지켜야 할 비공식적인 도덕규범만이 아니라 공식적인 법규범까지도 포함한다.

이상에서 볼 때, 교직윤리는 사람의 행동을 변화시켜 주는 교육자가 마땅히 지켜야 할 실천규범이며, 여기에는 공식적 및 비공식적 규범까지 포함된다. 즉, 교직윤리는 도덕적으로 옳은 것이라는 원칙이 있으며, 그것을 실천하는 당위성을 지닌다고 볼 수 있다. 교직윤리에서는 도덕과 윤리의 의미를 모두 포함하고 있으며, 규범이나 규칙을 교사의 반성과 자각을 통해서 내면화하는 것이어야 한다.

다음으로 교직윤리의 필요성을 보면, 교육조직에서 교직윤리가 필요한 이유(김희규 외, 2018)는 첫째, 학교조직은 교육수요자의 이익을 위해 존재하며, 조직의 수혜자가 학생들인 봉사조직이다. 따라서 교육활동은 교원의 개인이나 집단의 이익을 위한 활동이 아니라 학생과 학부모의 이익과 나아가 일반 국민의 교육적 이익에 봉사하는 활동이기 때문에 교직윤리가 필요할 것이다.

둘째, 교육활동은 바른 것 및 옳은 것을 가르치고 배우는 도덕적 및 가치 지향적 활동이며, 더 나아가 교육을 통해서 국가 및 사회 전체의 도덕적 기초를 형성하기 때문에 교직윤리가 필요할 것이다.

셋째, 교육활동은 전적으로 교사의 언행으로 시작되고 마무리 된다. 따라서 효과적인 학습을 지원하고 교육의 질을 높이기 위해서는 교직윤리가 필요하다.

넷째, 교육활동은 교원이 자아실현과 행복을 얻는 데 가장 가치 있고 중요한 수단이 되기 때문에 교직윤리가 필요할 것이다.

다섯째, 교육활동은 자율적인 활동으로서 직무를 수행하는 교원의 자율권과 재량권을 갖기 때문에 교직윤리가 필요할 것이다.

여섯째, 학교조직은 이완결합조직의 성격을 갖고 있기 때문에 각자의 독자성을 유지하면서 자율성과 재량권을 발휘할 수 있는 조직이기 때문에 교직윤리가 필요할 것이다.

한편, 한국교총에서는 교직윤리의 필요성을 다음과 같이 제안하고 있다(황영준, 정창호, 2014). 첫째, 교사가 하는 일의 중요성이 인간을 인간답게 만드는 일이기 때문에 교직윤리가 필요하다. 둘째, 교사가 하는 직무의 성격은 인간을 만드는 일과 관련된 전문직으로서의 윤리강령을 가진다. 셋째, 교사는 강력한 교육력을 갖추어야 하고, 교육력에 가장 큰 영향을 미치는 것은 교사의 권위이며, 교사의 권위는 교사의 고매한 윤리성에 있다. 넷째, 학생의 건전한 성장과 바람직한 발달을 도모하기 위해 교사의 애정과 높은 교직윤리가 필수요소이다. 다섯째, 교직윤리는 인간적인 사회의 재건을 위해 강조되어야 할 것이다. 이러한 이유에서 교직윤리는 필요하며, 정신적 풍요를 가져다줄 인간교육을 실현하기 위해서 교직윤리는 필요할 것이다.

이와 같이, 교직윤리는 교직사회에서 더욱더 강조되어야 하며, 현대사회에서 다양한 문제로 인하여 보다 더 강조되고 있는 것이 교직윤리라 볼 수 있다. 즉, 교사의 일 측면에서 인간다운 인간을 양성하는 일을 수행한다는 점, 교사의 전문적 권위 발휘, 강력한 교육력 발휘, 인간적인 사회의 재건, 학생들의 건강한 성장과 발달 등을 위해 반드시 교직윤리가 필요한 것이다.

나. 교직윤리의 특성

교사는 학습자에 대한 봉사자이며, 학습자에게 큰 영향력을 미치는 직업이기 때문에, 그에 수반되는 반드시 지켜야 할 교직윤리가 있어야 한다. 이러한 교직윤리가 추구하는 특성을 제시하면, 다음과 같다.

첫째, 교직윤리의 개인과 공직 차원으로서, 교직윤리는 교사가 사회생활 속에서 마땅히 행하거나 지켜야 할 도리나 행동규범의 차원과 공직윤리라는 국민 전체에 대한 봉사자로서 공무원이 마땅히 지켜야 할 도리나 행동규범의 차원을 포함한다. 국가기관이나 공공단체의 일을 맡아 수행하는 교사는 일정한 소속 없이 자유로이 일하는 프리랜서와는 달리 공직 차원의 윤리 규범이 부가적으로 수반된다(김재덕, 2016).

둘째, 교직윤리는 전문가의 규범으로서, 교사는 사람의 행동을 바람직한 방향으로 바꾸어 주는 전문가이며, 교사는 교육의 전문가이기 때문에 전문성에 상응하는 교직윤리를 확립하여야 할 것이다. 즉, 교사는 "교사로서 책임을 진다는 말은 직업인으로서 책임을 진다는 말이며, 전문가로서 책임을 진다는 것"(윤정일, 허형, 2002)을 지각하고 올바른 교직윤리를 실천해야 한다.

셋째, 교직윤리가 교육의 질을 좌우한다는 차원으로서, 교직윤리는 모든 교육활동과 관련이 있기 때문에 긍정적이든 부정적이든 교육에 큰 영향을 미칠 수 있다. 이에 교직윤리는 일반 행정공무원들의 윤리보다 더욱더 높은 차원의 윤리 수준과 실천이 요구된다. 또한, 교직윤리는 교육목표의 설정, 교과서 채택, 교육내용 및 학습주제의 선정, 교수 · 학습방법 선택과 실행, 학생 학습지도와 생활지도, 학생평가, 진로 및 진학지도 등의 교육활동과 연계되어 있다. 교사는 교육과정 운영의 핵심에 있으며, 교사가 바로 교육과정 그 자체라고 해도 과언이 아닌 것이다(윤정일, 허형, 2002). 그러므로 교육윤리는 교사가 반드시 실천해야 할 교육의 질을 좌우하는 데 중요한 기초가 되고 핵심적인 역할을 수행하게 된다.

넷째, 교직윤리의 공식적 · 비공식적 규범으로서, 교직윤리는 법제화된 규범과 공식적으로 법제화 되지 않고 자율적으로 지켜야 할 비공식적 규범을 포함한다. 공식적 규범은 공식적으로 법제화된 「국가공무원법」, 「교육공무원법」, 「공무원복무규정」, 「부패방지법」 등의 법규적 규범을 의미한다. 또한, 비공식적 규범은 구체적이지 못하고 분명한 행동지침을 제공하지 못하기 때문에 한 사회가 요구하는 전통적인 윤리 측면이 강한 규범이다. 이러한 공식적 및 비공식적 규범으로서의 교직윤리는 우리 교사들이 행동하는 중요한 지침이 될 것이다(김재덕, 2016).

다섯째, 교직윤리의 사회 수준에의 영향으로서, 교직윤리의 큰 특징 중의 하나는 교직윤리가 사회 구성원과 더불어 사회 전반에 영향을 미친다는 점이다. 사실 교직윤리가 주로 발현되는 것은 학교 내에서라고 볼 수 있지만, 학교는 단순한 전문적 직업의 일터를 넘어선 건강한 사회인 양성의 의미를 지니는 곳이기 때문에 교직윤리의 영향은 사회 전반에 영향을 줄 수 있다는 점이다(김재덕, 2016). 고대 그리스 철학자 플라톤은 '그가 받은 교육이 그의 미래를 결정한다.'고 말하였다. 그의 말은 교육이 사회인 양성과 나아가 사회의 미래에 중대한 역할을 하는 것을 내포하고 있다. 즉, 교사의 교직윤리에 따라 교육의 질이 달라지며, 달라진 교육의 질에 따라서 국가와 사회의 수준도 달라진다는 측면에서 교사의 교직윤리는 매우 중요할 것이다.

다. 교직윤리의 내용

1) 「헌법」에서 본 교직윤리

「헌법」 제6조 ①에 "공무원은 국민 전체에 대한 봉사자이며, 국민에 대하여 책임을 진다"라고 규정하고 있다. 이러한 「헌법」의 규정 내용을 교직윤리에 적용하여 정리하면(신현석 외, 2014), 첫째, 교원은 자기 자신이나 특정 학생 등 특정인이나 교원집단의 이익, 특정 정당 · 종교 · 지역 · 계층 등의 부분적 이익을 지양하며, 모든 학생 · 학부모 · 국민 전체를 위한 교육 및 학습을 위해 공평하게 노력해야 한다. 둘째, 교원은 최대한 교원 · 학생 · 학부모 등을 포함한 학교 구성원들의 다양한 견해를 존중하고 민주적 절차를 거쳐 의사결정을 해야 한다. 셋째, 교원들이 교육활동에 긍지를 가지고, 학교의 교육목표와 교육적 가치를 내면화하며, 실현과정에서 자신의 능력을 최대한 발휘할 수 있도록 참여 기회가 열려 있어야 한다. 넷째, 정부는 교원이 모든 학생·학부모·국민 전체를 위한 정당·종교·지역·계층 등의 부분적 이익을 위해 교육을 수단으로 이용하는 경우에는 교체될 수 있다는 것을 국민들에게 알려야 한다.

2) 「국가공무원법」 등에서 본 교직윤리

「국가공무원법」 제55~62조에서는 복무에 관해 선서, 성실, 복종, 직장 내 근무, 친절, 공정, 비밀엄수, 청렴, 외국정부의 영예허가, 품위 유지, 영리 및 겸직 금지, 정치활동 금지, 집단행위 금지 등을 규정하고 있다. 또한, 「교육공무원 징계양정 등에 관한 규칙」은 「국가공무원법」의 위반과 관련한 교육공무원 징계양정의 기준 및 감경사유 등을 정함으로써 교직윤리 중 최소규범의 준수를 강력하고 구체적으로 규정하고 있다(김희규 외, 2018). 이 중 특히 부적격교원에 해당하는 규정을 명시하였으며, 부적격교원은 '중대한 비리·범법행위로 사회적·윤리적 문제를 야기하여 징계를 통해 교단에서 배제해야 할 대상이 되는 교원과 정신적·신체적 질환으로 직무수행이 곤란한 교원으로서 장기적·지속적으로 학생의 지도를 비롯한 소관 직무의 수행이 불가능한 교원'을 말한다. 부적격 교원은 징계를 통해 교단에서 배제할 수 있도록 하고, 징계양정기준을 중징계이상으로 강화하였으며, 징계감경 대상에서도 제외하였다.

3) 교직단체의 교직윤리

각종 교직단체의 교직윤리 관련 규범을 제시하면, 다음과 같다.

■ 한국문화협회의 '사도강령'(1954. 10.)

면학수행, 교학시범, 교직봉공의 3장으로 구성되어 있다.

■ 대한교육연합회의 '한국교원윤리강령'(1958. 9.)

학생, 가정, 사회, 교직, 교양의 5장으로 구성되어 있다.

■ 대한교육연합회의 '사도헌장' 및 '사도강령'(1982. 5.)

'한국교원윤리강령'을 대폭 개정하여 대한교육연합회 대의원회에서 채택・공포하였다. '사도헌장'은 전문과 5개항의 본문으로 구성되어 있는데, 교사가 지켜야 할 윤리의 기본방향을 제시한 것이다. '사도강령'은 사도헌장보다 구체적으로 풀이한 행동강령으로서, 전문과 5장(스승과 제자, 스승의 자질, 스승의 책임, 교육자와 단체, 스승과 사회)에 걸쳐 25개 항목으로 사도를 위한 실천적 지표를 선포한 것이다. 이를 요약한 내용을 정리하여 제시하면, 다음과 같다.

제1장 스승과 제자
① 제자에 대한 사랑과 인격의 존중
② 차별의 배제와 공정한 지도
③ 개성의 존중과 개인적 요구에 대한 관심
④ 직업윤리의 확립과 직업지도의 강화
⑤ 이상의 실현을 위한 사제동행

제2장 스승의 자질
① 확고한 교직관 확립과 교직에 대한 긍지
② 건전한 언행과 청렴한 생활을 통한 사회적 존경의 유지
③ 단란한 가정생활과 국법의 준수
④ 학부모의 경제적 이용 금지
⑤ 자기향상을 위한 전문적 지식과 기술의 연마

제3장 스승의 책임
① 사회구성원으로서의 책임 완수
② 교재의 연구 개발 및 수업에 전력
③ 생활지도의 철저
④ 공정한 평가와 그 활용
⑤ 정규교과 외 교육활동에의 참여

제4장 교육자와 단체
① 교직단체를 통한 처우와 근무조건의 개선
② 교권의 확립
③ 편당・편파적 활동에의 참가 억제
④ 교육정책에의 참여와 교직자의 열망 반영
⑤ 교직단체 및 타 직능단체와의 연대 강화

제5장 스승과 사회
① 학교와 가정의 유대 강화와 학부모의 교육에 대한 의견 수렴
② 지역사회를 위한 봉사
③ 사회의 요구를 교육계획에 반영
④ 평생교육에 대한 국민의 이해와 협조 촉진
⑤ 국민의 의식개혁과 국가발전의 선도적 실천

■ 한국교원단체총연합회의 '교직윤리헌장'(2005. 5.)

'사도헌장' 및 '사도강령'을 대체하는 것으로서 새로운 시대의 교육환경과 사회적 요구를 반영한 것이다. '교직윤리헌장'은 포괄적 선언과 서문에 해당하는 '교직윤리헌장'과 구체적 윤리조항을 밝히고 있는 '우리의 다짐'으로 구성되어 있다.

교직윤리헌장

우리는 교육이 인간의 가치와 존엄성을 높이며, 개인의 성장과 자아실현은 물론 국가와 민족의 미래에 대한 중대한 영향을 준다는 사실을 명심하고, 국민으로부터 부여받은 교육자의 책무를 다하기 위해 최선을 다한다.

우리는 균형 있는 지·덕·체 교육을 통하여 미래사회를 열어 갈 창조정신과 세계를 향한 진취적 기상을 길러 줌으로써 학생을 학부모의 자랑스러운 자녀요, 더불어 사는 민주사회의 주인으로 성장하게 한다.

우리는 교육자의 품성과 언행이 학생의 인격형성을 좌우할 뿐만 아니라 사회 전반의 윤리적 지표가 된다는 사실을 깊이 인식하고, 윤리성과 전문성을 높이기 위해 노력한다. 이에 우리 모두의 의지를 모아 교직의 윤리를 밝히고, 사랑과 정직과 성실에 바탕을 둔 교육자의 길을 걷는다.

우리의 다짐

1. 나는 학생을 사랑하고 학생의 인권과 인격을 존중하며, 합리적인 절차와 방법에 따라 지도한다.
1. 나는 학생의 개성과 가치관을 존중하며, 나의 사상·종교·신념을 강요하지 않는다.
1. 나는 학생을 학업성적·성별·가정환경의 차이에 따라 차별하지 않으며, 부적응아와 약자를 세심하게 배려한다.
1. 나는 수업이 교사의 최우선 본분임을 명심하고, 질 높은 수업을 위해 부단히 연구하고 노력한다.
1. 나는 학생의 성적평가를 투명하고 엄정하게 처리하며, 각종 기록물을 정확하게 작성·관리한다.
1. 나는 교육전문가로서 확고한 교육관과 교직에 대한 긍지를 갖고, 자기 개발을 위해 노력한다.
1. 나는 교직수행 과정에서 습득한 학생과 동료 그리고 직무에 관한 정보를 악용하지 않는다.
1. 나는 학생이나 학부모로부터 사적 이익을 취하기 않으며, 사교육기관이나 외부업체와 부당하게 타협하지 않는다.
1. 나는 잘못된 제도와 관행을 개선하는 데 앞장서며, 교육적 가치를 우선하는 건전한 교직문화 형성에 적극 참여한다.
1. 나는 학부모와 지역사회를 교육의 동반자로 삼아 바람직한 교육공동체 형성을 위해 함께 노력한다.

■ 전국교직원노동조합의 '참교육 실천 강령'

전국교직원노동조합은 교육민주화운동과 전국교직원노동조합 결성의 정신을 이어받아 교육을 올바르게 세우기 위하여 2002년 5월 15일 '참교육 실천 강령'을 제정하여 교사로서의 기본적인 행동지침을 제시하고 있다.

참교육 실천 강령

1. 우리는 더불어 사는 삶을 소중히 여기는 인간상을 추구한다.
1. 우리는 민족의 자주성 확보와 평화통일을 앞당기기 위한 교육을 실천한다.
1. 우리는 민주주의의 완성과 생활화를 지향하는 교육을 실천한다.
1. 우리는 몸과 마음의 건강을 지키는 교육을 한다.
1. 우리는 양성평등교육을 실천한다.
1. 우리는 인권교육을 실천한다.
1. 우리는 노동의 가치와 노동자의 권리를 존중하는 교육을 실천한다.
1. 우리는 자연과 인간의 공생을 지향하는 교육을 실천한다.
1. 우리는 교육과정을 창조적으로 운영한다.
1. 우리는 서로 돕고 협동하는 학습의 원리를 구현한다.
1. 우리는 학생자치를 존중하고 돕는다.
1. 우리는 동료교사와 함께 연구하고 실천한다.
1. 우리는 학부모와 지역사회와 협력한다.
1. 우리는 참교육을 가로막는 제도와 관행에 맞서 투쟁한다.

이와 더불어 전교조에서는 '교사 십계명'이라는 규범을 정하여 교사들에게 실천할 것을 요구하고 있다.

교사 십계명

1. 하루에 몇 번이든 학생들과 인사하라. 한마디의 인사가 스승과 제자 사이를 트이게 만든다.
2. 학생들에게 미소를 지어라. 다정한 선생으로 호감을 줄 것이다.
3. 학생의 이름을 부르라. 이름 부르는 소리가 누구에게나 가장 감미로운 음악이다.
4. 칭찬을 아끼지 말라. 그리고 가능한 한 비판을 삼가라.
5. 친절하게 돕는 교사가 되어라. 학생들과 우호적 관계를 원한다면 무엇보다도 친절하라.
6. 학생들을 성의껏 대하라. 내가 하는 모든 일을 즐거이 말하고 행동하되 다만 신중할 것을 잊지 말라.
7. 항상 내 앞의 학생의 입장을 고려하라. 서로 입장이 다른 경우에는 일반적으로 세 편이 있음을 명심하라.
8. 학생들에게 진심으로 관심을 가지라. 내가 노력한다면 거의 누구든지 좋아할 수 있다.

9. 봉사를 머뭇거리지 말라. 교사의 삶에 있어서 가장 가치로운 것은 학생을 위한 것이다.
10. 이상의 것에 깊은 실력과 멋있는 유머와 인내, 겸손을 더하라. 그러면 교사가 후회하는 경우는 별로 없을 것이다.

4) 교직윤리의 다양한 측면

교직윤리의 범위는 교사 자신, 학생, 교사 상호 간, 학부모, 사회 등으로 구분하여 설명할 수 있다.

첫째, 교사 자신에 대한 윤리로서, 교직윤리에서 그 무엇보다 중요한 윤리가 교사 자신에 대한 윤리이며, 교사는 상대적으로 사회의 모범이 되어야 하며, 학생들의 동일시 대상이기 때문에 교사 자신의 윤리는 중요하다고 볼 수 있다. 교사는 학생의 거울이 되고 국민의 사표가 되며 교육자로서 책임을 다해야 하기 때문에 교사 자신의 교직윤리는 그 중요성이 부각된다. 교사는 교육에 대한 확고한 자기 철학과 투철한 사명감을 가져야 할 것이다.

둘째, 교사 상호 간의 윤리로서, 교사들은 학생을 지도하고 교육하는 데 있어서 전문성을 인정하고 교사 간 상호 신뢰하고 협력함으로써 건전한 학풍을 조성해야 할 것이다. 또한, 교사는 동료교사들의 다양한 교육관과 교육방식을 인정하고 수용과 관용의 태도를 가져야 한다. 즉, 학교조직에서 교원들은 상하 간 및 수평 간 상호 인정과 배려, 신뢰와 협조 등을 통하여 원만한 교육이 이루어지도록 노력해야 할 것이다.

셋째, 학생에 대한 윤리로서, 교사는 학생의 인격과 권리를 존중하고 저마다 다른 특성과 개인차를 인정해야 하며, 교사는 학생들을 편애하지 않고 모두에게 공평하게 대해야 한다. 또한, 학교교육에 있어서 가장 기본적이고 중요한 요건은 교육의 주체와 객체인 교사와 학생 간에 애정과 신뢰가 바탕이 되어야 한다. 이렇게 함으로써 교사들은 학생에 대한 윤리적 측면을 지킬 수 있을 것이다.

넷째, 학부모에 대한 윤리로서, 교사는 학부모와 협력하여 학생의 성장과 발달을 촉진하기 위해 최선을 다해야 하며, 교사는 학부모를 학교교육의 동반자로 인식해야 한다. 또한, 교사는 학부모의 권리를 존중하고 학부모와의 원활한 소통 속에서 학생 교육과 관련된 정보를 공유해야 할 것이다.

다섯째, 사회에 대한 윤리로서, 교사는 학교 안에서 뿐만 아니라 사회지도자로서 지켜야 할 윤리가 있으며, 교사는 지역사회 일원으로서 책무를 다해야 한다. 즉, 교사는 지역사회에 대해 국민적 합의가 이루어진 국가의 이념과 이상을 손상시키는 행위를 하지 않아야 하며, 교사는 지역사회를 존중하고 지역사회 활동에 능동적으로 참여하고 지역사회 발전의 선도적 역할을 수행해야 한다.

discussion

토의 주제

01 교직의 의미 및 특성을 설명하고, 자신이 교직 생활을 한다면 어떠한 교사가 될 것인지를 설명하고 토의해 보자.

02 교직관의 유형(성직관, 노동직관, 전문직관)을 설명하고, 자신이 추구하는 교직관은 무엇인지 설명하고 토의해 보자.

03 교직윤리의 의미 및 필요성을 설명하고, 나 자신이 중등학교 교사가 된다면 교직윤리를 어떻게 지킬 것인지에 대해서 설명하고 토의해 보자.

04 교직윤리의 다양한 측면인 교사 자신, 학생, 교사 상호 간, 학부모, 사회 등에 대한 교직의 윤리를 설명하고 토의해 보자.

교원의 권리와 의무 및 역량

「헌법」 제 31조 제④항에는 '교육의 자주성·전문성·정치적 중립성...은 법률이 정하는 바에 의하여 보장된다.'고 하였으며, 또한 같은 조 ⑥항에는 '학교교육 및 평생교육을 포함한 교육제도와 그 운영, 교육재정 및 교원의 지위에 관한 기본적인 사항은 법률로 정한다.'고 적고 있다. 이러한 측면을 고려할 때, 학교에서 이루어지는 교원의 교육 행위는 공적 성격을 띠고 있으며 교육 수요자가 요구하지 않더라도 행위의 전문적 판단에 의한 교육적 정당성을 확보하여야 할 필요를 가진다는 것을 말해주고 있다. 특히 교육법정주의의 채택은 불편부당한 간섭에서 벗어나 안정적인 교육(및 학습)의 권리가 보장될 수 있도록 하는 데 초점이 맞추어져 있다.

본 장에서는 교원의 권리와 의무와의 관계에 대해 먼저 살펴본다. 「교육기본법」, 「교육공무원법」, 「국가공무원법」, 「초·중등교육법」, 「유아교육법」, 「사립학교법」, 「교원의 지위 향상 및 교육활동 보호를 위한 특별법」(이하 「교원지위법」), 「학교안전사고 예방 및 보상에 관한 법률」, 대법원판례 등의 분석을 통하여 권리와 의무 관계의 기본적인 이해를 목적으로 한다. 이는 특히 최근 교권침해와 관련된 여러 가지 문제들이 발생하고 있는 상황임을 고려할 때, 교육행위의 법률적 타당성에 기반한 바람직한 교육의 외연을 형성한다고 할 수 있으며, 교원으로서 자신을 보호한다는 측면에서 그 중요성과 의의를 갖는다. 법령과 주요 판례에 나타난 교원의 권리와 의무와 관련된 교원의 법제적 측면을 간단히 살펴본 후, 실제 교육권을 행사하는 데 필요한 교원의 역량에 대해 논의하기로 한다.

1. 교원의 권리

교원의 권리와 관련된 법령은 여러 곳에서 찾을 수 있다. 「교육기본법」 제14조(교원) 제①항 '학교교육에서 교원의 전문성은 존중되며, 교원의 경제적 · 사회적 지위는 우대되고 그 신분은 보장된다.'고 하여, 교원의 권리에 대해 포괄적으로 제시하고 있다. 「교육공무원법」에는 교권이라는 용어가 1981년 전문 개정된 「교육공무원법」에 최초로 등장하여(조기성 · 정상우, 2016), 현행까지 이르고 있으며, 제43조(교권의 존중과 신분 보장) 제①항 '교권(敎權)은 존중되어야 하며, 교원은 그 전문적 지위나 신분에 영향을 미치는 부당한 간섭을 받지 아니한다.'고 규정하고 있다.

또한 최근에 전면 개정된 「교원지위법」에는 교원에 대한 예우와 처우를 개선하고 신분보장과 교육활동에 대한 보호를 강화함으로써 교원의 지위를 향상시키고 교육발전을 도모하는 것을 목적으로, 제2조(교원에 대한 예우), 제3조(교원 보수의 우대), 제4조(교원의 불체포특권), 제5조(학교 안전사고로부터의 보호), 제6조(교원의 신분보장 등), 제14조(교원의 교육활동 보호), 제15조(교육활동 침해행위에 대한 조치) 등과 관련된 세부 조항들을 제시하고 있다.

그럼에도 불구하고, 현재까지 교권에 대한 구체적인 정의가 제시되어 있지 않다는 것은 문제라 하지 않을 수 없다. 교육법정주의를 채택하고 있음에도 교원의 권리가 법률적으로 규정되어 있지 않음으로써, 교원의 권리에 대한 해석은 그 연구자의 수만큼이나 다양하다(이종근, 2012). 따라서 교권에 대한 해석은 판단과 정리를 필요로 하며, 다양한 쟁점을 지닌 문제로 다루어질 개연성이 높고, 실제 교육 관련 쟁송과 관련하여 살펴볼 때 대법원 등 판례 검토의 중요성을 함의하고 있다고 볼 수 있다. 일반적으로 교권에 대한 정리는 적극적 권리와 소극적 권리 두 가지로 나누어 정리되고 있어 이 형식을 따라 논의한다(김진한, 2009: 김희규, 2017).

가. 적극적 권리

1) 교육할 권리

교원은 교육할 권리를 가진다. 「초·중등교육법」 제20조(교직원의 임무)는 '① 교장은 교무를 통할(統轄)하고, 소속 교직원을 지도·감독하며, 학생을 교육한다. ② 교감은 교장을 보좌하여 교무를 관리하고 학생을 교육하며, 교장이 부득이한 사유로 직무를 수행할 수 없을 때에는 교장의 직무를 대행한다. ③ 수석교사는 교사의 교수·연구 활동을 지원하며, 학생을 교육한다. ④ 교사는 법령에서 정하는 바에 따라 학생을 교육한다.'고 하고 있다.

여기에서 교육할 권리는 전통적으로 교육과정 결정 및 편성권, 교육내용 및 방법 결정권, 교재의 선택결정권, 성적평가권, 학생지도 징계권 등을 의미한다(기순신, 2001). 가장 중요하다고 할 수 있는 교육과정 결정 및 편성은 「초·중등교육법」 23조에서 보듯 교육부장관과 교육감의 권한이다. 즉, 교육과정의 기준과 내용에 관한 기본적인 사항을 정하며, 교육감은 교육부장관이 정한 교육과정의 범위에서 지역의 실정에 맞는 기준과 내용을 정한다. 교과(敎科)는 대통령령으로 정하며, 「초·중등교육법 시행령」에 지정되어 있다. 학교는 정해진 교과와 교육과정의 기준과 내용에 근거하여 학교 교육과정을 운영하는 것이다.

교육내용 및 방법의 결정권 중 교육내용은 '교육부 고시'에 나타난 성취기준을 중심으로 이루어진다는 측면에서 학교의 재량권이 없다. 교육방법과 관련해서는 특별한 조건이 없어 교원의 교육권이 포괄적으로 인정된다고 할 수 있다.

교재의 선택결정권은 「초 · 중등교육법」 제29조 교과용 도서의 사용에 나타난 바와 같이 국가가 저작권을 가지고 있거나 교육부장관이 검정하거나 인정한 교과용 도서를 사용하여야 한다. 교과용 도서는 '교과서 및 지도서'를 의미하며, 교과서가 학교에서 학생들의 교육을 위하여 사용되는 '학생용'의 서책 · 음반 · 영상 및 전자저작물 등을 말하고, 지도서는 학교에서 학생들의 교육을 위하여 사용되는 '교사용'의 서책 · 음반 · 영상 및 전자저작물 등을 말한다(이경진, 2018)[1]. 여기에는 교육부가 저작권을 가진 국정 도서, 교육부장관의 검정을 받은 교과용 교과용도서, 국정 도서 · 검정 도서가 없는 경우 또는 이를 사용하기 곤란하거나 보충할 필요가 있는 경우에 사용하기 위하여 교육부장관의 인정을 받은 인정 도서가 있다(대통령령 제28471호). 최근 검 · 인정 교과서가 늘어나는 추세에 있으나, 학교의 교재 선택권은 검 · 인정 교과서 중 선택할 권한이 있다.

성적평가권은 「초 · 중등교육법」 제25조 학교생활기록 부분에 '학교의 장은 학생의 학업성취도와 인성(人性) 등을 종합적으로 관찰 · 평가하는 것'으로 되어 있다. 학교의 장은 개인이 아니라 기관으로서 '학교생활기록 작성 및 관리지침' 등과 같은 교육부 훈령 등을 준수하여 교내 위원회를 통하여 결정하는 것이 보통이다.

학생지도징계권은 「초 · 중등교육법」 제18조에 제시된 학생의 징계 관련 사항에 따라 보장된다. ① 학교의 장은 교육상 필요한 경우에는 법령과 학칙으로 정하는 바에 따라 학생을 징계하거나 그 밖의 방법으로 지도할 수 있으나, 의무교육을 받고 있는 학생은 퇴학시킬 수 없다. 또한 학교의 장은 학생을 징계하려면 그 학생이나 보호자에게 의견을 진술할 기회를 주는 등 적정한 절차를 거쳐야 한다. 동법 시행령 제31조에는 「초 · 중등교육법」 제18조 제1항 본문의 규정에 의한 징계를 제시하고 있는데,

1) 「초 · 중등교육법 시행령」으로 존재하는 「교과용 도서에 관한 규정」은 대통령령(제28471호)으로 마련되어 있다. 각 학교의 교과용도서의 범위 · 저작 · 검정 · 인정 · 발행 · 공급 · 선정 및 가격결정에 관하여 필요한 사항을 규정한다.

그것은 학교내의 봉사, 사회봉사, 특별교육이수, 1회 10일 이내·연간 30일 이내의 출석정지, 퇴학처분 등이다. 학생의 징계와 관련해서는 진술의 기회 부여 등과 같은 구체적 절차를 명시하고 있는데, 학생의 기본적 인권을 보장하는 입법태도라고 할 수 있다.

최근 교권의 추락 등의 원인으로 교원의 교육할 권리에 대한 보완이 이루어지고 있다. 「교원지위법」은 가장 대표적인 법령으로, 제14조 교원의 교육활동 보호, 제15조 교육활동 침해행위에 대한 조치, 제18조 교육활동 침해 학생에 대한 조치 등은 눈여겨보아야 할 바이다.

결론적으로, 교원의 교육할 권리는 학생교육에 관한 교원의 자유가 핵심내용이지만, 법률적 해석은 이것이 국가권력으로부터 교육의 자유를 의미할 뿐 교원 개인의 자의적 지배를 뜻하는 것이 아니다(헌법재판소 1992. 11. 12. 선고 89 헌마 88).[2] 따라서 교원의 교육할 권리는 국가, 부모, 학생의 권리와 구별되는 독자적이고 독립적인 그 자체의 권한으로 보기에는 어려운 측면이 있다는 점에서 많은 쟁점과 그에 대한 부적 논의의 대상을 가진다고 할 수 있으며, 「초·중등교육법」 제6조에서 보듯 교육부장관(국립)이나 교육감(공립·사립학교)의 지도·감독을 받아야 한다.

2) 근무조건 개선 권리

근무조건 개선은 교원이 본연의 임무인 교육활동에 전념할 수 있도록 보장받아야 할 권리 중의 하나로 이는 다른 전문직과 다르지 않다. 어느 직종이던 간에 사업의 성취나 일의 능률화를 기하기 위해서는 해당 직종에서 만족스럽게 봉사를 할 수 있도록 근무조건의 정비가 필요하며, 전문적인 교직의 경우 교육의 효과와 능률을 높이기 위해 적정량의 근무부담이 주어져야 한다(김운종, 2013). 따라서 근무조건은 근무부담에 의해 그 범위가 결정된다고 할 수 있다. 여기서 교원의 근무부담이란 육체적 부담을

2) 헌법재판소는 "교사의 교육권(수업권)은 피교육자의 교육받을 권리의 보장에 필수적인 것으로 법적으로 보장되어야 할 권리임에 틀림없다"(2005헌마1144, 2007.3.29.)고 밝히고 있다.

수반하는 수업 및 그 밖의 활동과 정신적인 부담을 수반하는 사명, 책임감, 태도 그리고 물리적인 측면에서의 학급규모, 시설, 근무시간, 법규상의 복무, 휴가 그리고 기타 사회적 요구에 의해 주어지는 모든 활동 등 교원으로 하여금 시간을 할애하게 하는 일처의 활동으로 정의하고 있다(김종철 외, 1973).

근무여건 개선을 위한 과제로는 학생 수 축소나 수업부담 및 행정업무 경감 등(김희규 외, 2017)의 노력이 이루어져야 하고, 교직단체나 교원노조 등의 교섭활동을 통해 교육 및 학생지도, 연구 등 교원 본연의 업무의 전문성을 향상시키는 데 근무조건의 초점이 맞추어져야 할 것이다. 궁극적으로 근무조건의 개선은 학생(국민)에게 수혜가 되는 사항이기 때문이다.

3) 경제적 사회적 보장권

「교육기본법」 제14조 '① 학교교육에서 교원(敎員)의 전문성은 존중되며, 교원의 경제적·사회적 지위는 우대되고 그 신분은 보장된다.'고 하고 있고, 「교육공무원법」 제34조에서는 '교육공무원의 보수는 우대되어야 한다.'고 하고 있다. 또한 「교원지위법」 제3조에서는 교원 보수의 우대와 관련하여 '① 국가와 지방자치단체는 교원의 보수를 특별히 우대하여야 한다.'고 하고 있어 법률적으로 교원의 경제적 사회적 권리를 보장하고 있다. UNESCO·ILO(1966)에 따르면, '교원의 지위한 교원 직무의 중요성 및 그 직무수행 능력에 대한 평가 정도에 따라 그들에게 주어지는 사회적 지위 또는 존경과 더불어, 다른 전문직 집단과 비교한 교원의 근무조건, 보수 및 그 밖의 물질적 급부 등 두 가지 모두를 의미한다.' 사회적 경제적 보장은 우수한 인적 자원의 유입과 유지를 통한 국민의 교육권 보호와 교육의 질적 측면을 담보하기 위함이다. 현재 교원의 관련 지위가 어느 정도인지는 파악하는 주체에 따라 다를 수 있으나, 보다 확충되고 개선되지 않는다면 지금의 교육의 질을 담보하기 힘들다는 것은 널리 알려져 있다. 특히 법령을 통해 지위 보장책을 마련해 주어야 하는 이유는 교원의 관련 권리 주장이 힘들기 때문임을 이해하여야 한다.

나. 소극적 권리

1) 신분보장권

「헌법」 제7조에 제시된 바와 같이 공무원의 신분은 법률이 정하는 바에 의하여 보장된다. 여기에 더하여 모든 교원은 「교육기본법」 제14조 '① 학교교육에서 교원(敎員)의… 신분은 보장된다.'나 「교육공무원법」 '제43조 ① 교원은 그 전문적 지위나 신분에 영향을 미치는 부당한 간섭을 받지 아니한다. ② 교육공무원은 형의 선고나 징계처분 또는 이 법에서 정하는 사유에 의하지 아니하고는 본인의 의사에 반하여 강임·휴직 또는 면직을 당하지 아니한다. ③ 교육공무원은 권고에 의하여 사직을 당하지 아니한다.'에 나타난 바와 같이 법령에 의거하지 않고서는 불리한 처분을 당하지 않을 신분보장의 권리를 보장받고 있다.

또한 사립학교 교원의 경우에도 「사립학교법」 제 55조에서 「교육공무원법」을 준용하도록 하고 있어 그 보장의 범위는 다르지 않다. 나아가 「교원지위법」 '제6조(교원의 신분보장 등) ① 교원은 형(刑)의 선고, 징계처분 또는 법률로 정하는 사유에 의하지 아니하고는 그 의사에 반하여 휴직·강임(降任) 또는 면직을 당하지 아니한다.'에서 보듯, 교원지위 법정주의를 채택하여, 교원의 신분적 안정을 보장함을 통해 다른 권력에서부터 교육권을 보호함으로써 국민의 능력에 따른 균등한 교육 기회의 보장을 목적으로 하고 있다(고전, 1998). 이는 UNESCO·ILO(1966)가 제시한 신분보장의 필요성과 그 맥락을 같이한다고 할 수 있다.

2) 쟁송제기권

쟁송제기는 징계처분이나 기타 그 의사에 반하는 불리한 처분에 대하여 구제를 받을 수 있는 권리를 법률적으로 보장한 것이다. 「교육공무원법」 제43조에서 보장한 교원지위 법정주의의 정신에 어긋나는 '전문적 지위나 신분에 영향을 미치는 부당한 간섭이나 본인의 의사에 반하여 강임·휴직 또는 면직' 등에 대해 의견을 진술할 기회를 가지며(동법 50조), 동법 제49조에 제시된 바와 같이, '누구나 인사 · 조직 · 처우 등 각종 직무조건과 그 밖의 신상문제에 대하여 인사상담이나 고충의 심사를 청구할 수 있고, 이를 이유로 불이익한 처분이나 대우를 받지 아니한다.'고 제시하고 있다. 「교원지위법」 '제7조에도 ① 각급학교 교원의 징계처분과 그 밖에 그 의사에 반하는 불리한 처분에 대한 소청심사(訴請審査)를 하기 위하여 교육부에 교원소청심사위원회를 두도록' 하고 있으며, 동법 제10조의2에는 '위원의 제척 · 기피 · 회피'도 권리로 보장되어 있다. 특히 징계는 본인의 의사에 관계없이 이루어지는 타율적이며 강제적인 것이 되므로 그 처리절차에 있어 매우 신중을 기하도록 규정하고 있는 것이다.

요컨대, 교원의 쟁송제기권은 절차권으로서 이 권리는 교원의 부당한 대우나 불이익을 법률로서 보장하고, 적법 절차에 의해서만 집행되도록 규정함으로써 실질적으로 교원의 신분을 보장하는 권리라 할 수 있다(강대중 외, 2009).

3) 불체포특권

불체포특권은 주된 내용은 「교육공무원법」 제48조나 「교원지위법」 제4조, 「사립학교법」 제60조에서 보듯, '교원은 현행범인인 경우를 제외하고는 소속 학교의 장의 동의 없이 학원 안에서 체포되지 아니한다.'고 제시하고 있다. 이는 그 내용에서는 다르나 국회의원, 혹은 선거관리위원에게 주어진 권한과 같이, 권력기관의 부당한 압력에서 벗어나 본연의 의무에 충실할 수 있도록 보호하는 것이라 할 수 있다. 이는 교원 자신의 신분보장뿐만 아니라 학원의 자유와 불가침성, 나아가 학생의 학습권과 인권까지 보호하려는 데 중요한 의미가 있다(김희규 외, 2017).

4) 교직단체 활동권

「교육기본법」 제15조에 나타난 바와 같이, '교원은 상호 협동하여 교육의 진흥과 문화의 창달에 노력하며, 교원의 경제적 · 사회적 지위를 향상시키기 위하여 각 지방자치단체와 중앙에 교원단체를 조직할 수 있다.'고 하고 있다. 보다 구체적으로는 「

교원지위법」 제11조에 '교원단체는 교원의 전문성 신장과 지위 향상을 위하여 특별시·광역시·특별자치시·도 및 특별자치도 교육감이나 교육부장관과 교섭·협의한다.'고 되어 있다. 전문직 단체는 자기통제와 자체육성에 노력하는 종합적 자율 전문단체의 조직의 특성을 갖는다는 점(서정화 외, 2000), 전문직으로서의 교원이 교직단체를 조직하고, 교원이 그 구성원으로 활동하는 것은 당연한 일이라 할 것이다. 국내에는 대표적으로 전문직 주의를 표방하는 단체와 노동조합주의를 표방하는 단체가 있다.

2. 교원의 의무

교원의 의무는 주로 적극적 의무와 소극적 의무로 나눌 수 있다. 전자는 교원의 교육활동과의 관계에서 주어진 일을 수행하는 측면에서의 의무이며, 후자는 주로 해서는 안될 것을 금지하는 사항에 관련된 것이다(김희규 외, 2017). 여기에서 제시되는 의무 관련 사항은 현재 기준의 법령에 대한 일반적 요약에 해당하며, 쟁점을 내포하고 있다는 점에서 향후 개정될 여지가 있음을 염두에 두어야 한다.

가. 적극적 의무

1) 교육과 연구 활동의 의무

법률적으로 보아, 교원의 임무는 가장 기본적으로 교육활동에 있는 것이다. 그러나 교육활동이 고도의 전문적 행위로서 기능하고, 이러한 활동이 연속성을 보장받기 위해서는 지속적인 연찬과 연구의 노력이 필요하다. 특히 시대와 사회상의 변화가 그 어느 때보다 빠르게 이루어지고 있는 현대 사회에서는 시대가 요구하는 역량을 갖추기 위한 교원의 자발적 노력이 전문성 유지에 당연한 전제가 된다고 할 수 있다. 또한 교원은 주된 교육대상이 인간을 대상으로 한다는 점에서 바른 도덕관의 함양과 인격적 품위의 유지도 반드시 필요하다. 교육이 어떻게 정의되던, 인간의 성장을 목적으로 하고 있다는 점에서 교육자의 윤리적 품행과 인격적 성숙은 아무리 강조해도 지나치지 않다.

「교육기본법」 제14조(교원) '② 교원은 교육자로서 갖추어야 할 품성과 자질을 향상시키기 위하여 노력하여야 한다.'고 하였다. 「교육공무원법」 제38조(연수와 교재비) '① 교육공무원은 그 직책을 수행하기 위하여 끊임없이 연구와 수양에 힘써야 한다.'고 명시하고 있다. 또한 ③항에서는 '교원은 교육자로서의 윤리의식을 확립하고, 이를 바탕으로 학생에게 학습윤리를 지도하고 지식을 습득하게 하며, 학생 개개인의 적성을 계발할 수 있도록 노력하여야 한다.'고 하고 있어 법률적 개념으로도 전문성 함양을 위한 연구의 노력과 윤리와 인격적 지도를 위한 도덕적 품성의 도야의 중요성을 강조하고 있다.

2) 선서, 성실, 복종의 의무

「국가공무원법」 제55조(선서) 공무원은 취임할 때에 소속 기관장 앞에서 대통령령 등으로 정하는 바에 따라 선서(宣誓)하여야 한다. 헌법과 법령을 준수하고, 국가를 수호하며, 국민에 대한 봉사자로서 임무를 수행함을 내용으로 임명권자 앞에서 선서한다. 선서를 통해 공무원으로서 자긍심과 국민을 위해 봉사하는 자세를 갖게 하려는 것으로 이해할 수 있다.

동법 제56조(성실 의무) 모든 공무원은 법령을 준수하며 성실히 직무를 수행하여야 한다. 성실의무는 공무원에게 부과된 가장 기본적인 중요한 의무로서 최대한으로 공공의 이익을 도모하고 그 불이익을 방지하기 위하여 전인격과 양심을 바쳐서 성실히 직무를 수행하여야 하는 것을 그 내용으로 한다(대법원 1989. 5. 23, 선고 88누3161 판결). 가장 대표적인 성실의 의무 위반은 직무유기와 직무태만이다. 신형석(2008)에 따르면, '직무유기는 공무원이 정당한 이유 없이 그 직무수행을 거부하거나 그 직무를 유기한 경우를 의미하고, 직무태만은 직무유기의 정도까지는 미치지 못하는 경우라고 할 수 있다. 직무수행의 거부는 직무를 능동적으로 수행할 의무 있는 자가 이를 행하지 않는 것을 말하며, 직무유기는 의식적으로 직무를 방임, 포기함으로서 직무를 수행하지 않는 것이다. 즉, 직무수행의 거부나 직무유기는 본질에 있어서 직무수행의 의무를 위반하는 부작위를 의미하는 것이다.' 교원의 경우, 학생지도와 전문성의 연찬에 성실히 임할 의무를 말한다.

동법 제57조(복종의 의무) 공무원은 직무를 수행할 때 소속 상관의 직무상 명령에 복종하여야 한다. 교원의 경우도, 학교의 운영과 학생교육을 위한 제반 사항에 대하여 직무상의 상관에 대해 복종할 의무를 지닌다. 대법원 판례에 따르면 소속 상관의 명백한 위법 내지 불법한 명령은 직무상 지시명령이라고 할 수 없으므로 하급자는 이에 따라야 할 의무는 없다. 직무명령이 적법·유효하기 위한 형식적 요건으로서 첫째, 권한 있는 상관이 발한 것일 것, 둘째, 부하의 직무범위 내에 속한 사항일 것, 셋째, 부하에게 직무상 독립이 보장되어 있는 사항에 관한 것이 아닐 것, 넷째, 법정의 형식 절차가 있으면 이를 갖출 것이 요구되고, 실질적 요건으로 그 내용이 법령과 공익에 적합할 것 등이 요청된다(우미형, 2017).

3) 품위유지와 청렴의 의무

품위유지와 관련해서는 「국가공무원법」 제63조에 따르면 '공무원은 직무의 내외를 불문하고 그 품위가 손상되는 행위를 하여서는 아니 된다.'고 하고 있다. 무엇이 품위유지인지에 대해서는 관련 대법원의 판단기준을 참고할 필요가 있다. 즉, '주권자인 국민의 수임자로서 국민전체의 봉사자로서의 직책을 맡아 수행해 나가기에 손색이 없는 인품에 어울리는 않는 행위로써, 공무원 본인은 물론 공직사회 전체에 대한 신뢰를 실추시킬 우려가 있는 행위인지 여부가 중요한 판단기준이 된다(이재용, 2013: 19).' 품위유지 위반 사례를 보면, 성(性) 범죄(성폭력, 성매매, 성희롱, 간통 등), 폭행 및 폭언(폭력행위로 인한 법률 위반, 상해, 학생 체벌, 욕설 등), 명예훼손(법률 위반, 인터넷 등 온라인 상에서의 타인 비방, 오프라인 상에서의 공개적 타인 비방, 학교비방 등), 연구윤리 위반 행위(표절행위, 허위논문 작성, 연구실적 중복 사용 등), 교통질서 위반 행위(무면허, 음주운전, 음주여부 측정에 관한 법률 등)이 공무와 관련된 것 이외에 다양한 것들이 포함된다(이상철, 2011: 136-137). 명백한 범법의 경우는 논외로 치더라도, 이 의무과 관련한 가장 큰 문제는 품위유지의 판단기준이 추상적이라는 데에 있다. 따라서 국민의 기본권이라 할 수 있는 표현의 자유나 사생활권의 제한과의 관계에 대한 쟁점 사안이 다수 발생하는 만큼 관련된 추가적인 논의를 필요로 한다고 할 수 있다.

청렴의 의무와 관련해서는, 청렴의 의미가 '사익을 위해 자신의 특수한 지위와 직책을 남용하지 않고, 공직을 정직하고 성실하며 책임 있게 수행하는 공직자의 도덕성(고전 외, 2010)'을 말함을 이해해야 한다. 「국가공무원법」 제61조에 따르면, '공무원은 직무와 관련하여 직접적이든 간접적이든 사례·증 또는 향응을 주거나 받을 수 없으며, 공무원은 직무상의 관계가 있든 없든 그 소속 상관에게 증여하거나 소속 공무원으로부터 증여를 받아서는 아니 된다.'고 하고 있다. 청렴이 반부패를 의미하는 만큼, 교원은 공적 업무의 수행에 있어 공적 절차와 엄격한 윤리적 기준에 의해 행위해야 한다. 이것은 교원의 권위나 권리를 확보할 수 있는 최소한의 전제라 할 수 있을 것이다.

4) 비밀엄수의 의무

「국가공무원법」 제60조(비밀 엄수의 의무) 공무원은 재직 중은 물론 퇴직 후에도 직무상 알게 된 비밀을 엄수(嚴守)하여야 한다. 무엇이 비밀에 속하는 사항인지 하는 것은 분명하지 않으나, 직무상 비밀문서로 취급된 사항 및 법령에 특히 비밀사항으로 규정된 사항을 뜻한다(박경묵, 2006). 「국가공무원 복무규정」(대통령령 제30310호)에는 '법령에 따라 비밀로 지정된 사항, 정책 수립이나 사업 집행에 관련된 사항으로서 외부에 공개될 경우 정책 수립이나 사업 집행에 지장을 주거나 특정인에게 부당한 이익을 줄 수 있는 사항, 개인의 신상이나 재산에 관한 사항으로서 외부에 공개될 경우 특정인의 권리나 이익을 침해할 수 있는 사항, 그 밖에 국민의 권익 보호 또는 행정목적 달성을 위하여 비밀로 보호할 필요가 있는 사항'이 비밀엄수의 대상이 된다. 교원의 경우 학생의 신상정보, 기출문제 등에 대한 적법하지 않은 정보의 유출도 이 의무에 속한다는 점을 이해할 필요가 있다.

나. 소극적 의무

교원의 의무는 주로 「국가공무원법」에 나타난 복무관련 법령에 주로 근거하고 있다. 사립학교의 경우도 「사립학교법」 제55조 ①항에 의거하여 '사립학교의 교원의 복무에 관하여는 국・공립학교의 교원에 관한 규정을 준용한다.'고 하여 국・공립학교 교원과 다르지 않다.

1) 정치활동의 금지

「헌법」 제31조 제④항에 나타난 교육의 정치적 중립성은 교육관련 법령에서도 엄격히 금지하고 있다. 「교육기본법」 제6조(교육의 중립성) '① 교육은 교육 본래의 목적에 따라 그 기능을 다하도록 운영되어야 하며, 정치적・파당적 또는 개인적 편견을 전파하기 위한 방편으로 이용되어서는 아니 된다.'고 하고 있으며, 동법 제14조(교원) '④ 교원은 특정한 정당이나 정파를 지지하거나 반대하기 위하여 학생을 지도하거나 선동하여서는 아니 된다.'고 하고 있다. 또한 「국가공무원법」에는 그 세부 사항이 구체적으로 기술되어 있는데, 제65조(정치 운동의 금지) '① 공무원은 정당이나 그 밖의 정치단체의 결성에 관여하거나 이에 가입할 수 없다. ② 공무원은 선거에서 특정 정당 또는 특정인을 지지 또는 반대하기 위한 1. 투표를 하거나 하지 아니하도록 권유 운동을 하는 것, 2. 서명 운동을 기도(企圖)・주재(主宰)하거나 권유하는 것, 3. 문서나 도서를 공공시설 등에 게시하거나 게시하게 하는 것, 4. 기부금을 모집 또는 모집하게 하거나, 공공자금을 이용 또는 이용하게 하는 것, 5. 타인에게 정당이나 그 밖의 정치단체에 가입하게 하거나 가입하지 아니하도록 권유 운동을 하는 것 ③ 공무원은 다른 공무원에게 제1항과 제2항에 위배되는 행위를 하도록 요구하거나, 정치적 행위에 대한 보상 또는 보복으로서 이익 또는 불이익을 약속하여서는 아니 된다.'고 하였다.

교육의 정치적 중립성이 보장되어야 하는 이유에 관하여, 헌법재판소(1992. 11. 12. 선고, 89헌마88 결정)에서 분명히 밝히고 있는데, '교육의 자주성 · 전문성 · 정치적 중립성을 헌법이 보장하고 있는 이유는 교육이 국가의 백년대계의 기초인 만큼 국가의 안정적인 성장 · 발전을 도모하기 위해서는 교육이 외부세력의 부당한 간섭에 영향받지 않도록 교육자 내지 교육전문가에 의하여 주도되고 관할되어야 할 필요가 있다는 데서 비롯된 것이라고 할 것이다. 그러기 위해서는 교육에 관한 제반정책의 수립 및 시행이 교육자에 의하여 전담되거나 적어도 그의 적극적인 참여하에 이루어져야 함은 물론 교육방법이나 교육내용이 종교적 종파성과 당파적 편향성에 의하여 부당하게 침해 또는 간섭당하지 않고 가치중립적인 진리교육이 보장되어야 할 것이다(판례집 4, 739, 762).'라고 밝히고 있다.

또한 「사립학교법」에도 제58조(면직의 사유)에는 ①항 4호에 정치운동을 하거나 또는 어느 정당을 지지 또는 반대하기 위하여 학생을 지도 · 선동한 때에는 당해 교원의 임용권자는 이를 면직시킬 수 있다고 하였다. 「교원의 노동조합 설립 및 운영 등에 관한 법률」 제3조(정치활동의 금지)에서 보듯, 교원의 노동조합도 일체의 정치활동을 하여서는 아니 된다.

요컨대, 교원의 정치활동이 금지되는 이유는 교사가 가르치는 학생의 미성숙성과 공무원 신분 때문이라 할 수 있다. 이러한 법률적 논리를 포괄적으로 인정함에도, 이것이 교원의 기본 시민권으로서 정치활동을 제약할 수 있는가에 대한 문제 제기는 지속적인 쟁점 사안의 하나로 논의되어 오고 있음을 이해할 필요가 있다.

2) 집단 행위의 제한

「국가공무원법」 제66조(집단 행위의 금지) '① 공무원은 노동운동이나 그 밖에 공무 외의 일을 위한 집단 행위를 하여서는 아니 된다. 다만, 사실상 노무에 종사하는 공무원은 예외로 한다.'고 하고 있다. 「교원의 노동조합 설립 및 운영 등에 관한 법률」 제8조(쟁의행위의 금지)에서도 노동조합과 그 조합원은 파업, 태업 또는 그 밖에 업무의 정상적인 운영을 방해하는 일체의 쟁의행위(爭議行爲)를 하여서는 아니 된다.

여기에서 '집단행위'의 개념은 문헌적 의미에서는 2인 이상 복수의 집단적 행위를 의미하나 구체적인 참여인원이 중요한 것은 아니며, 국가와 공무원의 관계에서 단순히 행정질서에 장해를 줄 위험성이 있는 정도의 의무위반이 아니고 국민생활 전반에 영향을 미쳐서 일반의 공익을 침해할 수 있는 고도의 개연성을 띈 행위를 의미한다(이재용, 2013). 「헌법」 제7조 제1항에 따른 국민 전체에 대한 봉사자로서의 의무와 강조되어 있고, 교원이 자신의 요구를 집단행위를 통하여 관찰하려고 한다면 직무의 공백으로 인해 그 피해가 학생에게 돌아갈 수 있으며, 이는 학습권의 보호와 교육활동 전념을 위한 조치로 볼 수 있다(김희규 외, 2017).

하지만 이 조항 역시 국민의 기본권으로서 표현의 자유에 미치는 효과 등에 따른 기본권의 제한과 맞물려 지속적인 논의가 필요한 사안이라 할 수 있다.

3) 직장이탈 금지

「국가공무원법」 제58조(직장 이탈 금지) ① 공무원은 소속 상관의 허가 또는 정당한 사유가 없으면 직장을 이탈하지 못한다. 공무원 복무규정 규정에는 나타난 근무시간, 근무일, 연가 계획 및 허가, 병가, 공가, 특별휴가를 규정하고 있으며, 교원도 이를 준용하고 있다. 대법원 판례(2007. 5. 11, 선고 2006두19211 판결)에 따르면, 직장이탈금지의무는 원칙적으로 근무시간 중에 해당되는 것이나 소속 상관이 시간 외 근무를 지시한 경우에는 시간 외 근무에도 해당이 된다. 소속 상관에게 허가를 신청하였다 하더라도 상관의 허가가 있기 전 직장을 이탈하였다면 직장 이탈 금지의무에 위반된다. 사립학교의 경우에도, 국·공립학교의 교원에 관한 규정을 준용한다.

4) 영리 업무 및 겸직 금지

「국가공무원법」 제64조(영리 업무 및 겸직 금지) '① 공무원은 공무 외에 영리를 목적으로 하는 업무에 종사하지 못하며 소속 기관장의 허가 없이 다른 직무를 겸할 수 없다.'고 하고 있다. 「국가공무원 복무규정」(대통령령 제30310호)에는 그 사유를 좀 더 구체적으로 밝히고 있다. 즉, 규정 제25조(영리 업무의 금지)에는 공무원의 직무 능률을 떨어뜨리거나, 공무에 대하여 부당한 영향을 끼치거나, 국가의 이익과 상반되는 이익을 취득하거나, 정부에 불명예스러운 영향을 끼칠 우려가 있는 경우에는 그 업무에 종사할 수 없다고 하였으며, 공무원이 상업, 공업, 금융업 또는 그 밖의 영리적인 업무를 스스로 경영하여 영리를 추구함이 뚜렷한 업무, 공무원이 상업, 공업, 금융업 또는 그 밖에 영리를 목적으로 하는 사기업체(私企業體)의 이사·감사 업무를 집행하는 무한책임사원·지배인·발기인 또는 그 밖의 임원이 되는 것, 공무원 본인의 직무와 관련 있는 타인의 기업에 대한 투자, 그 밖에 계속적으로 재산상 이득을 목적으로 하는 업무라고 분명히 밝히고 있다. 물론 당사자의 직무 수행에 지장이 없는 범위 내에서, 사전에 소속기관장의 겸직 허가받을 경우, 허가될 수 있다.

3. 역할과 자질로서 교사의 역량

전통적으로 교권을 지키면서, 합당한 교육을 할 수 있는 교사의 능력과 자질에 대한 논의는 교육의 질적 측면을 담보할 수 있다는 측면에서 지속적으로 논의되어 왔다. 김희규 외(2017)에서 제시되어 있듯, 역할과 관련해서는 교과학습 지도자, 생활지도자, 학교조직구성원으로서의 역할이, 자질로서는 열정, 창의성, 인성, 등의 자질요소가 강조되어 오고 있다.

하지만 최근의 세계적 동향은 교사의 역할과 자질의 논의를 역량으로 통합시켜 진행되고 있다. 그것은 세계 각국이 앞 다투어 교육개혁을 단행하고 21세기에 적합한 교사양성 및 선발을 위한 규준을 새롭게 설정하고 있으며, 현장에서 우수한 직무 성과를 예측하게 하는 개인의 내재적 특성을 추출하는 작업을 진행하고 있고, 그 핵심을 역량에 두고 있기 때문이다. 미국의 교사자격 취득을 위한 교육과정, 신규교사 평가와 지원을 위한 컨소시엄(INTASC), 교사교육 향상을 위한 협의회(NCATE)에서 제시한 규준, 영국의 신규교사자격 습득을 위한 국가기준(QTS) 등의 예에서 보듯, 유능한 교사의 역량을 규명하고 이를 양성하고자 하는 노력이 기울여지고 있는 것이다(박경묵, 2000: 91).

특히 OECD(2005)에서는 25개 회원국의 교사정책 관련 정보를 수집・분석・공유하여 궁극적으로 학교의 교수・학습활동의 질을 높이는 것을 목적으로 연구를 추진하였다. 여기서는 교사의 역할이 학습 지도와 상담과 같은 전통적인 측면을 넘어서 논의하고 있으며, 교사는 역할을 보다 폭넓게 설정하여, 개별 학생수준과 학급수준, 학교수준, 공동체수준으로 구분하여 제시[3]하고 있다(p.3). 역량을 중심으로 논의하게 됨으로써 수준에 따른 역할을 논의할 수 있게 되며, 따라서 외부적으로는 전통적 의미의 교사 역할보다 확장된 역할을, 내적으로 보아서는 교사 역할의 영역과 내용을 발휘의 측면에서 구체화 혹은 변환하고 있는 것이다.

다양한 교육적 이상론, 교사 자격과 교사 능력 평가의 일관된 척도로서 미국의 INTASC 기준, 국내외 교사 역량 연구 등에 나타난 교사의 역량을 중심으로 그 주요사항을 정리하면 다음과 같다.[4]

---

3) • **학생수준(개별)**:
- 학습과정을 설계하고 운영하기 - 개별 학생들의 학습요구에 효과적으로 반응하기
- 형성평가와 총괄평가를 통합하기

• **학급수준**:
- 다문화 학급에서 가르치기 - 새로 도입된 범교과 교육과정을 부각시켜 수업하기
- 특별한 요구를 가진 학생을 통합 학급 속에서 가르치기

• **학교수준**:
- 팀 속에서 일하고 계획하기 - 평가와 이를 바탕으로 한 체계적인 개선 계획안 만들기
- 수업과 업무처리에서 ICT 활용하기 - 경영 능력과 공유된 리더십

• **공동체수준**:
- 학부모에 대한 전문성을 살린 상담하기 - 학습을 위한 공동체적 파트너십 구축

4) 최석민 외(2014)의 연구를 목적에 맞게 대폭 변경한 것이다.

가. 수업 역량

교사는 어떤 형태로건 수업을 진행하는 사람임에는 틀림이 없으므로, 교사의 가장 중요하고도 기본적인 역량은 수업 역량이라 할 수 있다. 수업을 위해서는 우선 국가교육과정에 대한 이해와 교육과정적 지식, 수업이 궁극적으로 길러 주고자 하는 목표 혹은 수업의 결과로 도달하고자 하는 성취기준에 대한 심도 있는 이해가 기반이 되어야 한다. 한국은 국가교육과정을 운영하고 있음으로 국가교육과정에 대한 체계적 이해를 통한 수업의 운영은 공교육을 담당하는 교사의 기본이 된다고 할 수 있기 때문이다. 이러한 이해 기반을 토대로, 교사는 지역, 학교, 학급, 개별학생의 상황과 요구를 반영하여 교육과정을 재구성하여야 한다. 여기에는 교육과정재구성에 대한 방법론에 대한 이해와 교과별 특성, 교사 실천지(PCK)에 해당하는 노하우에 대한 철저한 반영이 필수적이다. 이렇게 만들어진 교육과정 재구성 안을 명확한 의사소통을 통해 수업을 운영하며, 운영 과정에서 나타난 학생의 성취 수준, 태도, 동기 등에 대한 진단에 기반하여 지속적인 피드백으로 학생의 역량을 성장시킬 수 있어야 한다. 최근 시·도교육청을 중심으로 실시되고 있는 과정중심평가의 개념은 이러한 피드백의 성장적 측면을 강조하고 있다고 볼 수 있다. 따라서 수업역량은 교육과정과 수업에 대한 심도 있는 이해를 바탕으로, 지역, 학교, 학급, 개별학생의 상황과 요구를 반영하여 교육과정을 재구성하고(PCK), 명확한 의사소통을 통해 수업을 운영하며, 피드백을 통해 학생 개개인을 성장시킬 수 있는 역량으로 요약될 수 있다. 이를 다시 하부 역량으로 상세화하면, (기본) 교육과정과 수업에 대한 철저한 이해, (역량) 교육과정재구성 역량, 명확한 의사소통 역량, 상시평가 및 피드백 역량, 다문화 및 복수학급에서의 수업 역량으로 요약될 수 있다.

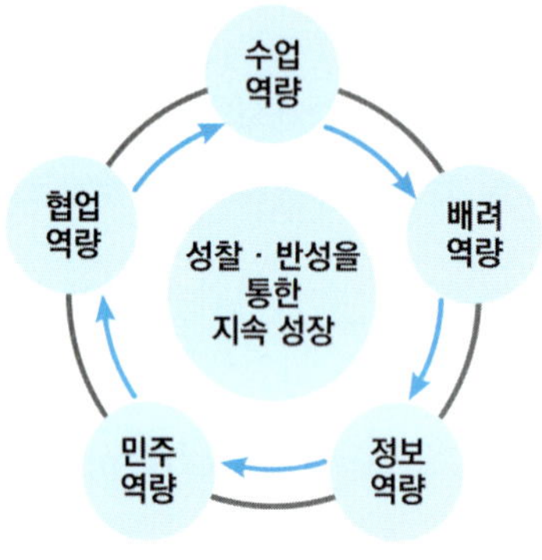

[그림 2-1] 교사의 핵심역량

나. 배려 역량

교사는 학생 발달에 대한 일반 이해와 개별 학생의 필요, 요구에 대한 이해를 바탕으로 실제 학생들에게 도움을 줄 수 있어야 함을 의미한다. 현재의 학생들이 느끼는 학업 관련 스트레스는 이전과 비교하여 위험할 정도에 놓여 있으며, 교사에게 다소간 친숙하다고 할 수 있는 ADHD, 난독증, 부진아 등에 대한 배려와 더불어, 다양한 사회적 가정적 요인으로 말미암아 확대되어 가고 있는 불안, 피해의식, 공격성, 우울, 인격 장애 등에 대한 확대된 교육적 배려가 요청되고 있다. 이 부분은 지금까지 임용시험에서 축소되었거나 간과되었던 부분으로 '교사를 학생을 지도하는 사람'의 관점에서 볼 때, 그리고 교사를 학생과의 관계 혹은 역할에서 고찰하고자 하는 최근의 OECD의 연구에 의하면, 보다 높은 강조와 주목을 여기에 기울여야 한다고 할 수 있다. 이와 같은 이해를 바탕으로 교사는 학생들과 친근한 인간관계를 형성하여야 하고, 다양한 교육적 지원이라 할 수 있는 인성교육, 생활지도와 상담, 대화 등의 과정을 통해 학생의 성장을 지원할 수 있는 역량이 필요하다.

따라서 이를 좀 더 명시적으로 요약하면, 배려 역량은 학생 발달에 대한 일반 이해와 개별 학생의 필요, 요구에 대한 이해를 바탕으로, 친근한 인간관계를 형성하고, 인성교육, 생활지도와 상담, 대화 등을 통해 학생의 성장을 지원할 수 있는 역량으로 정의될 수 있으며, (기본) 학생발달에 대한 종합적 이해, (역량) 학생 개별적 이해 및 지원, 학생과의 친근한 인간관계 형성 및 유지, 인성교육, 생활지도, 상담, 대화 역량으로 하부 역량을 상세화할 수 있다.

다. 정보 역량

지금의 세계는 변화라는 말로는 요약되기 힘들 정도로 빠른 속도로 바뀌어 가고 있다. 이른바 지식 사회의 심화는 규칙적인 패턴에 의거하여 그 변화를 요약하기 힘들 뿐만 아니라 테크놀로지의 폭발적 진보와 더불어 그 예상의 범위를 확인하기 어렵다. 이러한 사회적 시대적 변화는 교사에게도 정보사회, 지식사회, 지속가능한 발전 등과 같은 사회 변화에 대한 이해를 교사에게 요구함과 동시에 그 구체적 해결을 교육을 통해 대비할 수 있는 적극성을 요구하며, 그 근본적인 능력으로 테크놀로지 기반의 역량을 요청한다. 따라서 교사는 사회 변화에 대한 충분한 이해를 바탕으로 기존 및 새로운 미디어/매체를 활용할 수 있어야 하며, 이를 기반으로 수업, 업무 등을 수행할 수 있는 역량을 갖추고 있어야 한다. 다시 말해, 전 세계적으로 강조되는 ICT 능력을 수업의 장면에서 직접적으로 활용할 수 있어야 함과 동시에 소프트웨어 교육 등과 같은 미래형 교육의 기초와 태도를 갖추고 있어야 함을 의미한다.

따라서 이러한 정보 역량을 요약하면, 정보 역량은 정보사회, 지식사회, 지속가능한 발전 등 사회 변화에 대한 충분한 이해를 바탕으로 기존 및 새로운 미디어(매체)를 활용하여 수업, 업무 등을 수행할 수 있는 역량으로 요약할 수 있으며, (기본) 사회변화에 대한 이해, (역량) 수업매체/도구 활용 역량, 수업매체/도구 활용 수업, 업무 추진 역량으로 하부 역량을 세분화할 수 있다.

라. 협업 역량

학교는 한 사람의 교사가 혼자서 학생들을 가르치는 곳이 아니다. 교육공동체와 학교 구성원, 지역사회와의 협력을 통하여 함께 학생들을 지도하는 곳이다. 이러한 곳에서는 지역사회와 구성원과의 상호이해와 소통의 필요성을 자각하는 것이 무엇보다 필요하다. 사람이 모인 곳에서는 항상 이견이 존재할 수밖에 없다는 점에서 다른 견해에 대한 존중과 상호 협의의 정신은 아무리 강조해도 지나치지 않다고 할 것이다. 이러한 차이(difference)의 인정은 일찍이 포스터모던 사회의 기초이기도 하며, 차이를 우열이 아니라 다양성으로 보아야 한다는 견해는 다문화 사회의 보편적 인식이 되어 가고 있다. 교육이 사회와 동떨어져 하나의 상아탑을 형성하던 시기는 이미 종결되었다. 사회와의 친밀한 관계성 속에서 함께 협력하여 우리의 학생과 자녀를 교육하는 마을 교육공동체로서의 학교는 더 이상 낯선 개념이 아닌 것이다. 하지만 협력과 상호 이해는 진공 상태에서 나타나지 않으며, 그러한 공동의 노력이 필요한 곳은 당면한 문제의 해결에서 집약적으로 나타난다. 우리의 문제가 남의 문제가 아닌 나의 문제로 주도적으로 문제 해결에 참여하며, 그러한 문화 생성을 위해 책무성을 가지고 실천할 수 있는 교사의 역량이 필요한 것이다.

따라서 협업 역량을 요약하면, 교육공동체와 학교 구성원, 지역사회와의 협력, 상호 이해, 소통의 중요성을 이해하고, 당면한 문제해결에 주도적으로 참여하며, 그러한 문화 생성을 위해 책무성을 가지고 실천할 수 있는 역량으로 요약할 수 있으며, (기본) 교육공동체 협력에 대한 이해를 바탕으로, (역량) 구체적 협력 진행 및 난관 극복 역량, 학생, 동학년/동교과/학교/공동체 협업 역량, 학생, 동학년/동교과/학교/공동체 협업을 통한 학교 문화 생성 역량으로 요약될 수 있다.

마. 민주 역량

교사는 어떤 형태로 규정하건 이상성에 기초하여 활동하는 사람이며, 현재를 가르치되 보다 바람직한 미래를 꿈꾸는 사람이다. 그런 의미에서 교사는 자유와 평등, 박애 등 인류가 공적으로 가치 있음으로 규정한 이상적 사회를 실현하기 위해 자신의 교육관을 바탕으로 공적 행위를 하는 사람을 의미한다. 우리는 이러한 이상성을 흔히 민주주의라는 말로 요약한다. 이 요약의 의미는 첫째, 불평등, 부정의, 부자유 등과 같은 비민주적 비정상성에 대한 도전과 저항을 당연시하는 것이며, 둘째, 보다 적극적으로는 자신이 속한 학교와 학급이 이러한 민주적 이상성에 기초할 수 있도록 구조와 관행에 대한 문제를 지속적으로 제기함과 동시에, 그러한 이상적 공간으로 거듭날 수 있도록 끊임없는 개선 노력이 이루어짐을 의미한다.

이러한 민주적 이상성의 기초는 공교육의 정신에 기반을 두고 있다고 할 수 있다.

공교육은 “교육의 사회적 유용성으로 인해 국가가 적극적으로 관여하는 교육으로, 국가나 공공단체가 관리 · 운영 · 지원하고 국민 모두에게 개방하여 보편적인 교육을 실시하는 교육을 말한다. 이러한 공교육은 교육의 기회균등을 위해 무상성과 의무성을 추구하고, 교육내용에 있어 중립성과 보편성을 추구하며, 국가가 교육의 질을 관리 · 감독하는 학교제도 중심의 교육을 그 원리로 한다.”(교육개혁위원회, 1997, 113, 김영화, 2001, 재인용). 따라서 교육의 기회 균등, 무상성과 의무성, 중립성과 보편성 등과 같은 공교육의 근본정신은 민주적 이상성의 기본을 형성하며, 따라서 교사는 공교육에 대한 충분한 이해를 바탕으로 참여 민주적 공간으로 사회(학교, 학급)가 진보될 수 있도록 노력하되, 현재적 절차적 참[5]으로서 교육법 · 제도에 대한 이해와 인정을 통해 그러한 헌신을 하는 사람이다. 또한 이러한 민주적 이상과 공교육의 정신을 바탕으로 교사는 자신의 교육관과 신념에 따라 교육에 봉사하려는 열정과 자세를 가진 사람이다.

따라서 민주 역량을 요약하면, 공교육, 교육법 · 제도 등에 대한 이해, 자신의 교육관 등을 바탕으로 민주적 학교/급을 운영할 수 있는 역량과 신념을 가지고 교육에 봉사하려는 열정과 자세로 요약할 수 있으며, (기본) 공교육, 교육법 · 제도 등에 대한 이해를 바탕으로, (역량) 민주적 학교/학급 운영 및 주도적 참여 역량, 신념을 가지고 봉사하려는 자세로 요약될 수 있다.

5) 절대적, 내용적 참이 아니다. 현재적 절차적 참이라는 말은 잠정적이며 변화가능하다는 의미로서 적어도 현재적으로는 참으로서 기능함을 가정한다.

토의 주제

01 교원의 권리와 관련하여 교사에게 허용된 범위는 어떤 것인지 서로 토의해 보고, 그 내용과 한계에 대해 자신의 의견을 제시해 보자.

02 교원의 의무와 관련하여 중등교사가 반드시 알아야 할 법률적 의무에 대해 서로 토의해 보고, 중등교사의 일상생활에서 유의해야 할 구체적인 사안에는 무엇이 있는지 설명해 보자.

03 교사가 가져야 할 역량에 대해 요약·정리하고, 스스로 가진 역량을 성찰해 보자. 자기 개발의 전략을 세워 보고, 토의를 통해 상호 의견을 교환해 보자.

04 (심화)

① 법제처 국가법령정보센터(http://www.law.go.kr/) 사이트를 방문하여, 교사와 관련된 다양한 법령과 판례를 검색해 보고, 그 내용을 함께 정리해 보자.

② 1966년 발표된 세계 교사 지위에 대한 권고(ILO/UNESCO Recommendation concerning the Status of Teachers)와 국내 법령에 나타난 교원의 권리 및 의무를 비교해 보고, 교사에 대한 자신의 관점에 대해 설명하고 토의해 보자.

03 교원의 복무관리

이 장에서는 교원의 복무 및 휴가, 휴직 및 복직, 상훈 및 징계, 교원의 지위향상 및 활동 단체, 교원의 부정청탁금지에 대해서 살펴본다.

1. 교원의 복무 및 휴가

가. 근무시간

「공무원복무규정」(대통령령 제30310호, 2019. 12. 31.) 제9조에 의하면 공무원의 일일 근무시간은 오전 9시부터 오후 6시까지 40시간을 일하며, 점심시간은 낮 12시부터 오후 1시까지로 규정하고 있다. 하지만, 교원은 미성년인 학생들을 가르치는 직무의 특성과 학교의 특수성을 고려하여 일반적으로 평일 오전 8시 30분부터 16시 30분까지 근무하며, 이때 점심시간은 학급 또는 식당에서 학생에 대한 급식지도 및 생활지도를 하는 관계로 근무시간에 포함하고 있다.

연가, 조퇴, 출장은 사전 학교장의 허가를 받는 것이 원칙이다. 만일 교원이 질병이나 개인 사정으로 결근할 경우, 교원은 일반적으로 오전 8시 이전 구두로 담당 교사(출석계 또는 교무부장 등) 또는 교감 등에게 구도로 보고하고 오전 12시 이전 본인이 직접 나이스(NEIS)에 결근 승인을 요청해야 하는 것이 원칙이나, 불가피한 경우 다른 교원으로 하여금 대행하게 할 수 있다.

교원들이 법정 근무시간을 넘겨 초과근무를 하는 경우에는 초과근무수당을 지급받을 수 있다. 초과근무를 위해서는 초과근무 당일 15시 전에 신청할 필요가 있으며, 사후 신청 시 불인정된다. 그리고 16:30 이후 방과 후 학교 등으로 강사료를 받는 시간과 중복 신청은 불가하다. 방학(봄방학 포함) 중에는 8시간 계속 연이어 근무 시 초과근무가 가능하다.

교원들의 모든 근무 상황은 나이스에서 관리하며, 수기문서는 효력이 없다. 중간·기말고사, 종업식, 방학식, 졸업식 등에는 조기 퇴근이 원칙적으로 불가하다. 관공서의 공휴일에 관한 규정에 따라 행정기관의 공휴일은 연간 67일(일요일 연간 52일) 정도이다. 또한, 설날, 추석연휴 및 어린이날 대체공휴일에는 근무하지 않는다.

나. 휴가

「교원휴가에 관한 예규」(교육부예규 제35호, 2018. 11. 9.) 제3조에는 교원들이 신청할 수 있는 휴가를 정의하고 있다. 휴가는 학교의 장이 일정한 사유가 있는 교원의 신청 등에 의하여 일정 기간 출근의 의무를 면제하여 주는 것으로, 연가·병가·공가·특별휴가를 총칭한다. 연가는 정신적·신체적 휴식을 취함으로써 근무능률을 유지하고 개인생활의 편의를 위하여 사용하는 휴가를 말한다. 병가는 질병 또는 부상으로 직무를 수행할 수 없는 경우 또는 감염병에 걸려 다른 교직원, 학생 등의 건강에 영향을 미칠 우려가 있을 때 부여받는 휴가를 말한다. 공가는 교원이 일반국민의 자격으로 국가기관의 업무수행에 협조하거나 법령상 의무의 이행이 필요한 경우에 부여받는 휴가를 말한다. 특별휴가는 사회통념 및 관례상 특별한 사유(경조사 등)가 있는 경우 부여받는 휴가를 말한다.

1) 연가

「교원휴가에 관한 예규」 제5조에는 교원들이 다음의 사항에 해당되는 경우 연가를 사용할 수 있다고 규정하고 있다.

1. 본인 또는 배우자 직계존속의 생일・기일, 본인 또는 배우자 직계존비속 또는 형제・자매의 질병, 부상 등으로 일시적인 간호 또는 위로가 필요하다고 인정되는 경우
2. 병가를 모두 사용한 후에도 직무를 수행할 수 없거나 계속 요양을 할 필요가 있는 경우
3. 한국방송통신대학교 출석 수업 및 일반대학원 시험에 참석하는 경우
4. 기타 상당한 이유가 있다고 소속 학교의 장이 인정하는 경우

연가는 하루 온종일 하는 경우도 있지만 반일연가도 신청할 수 있다. 반일연가는 13:00를 기준하여 오전・오후로 신청할 수 있다. 근무상황부 종별 중 연가(반일연가를 포함한다)를 신청할 때에는 교육정보시스템(나이스. 근무상황부 또는 근무상황카드를 포함한다)의 「사유 또는 용무」란에 사유를 기재하지 않고, 지각(지참)・조퇴・외출을 신청할 때에는 사유를 기재한 후 학교의 장의 승인을 받아야 한다. 교원들이 사용할 수 있는 연가 일수는 「국가공무원 복무규정」 제15조에 따르며, 재직기간에 따라 연가 일수를 사용할 수 있다.

〈표 3-1〉 공무원의 재직기간별 연가 일수

재직기간	연가일수
1개월 이상 1년 미만	11
1년 이상 2년 미만	12
2년 이상 3년 미만	14
3년 이상 4년 미만	15
4년 이상 5년 미만	17
5년 이상 6년 미만	20
6년 이상	21

2) 병가

「교원휴가에 관한 예규」 제6조에는 교원들이 사용할 수 있는 병가는 「국가공무원 복무규정」에 따른다고 규정하고 있다. 「국가공무원 복무규정」 제18조에 따라 교원들은 질병 또는 부상으로 인하여 직무를 수행할 수 없을 때, 그리고 감염병에 걸려 출근으로 다른 공무원의 건강에 영향을 미칠 우려가 있을 때 연 60일의 범위에서 병가를 신청할 수 있다. 이 경우 질병이나 부상으로 인한 지각·조퇴 및 외출은 누계 8시간을 병가 1일로 계산한다. 또한, 공무상 질병 또는 부상으로 직무를 수행할 수 없거나 요양이 필요할 경우에는 연 180일의 범위에서 병가를 사용할 수 있다. 병가 일수가 연간 6일을 초과하는 경우에는 의사의 진단서를 첨부하여야 한다.

3) 공가

「교원휴가에 관한 예규」 제7조에는 교사들이 사용할 수 있는 공가에 대해 다음과 같이 규정하고 있다.

1. 「병역법」이나 그 밖의 다른 법령에 따른 병역판정검사·소집·검열점호 등에 응하거나 동원 또는 훈련에 참가할 때
2. 공무와 관련하여 국회, 법원, 검찰 또는 그 밖의 국가기관에 소환되었을 때

3. 법률에 따라 투표에 참가할 때
4. 승진시험·전직시험에 응시할 때
5. 원격지로 전보 발령을 받고 부임할 때
6. 「산업안전보건법」 제43조에 따른 건강진단, 「국민건강보험법」 제52조에 따른 건강검진 또는 「결핵예방법」 제11조 제1항에 따른 결핵검진등을 받을 때
7. 「혈액관리법」에 따라 헌혈에 참가할 때
8. 「교원 등의 연수에 관한 규정」 제13조에 따른 외국어능력에 관한 시험에 응시할 때
9. 올림픽, 전국체전 등 국가적인 행사에 참가할 때
10. 천재지변, 교통 차단 또는 그 밖의 사유로 출근이 불가능할 때
11. 「교원의 노동조합 설립 및 운영 등에 관한 법률」 제6조에 따른 교섭위원으로 선임되어 단체교섭 및 단체협약 체결에 참석할 때, 「교원의 노동조합 설립 및 운영 등에 관한 법률 시행령」 제3조 제3항에 의한 교섭관련 협의를 위하여 지명된 자로 참석할 때, 같은 법 제14조 및 「노동조합 및 노동관계조정법」 제17조에 따른 대의원회(「교원 노동조합 설립 및 운영 등에 관한 법률」에 따라 설립된 교원 노동조합의 대의원회를 말하며, 연 1회로 한정한다)에 참석할 때
12. 「교원의 지위 향상 및 교육활동 보호를 위한 특별법」 제11조 및 「교원지위향상을위한교섭·협의에관한규정」 제2조의 교섭·협의당사자로 교섭·협의에 참석할 때, 「교육기본법」 제15조에 의한 교원단체의 대의원회(교원지위향상을 위한 특별법에 따라 설립된 교원단체의 대의원회를 말하며, 연 1회로 한정한다)에 참석할 때

4) 특별휴가

「교원휴가에 관한 예규」 제8조에는 교원들이 사용할 수 있는 특별휴가에 대해 규정하고 있다. 우선, 「교원의 지위 향상 및 교육활동 보호를 위한 특별법」 제15조에 따른 교육활동 침해의 피해를 받은 교원에 대해서는 피해 교원의 회복을 지원하기 위해 5일의 범위에서 특별휴가를 받을 수 있다. 다음으로, 교원들은 경조사 시 〈표

3-2〉와 같이 특별휴가를 받을 수 있다. 교원의 경조사 특별휴가 기간 중에 공휴일 및 토요 휴무일은 휴가 일수에 산입하지 않는다.

〈표 3-2〉 경조사 휴가 일수

구분	대상	일수	구분	대상	일수
결혼	본인	5	사망	배우자, 본인 및 배우자의 부모	5
	자녀	1		본인 및 배우자의 조부모 · 외조부모	2
출산	배우자	5		자녀와 그 자녀의 배우자	2
입양	본인	20		본인 및 배우자의 형제자매	1

출산 휴가는 90일이며, 출산 전 45일을 초과할 수 없다. 다만, 유산, 사산 경우에는 진단서를 첨부해야 하며 유산, 사산한 날로부터 특별휴가가 부여된다.

임신기간	일수
11주 이내(77일 이내)	5일
12주 이상 15주 이내(78~105일)	10일
16주 이상 21주 이내(106~147일)	30일
22주 이상 27주 이내(148~189일)	60일
28주 이상(190일)	90일

다. 교원 국외여행

교원들이 국외여행을 하는 경우는 휴업일 중에 실시하는 것을 원칙으로 한다. 연가 일수 내에서 연가를 사용한 국외여행 시에는 국외여행 허가 신청서를 제출하지 않아도 된다. 나이스 상신으로 대체가 가능하다. 반면, 41조(국외자율연수)를 활용하여 국외여행을 신청하시는 경우에는 '국외자율연수 계획서'를 작성하여 결재를 득한 후, 연수 종료후에는 보고서를 작성하여 제출한다. 그리고 순수 연휴 기간(예시: 추석연휴+토요휴무+휴업일 등)의 친지방문 등을 위한 국외여행 시, 공무 외 국외여행 신고 작성하여 결재를 요청해야 하며(자율휴업일은 연가 처리함), 나이스 결재 시 여행기간(입국시간)을 정확하게 기록해야 한다.

2. 교원의 휴직 및 복직

「교육공무원법」(법률 제13936호, 2016. 2. 3.) 제44조에는 교원들이 다음의 사유에 해당될 때 휴직을 신청할 수 있다고 규정하고 있다.

1. 신체상 · 정신상의 장애로 장기요양이 필요할 때(불임 · 난임으로 인하여 장기간의 치료가 필요한 경우를 포함한다)
2. 「병역법」에 따른 병역 복무를 위하여 징집되거나 소집된 경우
3. 천재지변이나 전시 · 사변 또는 그 밖의 사유로 생사(生死)나 소재(所在)를 알 수 없게 된 경우
4. 그 밖에 법률에 따른 의무를 수행하기 위하여 직무를 이탈하게 된 경우
5. 학위취득을 목적으로 해외유학을 하거나 외국에서 1년 이상 연구 또는 연수를 하게 된 경우
6. 국제기구, 외국기관, 국내외의 대학 · 연구기관, 다른 국가기관, 재외교육기관(「재외국민의 교육지원 등에 관한 법률」 제2조 제2호의 재외교육기관을 말한다) 또는 대통령령으로 정하는 민간단체에 임시로 고용되는 경우
7. 만 8세 이하 또는 초등학교 2학년 이하의 자녀를 양육하기 위하여 필요하거나 여성 교육공무원이 임신 또는 출산하게 된 경우와 만 19세 미만의 아동(제7호에 따른 육아휴직의 대상이 되는 아동은 제외한다)을 입양(入養)하는 경우
8. 교육부장관 또는 교육감이 지정하는 연구기관이나 교육기관 등에서 연수하게 된 경우

9. 사고 또는 질병 등으로 장기간 요양이 필요한 부모, 배우자, 자녀 또는 배우자의 부모를 간호하기 위하여 필요한 경우
10. 배우자가 국외 근무를 하게 되거나 제5호에 해당하게 된 경우
11. 「교원의 노동조합 설립 및 운영 등에 관한 법률」 제5조에 따라 노동조합 전임자로 종사하게 된 경우
12. 「공무원연금법」 제23조에 따른 재직기간 10년 이상인 교원이 자기개발을 위하여 학습·연구 등을 하게 된 경우

「교육공무원법」 제45조에는 교원들이 신청할 수 있는 휴직은 직권 휴직과 청원 휴직으로 구분되며, 각 사유에 따른 휴직기간을 〈표 3-3〉과 〈표 3-4〉에서와 같이 규정하고 있다.

〈표 3-3〉 직권 휴직(「교육공무원법」 제44조 제1항, 제45조 제1항)

종류	질병휴직	병역휴직	생사불명	법정의무수행	노조전임자
근거	제1호	제2호	제3호	제4호	제11호
요건	• 신체 · 정신상의 장애로 장기요양을 요할 때(불임 · 난임으로 인하여 장기간의 치료가 필요한 경우를 포함)	• 병역의 복무를 위해 징 · 소집된 때	• 천재 · 지변 · 전시 · 사변, 기타의 사유로 생사 · 소재가 불명한 때	• 기타 법률상 의무 수행을 위해 직무를 이탈하게 된 때	• 교원노동조합 전임자로 종사하게 된 때
기간	• 1년이내(부득이한 경우 1년 연장) • 공무원연금법에 따른 공무상 질병 또는 부상으로 인한 경우는 3년이내	복무기간	3월 이내	복무기간	전임기간
재직경력인정	• 경력평정: 미산입(단, 공무상 질병인 경우 산입) • 승급제한(단, 공무상 질병인 경우는 포함)	• 경력평정: 산입 • 승급인정	• 경력평정: 미산입 • 승급제한	• 경력평정: 산입 • 승급인정	• 경력평정: 산입 • 승급인정
결원보충	6월 이상 휴직 시 결원보충	6월 이상 휴직 시 결원보충	결원보충 불가	6월 이상 휴직 시 결원보충	6월 이상 휴직 시 결원보충
봉급	• 1년 이하 7할 지급 • 1년 초과 2년 이하: 5할 • 공무상 질병은 전액 지급	지급안함	지급안함	지급안함	지급안함
수당	• 공통수당: 봉급과 같은 율 지급 • 기타수당: 휴직사유별 차등 지급	지급안함	지급안함	지급안함	지급안함
기타	• 의사진단서 첨부				

〈표 3-4〉 청원 휴직(「교육공무원법」 제44조 제1항, 제45조 제1항)

종류	유학 휴직	고용 휴직	육아 휴직	입양 휴직	연수 휴직	간병 휴직	동반 휴직	자율연수 휴직
근거	제5호	제6호	제7호	제7호의2	제8호	제9호	제10호	제12호
요건	학위취득을 목적으로 해외유학을 하거나 외국에서 1년 이상 연구·연수하게 된 때	국제기구, 외국기관, 국내외의 대학·연구기관, 다른 국가기관, 재외교육기관 또는 대통령령으로 정하는 민간단체에 임시로 고용되는 경우	만8세이하 또는 초등학교 2학년 이하의 자녀를 양육하기 위하여 필요하거나 여성 교육공무원이 임신 또는 출산을 하게 된 경우	만 19세 미만의 아동을 입양하는 경우(제7호에 따른 육아휴직 대상이 되는 아동 제외)	교육부장관이 지정하는 국내의 연구기관·교육기관 등에서 연수하게 된 경우	부모, 배우자, 자녀 또는 배우자의 부모, 조부모, 손자녀의 간호를 위하여 필요한 경우	배우자가 국외 근무를 하거나 제5호에 해당된 경우	교원이 자기개발을 위하여 학습·연구 등을 하게 된 경우
기간	3년 이내 (학위취득의 경우, 3년 연장 가능)	고용기간	자녀 1명에 대하여 3년 이내	6월 이내 (입양자녀 1명당)	3년 이내	1년 이내 (재직기간 중 총 3년)	3년 이내 (3년 연장가능)	1년 이내 (재직기간 중 1회에 한해 1년 이내)
재직경력 인정	• 경력평정: 5할 산입 • 승급인정	• 경력평정: 산입 • 승급인정 (비상근으로 근무한 경우는 각 5할 산입)	• 경력평정: 산입 • 승급인정 (첫째, 둘째자녀 1년이내 기간, 셋째자녀 휴직 전기간(3년))	• 경력평정: 산입 • 승급인정	• 경력평정: 5할 산입 • 승급제한 (단, 상위자격·학위취득 등 교육경력 산입 시 호봉재획정	• 경력평정: 제외 • 승급제한	• 경력평정: 제외 • 승급제한	• 경력평정: 제외 • 승급제한
결원 보충	• 6월 이상 휴직 시 결원 보충	• 6월 이상 휴직 시 결원 보충	• 6월 이상 휴직시 결원 보충 (출산휴가와 연계한 경우 3월 이상 휴직시 결원보충 가능하고, 출산휴가일부터 후임자 보충 가능)	• 6월 이상 휴직 시 결원 보충	• 6월 이상 휴직 시 결원 보충	• 6월 이상 휴직 시 결원 보충	• 6월 이상 휴직 시 결원 보충	• 6월 이상 휴직 시 결원 보충
봉급	봉급5할지급 (3년이내)	지급안함	지급안함	지급안함	지급안함	지급안함	지급안함	지급안함
수당	• 공통수당: 5할 지급 (3년이내) • 기타수당: 미지급	지급안함	• 5~8할 지급 (1년이내)[6] • 상한: 120~250만원 • 하한: 70만원	지급안함	지급안함	지급안함	지급안함	지급안함
기타			출산휴가 별도신청 가능					

휴직 중인 교원은 신분은 보유하나 직무에 종사하지 못한다. 따라서 휴직 중이라도 공무원의 신분은 보유하므로 국가공무원법상 의무(겸직금지, 집단행위의 금지, 정치운동의 금지, 비밀엄수 등)를 위반하였을 때는 징계처분의 대상이 된다. 휴직 중, 정년이 도래한 자는 정년퇴직이 가능하며, 명예퇴직 요건에 해당되면 명예퇴직 신청도 가능하다.

교원이 퇴직 후 복직하는 경우 「국가공무원법」 제73조 제2항・제3항에 따라 휴직 사유 소멸 시 30일 이내 신고하면 지체 없이 복직 조치된다. 휴직자는 휴직 기간이 종료되거나, 휴직 사유가 소멸되면(질병휴직 중 완치, 해외유학 휴직 중 학업 중단 등) 즉시 복귀 신청하여야 한다. 또한, 임용권자는 휴직기간 중 그 사유가 없어지면, 휴직중인 공무원의 복직신고가 없더라도 지체 없이 복직을 명하여야 한다.

3. 교원의 상훈 및 징계

가. 교원의 상훈

교원의 상훈과 포상은 「상훈법」, 「상훈법시행령」, 「정부포상규정」, 「정부포상지침」과 「모범공무원규정」 등에 의해 시행된다. 교원의 상훈과 포상 중에서 최고의 서훈은 훈장이다. 훈장 중 교원에 해당하는 것은 근정훈장이라고 할 수 있다. 근정훈장은 직무에 정려(精勵: 힘을 다하여 부지런히 노력함을 의미)하여 공적이 뚜렷한 교원에게 수여하는 것으로, 40년 이상의 교원에게는 2등급 황조훈장, 그 이하는 근무연한에 따라 홍조・녹조・옥조훈장을 수여한다. 훈장 다음으로 포장・대통령표창・국무총리표창・교육부장관표창・기타 기관장 표창과 포상 등이 있다. 모범공무원 포상은 일반직 6급 이하 공무원 및 이에 상당하는 공무원에게 수여하며 교원 중 교사는 해당하나, 교장・교감은 제외한다.

---

6) • 육아휴직 시작일을 기준으로 3개월까지는 월 봉급액의 8할(상한액 150만원, 하한액 70만원)
• 4개월째부터 1년이내는 월 봉급액의 5할(상한액 120만원, 하한액 70만원)
• 같은 자녀에 대하여 부모가 모두 육아휴직을 하여 두 번째 육아휴직을 한 사람이 공무원인 경우 그 공무원의 최초 3개월까지의 육아휴직수당은 월 봉급액에 해당하는 금액으로 하되, 상한액 250만원

나. 교원의 징계

「국가공무원법」(법률 제15857호, 2018. 10. 16.) 제78조에는 교원들이 「국가공무원법」이나 이 법에 따른 명령을 위반한 경우, 직무상의 의무(다른 법령에서 공무원의 신분으로 인하여 부과된 의무를 포함한다)를 위반하거나 직무를 태만히 한 경우, 직무의 내외를 불문하고 그 체면 또는 위신을 손상하는 행위를 한 경우에는 징계처분을 하도록 규정하고 있다.

교원들에게 처분할 수 있는 징계의 종류(「국가공무원법」 제79조)로는 파면・해임・강등・정직(停職)・감봉・견책(譴責)으로 구분할 수 있다. 「공무원징계령」 제1조(대통령령 제30017호, 2019. 8. 6.)에 따르면, '중징계'란 파면, 해임, 강등 또는 정직을, '경징계'란 감봉 또는 견책을 말한다.

파면과 해임은 공무원을 강제로 퇴직시키는 중징계 처분 중의 하나이다. 파면과 해임의 효과는 강제퇴직에 그치지 않는다. 파면이란 배제징계의 하나로써 교원의 신분을 박탈하는 징계처분을 말한다. 파면된 자는 향후 5년간 교원이 될 수 없으며, 퇴직금은 5년 미만 근무자의 경우 1/4을 감액하며, 5년 이상 근무자의 경우에는 1/2을 감액한 후 지급한다. 해임은 파면보다는 약간 가벼운 처벌이나 강제퇴직 시키는 것은 동일하다. 해임의 경우에는 3년 동안 교원으로 임용될 수 없다. 해임의 경우에는 연금법상의 불이익은 없으나, 파면의 경우에는 퇴직급여액의 1/2이 삭감(5년 미만 근무자에게는 퇴직급여액의 1/4이 삭감)되는 불이익을 받는다. 강등은 1계급 아래로 직급을 내리고, 공무원신분은 보유하나 3개월간 직무에 종사하지 못하며 그 기간 중 보수는 전액을 감한다. 정직은 1개월 이상 3개월 이하의 기간으로 하고, 정직 처분을 받은 자는 그 기간 중 공무원의 신분은 보유하나 직무에 종사하지 못하며 보수는 전액을 감한다. 감봉은 1개월 이상 3개월 이하의 기간 동안 보수의 3분의 1을 감한다. 견책(譴責)은 전과(前過)에 대하여 훈계하고 회개하게 한다.

교원징계를 위한 업무 처리 과정은 다음과 같다.

징계 업무처리 과정

1. 비위 사실 적발

2. 징계의결 요구

▲징계의결 요구기관
- 타기관 통보는 통보받은 날로부터 1개월 이내
- 중징계 · 경징계로 구분
  - 교사(중학교 경징계): 지역교육청
  - 교사(중학교 중징계, 고등학교), 관리자: 본청 감사관
- 혐의자에게 징계의결 요구 사유서 부분 통보

3. 관할 징계위원회

▲요구서접수
- 사실조사
- 상정안건 작성
- 징계위원회 개최 3일 전까지 출석 통지 (휴무일 미포함)
- 진술권 부여

4. 징계위원회 의결

▲관할 징계위원회
- 요구서 접수일로부터 60일 이내 의결 (성 관련 30일 이내)
  - 진술 및 심문
  - 의결
  - 의결서 작성
  - 회의록 작성

5. 징계의결 통고

▲관할 징계위원회는 지체없이 통고(징계처분권자)
- 징계의결요구권자
- 관계기관(감사원 등)

6. 징계집행

▲징계처분권자
- 통고받은 날부터 15일 이내 집행
- 징계처분사유설명서 교부
- 인사발령통지서배부
- 징계대장 및 NEIS 기록

[그림 3-1] **교원징계 업무 처리 과정**

교원의 징계 기준과 감경 사유에 대해서는 「교육공무원 징계양정 등에 관한 규칙」(교육부령 제188호, 2019. 9. 17.)에 규정되어 있다. 동법 제2조에는 「교육공무원 징계령」 제2조 제1항에 따라 교육공무원징계위원회(이하 '징계위원회'라 한다)는 징계혐의자의 비위(非違) 유형, 비위 정도 및 과실의 경중(輕重)과 평소 행실, 근무성적, 공적(功績), 뉘우치는 정도 또는 그 밖의 사정 등을 참작하여 〈표 3-5〉의 징계기준에 따라 징계를 의결하도록 규정하고 있다. 징계위원회는 징계의결이 요구된 사람의 비위가 성실하고 능동적인 업무처리 과정에서 과실로 생긴 것으로 인정되거나, 비위 중 직무와 관련이 없는 사고로 인한 비위라고 인정될 때에는 그 사정을 참작하여 징계를 감경할 수 있다. 하지만, 다음의 사항에 해당되는 경우는 징계를 경감할 수 없다.

1. 「국가공무원법」 제83조의2 제1항 또는 「지방공무원법」 제73조의2 제1항에 따라 징계의결 요구 시효가 5년인 징계 사유에 해당하는 비위로 징계의 대상이 된 경우

2. 시험문제를 유출하거나 학생의 성적을 조작하는 등 학생 성적과 관련한 비위 및 학교생활기록부 허위사실 기재 또는 부당 정정(訂正) 등 학교생활기록부와 관련한 비위로 징계의 대상이 된 경우
3. 「교육공무원법」 제52조 각 호의 어느 하나에 해당하는 성(性) 관련 비위로 징계의 대상이 된 경우
4. 「도로교통법」 제44조 제1항에 따른 음주운전 또는 같은 조 제2항에 따른 음주측정에 대한 불응
5. 학생에게 신체적·정신적·정서적 폭력 행위를 하여 징계의 대상이 된 경우
6. 신규채용, 특별채용, 전직(轉職), 승진, 전보(轉補) 등 인사와 관련된 비위
7. 「학교폭력예방 및 대책에 관한 법률」에 따른 학교폭력을 고의로 은폐하거나 대응하지 아니한 경우
8. 소속 기관 내의 성 관련 비위를 고의로 은폐하거나 대응하지 않아 징계의 대상이 된 경우
9. 성 관련 비위의 피해자에게 2차 피해(피해자 신상정보의 유출, 피해자 권리구제의 방해, 피해자에 대한 폭행·폭언, 그 밖에 피해자의 의사에 반하는 일체의 불리한 처우를 말한다. 이하 같다)를 입혀 징계의 대상이 된 경우
9. 「공직선거법」상 처벌 대상이 되는 행위로 징계의 대상이 된 경우
10. 「공직자윤리법」제8조의2 제1항 또는 제22조에 따른 등록의무자에 대한 재산등록 및 주식의 매각·신탁과 관련한 의무 위반
11. 부작위 또는 직무태만

〈표 3-5〉 교원 징계 양정 기준

비위의 정도 및 과실 / 비위의 유형	비위의 정도가 심하고 고의가 있는 경우	비위의 정도가 심하고 중과실인 경우 또는 비위의 정도가 약하고 고의가 있는 경우	비위의 정도가 심하고 경과실인 경우 또는 비위의 정도가 약하고 중과실인 경우	비위의 정도가 약하고 경과실인 경우
1. 성실의무 위반				
가. 공금횡령・유용, 업무상 배임	파면	파면 - 해임	해임 - 강등	정직 - 감봉
나. 직권남용으로 다른 사람의 권리 침해	파면	해임	강등 - 정직	감봉
다. 직무태만 또는 회계질서 문란	파면	해임	강등 - 정직	감봉 - 견책
라. 시험문제를 유출하거나 학생의 성적을 조작하는 등 학생 성적과 관련한 비위 및 학교생활기록부 허위사실 기재 또는 부당 정정 등 학교생활기록부와 관련한 비위	파면	해임	해임 - 강등 - 정직	감봉 - 견책
마. 신규채용, 특별채용, 승진, 전직, 전보 등 인사와 관련한 비위	파면	해임	해임 - 강등 - 정직	감봉 - 견책
바. 「학교폭력예방 및 대책에 관한 법률」에 따른 학교폭력을 고의적으로 은폐하거나 대응하지 아니한 경우	파면	해임	해임 - 강등 - 정직	감봉 - 견책
사. 연구부정행위	파면	해임	해임 - 강등 - 정직	감봉 - 견책
아. 연구비의 부당 수령 및 부정 사용 등 연구비의 수령 및 사용과 관련한 비위	파면	파면 - 해임	해임 - 강등	정직 - 감봉
자. 소속 기관 내의 「교육공무원법」 제52조 각 호의 어느 하나에 해당하는 성 관련 비위를 고의로 은폐하거나 대응하지 않은 경우	파면	해임	해임 - 강등 - 정직	감봉 - 견책
차. 직무관련 주요 부패행위의 신고・고발 의무 불이행	파면 - 해임	강등 - 정직	정직 - 감봉	감봉 - 견책
카. 부정청탁에 따른 직무수행	파면	파면 - 해임	강등 - 정직	감봉 - 견책
타. 부정청탁	파면	해임 - 강등	정직 - 감봉	견책
파. 성과상여금을 거짓이나 부정한 방법으로 지급받은 경우	파면 - 해임	강등 - 정직	정직 - 감봉	감봉 - 견책
하. 그 밖의 성실의무 위반	파면 - 해임	강등 - 정직	감봉	견책

비위의 정도 및 과실 / 비위의 유형	비위의 정도가 심하고 고의가 있는 경우	비위의 정도가 심하고 중과실인 경우 또는 비위의 정도가 약하고 고의가 있는 경우	비위의 정도가 심하고 경과실인 경우 또는 비위의 정도가 약하고 중과실인 경우	비위의 정도가 약하고 경과실인 경우
2. 복종의무 위반				
가. 지시사항 불이행으로 업무 추진에 중대한 차질을 준 경우	파면	해임	강등 - 정직	감봉 - 견책
나. 그 밖의 복종의무 위반	파면 - 해임	강등 - 정직	감봉	견책
3. 직장 이탈 금지 위반				
가. 집단 행위를 위한 직장 이탈	파면	해임	강등 - 정직	감봉 - 견책
나. 무단결근	파면	해임 - 강등	정직 - 감봉	견책
다. 그 밖의 직장 이탈 금지 위반	파면 - 해임	강등 - 정직	감봉	견책
4. 친절·공정의무 위반	파면 - 해임	강등 - 정직	감봉	견책
5. 비밀 엄수의무 위반				
가. 비밀의 누설·유출	파면	파면 - 해임	강등 - 정직	감봉 - 견책
나. 비밀 분실 또는 해킹 등에 의한 비밀 침해 및 비밀 유기 또는 무단 방치	파면 - 해임	강등 - 정직	정직 - 감봉	감봉 - 견책
다. 개인정보 부정 이용 및 무단 유출	파면 - 해임	해임 - 강등	정직	감봉 - 견책
라. 개인정보의 무단 조회·열람 및 관리 소홀 등	파면 - 해임	강등 - 정직	감봉	견책
마. 그 밖에 보안관계 법령 위반	파면 - 해임	강등 - 정직	감봉	견책
6. 청렴의무 위반	비고 제6호에 따름			
7. 품위유지의무 위반				
가. 성희롱	파면	파면 - 해임	강등 - 정직	감봉 - 견책
나. 미성년자 또는 장애인에 대한 성희롱	파면	파면 - 해임	해임 - 강등	강등 - 정직
다. 성매매	파면	해임	강등 - 정직	감봉 - 견책
라. 미성년자 또는 장애인에 대한 성매매	파면	파면	파면 - 해임	해임
마. 성폭력	파면	파면	파면 - 해임	해임
바. 미성년자 또는 장애인에 대한 성폭력	파면	파면	파면	파면 - 해임
사. 공연음란 행위	파면	파면 - 해임	강등 - 정직	감봉 - 견책
아. 미성년자 또는 장애인에 대한 공연음란 행위	파면	파면 - 해임	해임 - 강등	강등 - 정직
자. 카메라 등을 이용한 불법촬영 또는 불법촬영물 유포	파면	해임	해임 - 강등 - 정직	감봉 - 견책

비위의 정도 및 과실 / 비위의 유형	비위의 정도가 심하고 고의가 있는 경우	비위의 정도가 심하고 중과실인 경우 또는 비위의 정도가 약하고 고의가 있는 경우	비위의 정도가 심하고 경과실인 경우 또는 비위의 정도가 약하고 중과실인 경우	비위의 정도가 약하고 경과실인 경우
차. 「교육공무원법」 제52조 각 호의 어느 하나에 해당하는 성 관련 비위의 피해자에게 2차 피해를 입힌 경우	파면	해임	해임 - 강등 - 정직	감봉 - 견책
카. 「교육공무원법」 제52조 각 호의 어느 하나에 해당하는 성 관련 비위를 신고한 사람에게 피해(신고자 신상정보의 유출, 신고자에 대한 폭행·폭언, 그 밖에 신고자의 의사에 반하는 일체의 불리한 처우를 말한다)를 입힌 경우	파면	해임	해임 - 강등 - 정직	감봉 - 견책
타. 가목부터 카목까지에서 규정한 사항 외의 성 관련 비위	파면	해임	해임 - 강등 - 정직	감봉 - 견책
파. 학생에 대한 신체적·정신적·정서적 폭력 행위	파면 - 해임	해임 - 강등	강등 - 정직	감봉 - 견책
하. 음주운전	비고 제7호에 따름			
거. 그 밖의 품위유지의무 위반	파면 - 해임	강등 - 정직	감봉	견책
8. 영리 업무 및 겸직 금지 의무 위반	파면 - 해임	강등 - 정직	감봉	견책
9. 정치운동 금지 위반	파면	해임	강등 - 정직	감봉 - 견책
10. 집단 행위 금지 위반	파면	해임	강등 - 정직	감봉 - 견책

비고

1. 제1호사목에서 "연구부정행위"란 「학술진흥법」 제2조 제5호에 따른 연구자에 해당하는 교육공무원이 같은 법 제15조에 따른 연구부정행위를 저지른 경우를 말한다.
2. 제1호차목에서 "주요 부패행위"란 「국가공무원법」 제83조의2 제1항 또는 「지방공무원법」 제73조의2 제1항에 따라 징계의결 요구 시효가 5년인 징계 사유에 해당하는 비위를 말한다.
3. 제1호카목에서 "부정청탁에 따른 직무수행"이란 「부정청탁 및 금품등 수수의 금지에 관한 법률」 제6조의 부정청탁에 따른 직무수행을 말한다.
4. 제1호타목에서 "부정청탁"이란 「부정청탁 및 금품등 수수의 금지에 관한 법률」 제5조에 따른 부정청탁을 말한다.
5. 제1호파목에서 "성과상여금"이란 「공무원수당 등에 관한 규정」 제7조의2 제10항에 따른 성과상여금을 말한다.
6. 비위행위가 청렴의무 위반에 해당하는 경우 그 징계기준은 「공무원 징계령 시행규칙」 별표 제1의2를 준용한다.

6의2. 제7호가목 및 나목에서 "성희롱"이란 「국가인권위원회법」 제2조 제3호라목에 따른 성희롱을 말한다.

7. 비위행위가 음주운전에 해당하는 경우 그 징계기준은 「공무원 징계령 시행규칙」 별표 제1의3을 준용한다.

4. 교원의 지위 향상 및 교육활동 보호

교원에 대한 예우와 처우를 개선하고 신분보장과 교육활동에 대한 보호를 강화함으로써 교원의 지위를 향상시키고 교육 발전을 도모하기 위하여 「교원의 지위 향상 및 교육활동 보호를 위한 특별법」(법률 제16309호, 2019. 4. 16.)이 시행되고 있다. 이 법에는 교원의 지위 향상을 위한 교원에 대한 예우(제2조), 교원 보수의 우대(제3조), 교원의 불체포 특권(제4조), 학교 안전사고로부터의 보호(제5조), 교원의 신분보장(제6조), 교원소청심사위원회의 설치(제7조), 교원의 지위 향상을 위한 교섭・협의(제11조), 교원의 교육활동 보호(제14조), 교육활동 침해행위에 대한 조치(제15조), 교원치유지원센터(제17조) 등이 규정되어 있다. 아래에서는 이에 대해 살펴본다.

가. 교원에 대한 예우

「교원의 지위 향상 및 교육활동 보호를 위한 특별법」 제2조에는 교원에 대한 예우에 대해 다음과 같이 규정하고 있다.

① 국가, 지방자치단체, 그 밖의 공공단체는 교원이 사회적으로 존경받고 높은 긍지와 사명감을 가지고 교육활동을 할 수 있는 여건을 조성하도록 노력하여야 한다.
② 국가, 지방자치단체, 그 밖의 공공단체는 교원이 학생에 대한 교육과 지도를 할 때 그 권위를 존중받을 수 있도록 특별히 배려하여야 한다.
③ 국가, 지방자치단체, 그 밖의 공공단체는 그가 주관하는 행사 등에서 교원을 우대하여야 한다.

나. 교원 보수의 우대

「교원의 지위 향상 및 교육활동 보호를 위한 특별법」 제3조에는 교원 보수의 우대에 대한 규정을 다음과 같이 제시하고 있다.

① 국가와 지방자치단체는 교원의 보수를 특별히 우대하여야 한다.
② 「사립학교법」 제2조에 따른 학교법인과 사립학교 경영자는 그가 설치·경영하는 학교 교원의 보수를 국공립학교 교원의 보수 수준으로 유지하여야 한다.

다. 교원의 불체포 특권

「교원의 지위 향상 및 교육활동 보호를 위한 특별법」 제4조에는 교원은 현행범인인 경우 외에는 소속 학교의 장의 동의 없이 학원 안에서 체포되지 아니한다고 규정한 교원의 불체포 특권이 제시되어 있다.

라. 학교 안전사고로부터의 보호

「교원의 지위 향상 및 교육활동 보호를 위한 특별법」 제5조에는 각급학교 교육시설의 설치·관리 및 교육활동 중에 발생하는 사고로부터 교원과 학생을 보호함으로써 교원이 그 직무를 안정되게 수행할 수 있도록 하기 위하여 학교안전공제회를 설립·운영한다고 규정하고 있다.

마. 교원의 신분 보장

「교원의 지위 향상 및 교육활동 보호를 위한 특별법」 제6조에는 교원의 신분보장에 대해 다음과 같이 규정하고 있다.

① 교원은 형(刑)의 선고, 징계처분 또는 법률로 정하는 사유에 의하지 아니하고는 그 의사에 반하여 휴직 · 강임(降任) 또는 면직을 당하지 아니한다.

② 교원은 해당 학교의 운영과 관련하여 발생한 부패행위나 이에 준하는 행위 및 비리 사실 등을 관계 행정기관 또는 수사기관 등에 신고하거나 고발하는 행위로 인하여 정당한 사유 없이 징계조치 등 어떠한 신분상의 불이익이나 근무조건상의 차별을 받지 아니한다.

바. 교원소청심사위원회 설치

「교원의 지위 향상 및 교육활동 보호를 위한 특별법」 제7조에는 교원소청심사위원회를 설치하여 각급학교 교원의 징계처분과 그 밖에 그 의사에 반하는 불리한 처분에 대한 소청심사(訴請審査)를 하도록 규정하고 있다.

사. 교원의 지위 향상을 위한 교섭 및 협의

「교원의 지위 향상 및 교육활동 보호를 위한 특별법」 제11조과 제12조에는 「교육기본법」 제15조 제1항에 따른 교원단체는 교원의 전문성 신장과 지위 향상을 위하여 교원의 처우 개선, 근무조건 및 복지후생과 전문성 신장에 관한 사항에 대해 특별시 · 광역시 · 특별자치시 · 도 및 특별자치도(이하 "시 · 도"라 한다) 교육감이나 교육부장관과 교섭 · 협의를 보장하고 있다.

아. 교원의 교육활동 보호

「교원의 지위 향상 및 교육활동 보호를 위한 특별법」 제14조, 제14조의2, 제15조, 제17조에는 교원의 교육활동 보호에 대한 조치들이 규정되어 있다.

우선, 제14조에는 교원의 교육활동 보호에 대해 다음과 같이 규정하고 있다.

① 국가, 지방자치단체, 그 밖의 공공단체는 교원이 교육활동을 원활하게 수행할 수 있도록 적극 협조하여야 한다.

② 국가와 지방자치단체는 교원의 교육활동을 보호하기 위하여 다음 각 호의 사항에 관한 시책을 수립·시행하여야 한다.

1. 제15조 제1항에 따른 교육활동 침해행위와 관련된 조사·관리 및 교원의 보호조치
2. 교육활동과 관련된 분쟁의 조정 및 교원에 대한 법률 상담
3. 교원에 대한 민원 등의 조사·관리
4. 그 밖에 교원의 교육활동 보호를 위하여 필요하다고 인정되는 사항

제14조의2에는「학교폭력예방 및 대책에 관한 법률」제2조 제1호에 따른 학교폭력이 발생한 경우 또는 교육활동과 관련하여 분쟁이 발생한 경우에 해당 교원에게 법률상담을 제공하기 위하여 변호사 등 법률전문가가 포함된 법률지원단을 구성·운영하도록 하고 있다. 아울러, 제14조의3에는 교육활동 침해행위로 피해를 입은 교원은 교육부장관이 정하는 바에 따라 특별휴가를 사용할 수 있다.

제15조에는 교원들이「형법」제2편 제25장(상해와 폭행의 죄), 제30장(협박의 죄), 제33장(명예에 관한 죄) 또는 제42장(손괴의 죄)에 해당하는 범죄 행위,「성폭력범죄의 처벌 등에 관한 특례법」제2조 제1항에 따른 성폭력범죄 행위,「정보통신망 이용촉진 및 정보보호 등에 관한 법률」제44조의7 제1항에 따른 불법정보 유통 행위, 그 밖에 교육부장관이 정하여 고시하는 행위로서 교육활동을 부당하게 간섭하거나 제한하는 행위 등을 받은 경우 보호조치를 실시하도록 되어 있다. 교원들에 대한 보호조치로는 심리상담 및 조언, 치료 및 치료를 위한 요양, 그 밖에 치유와 교권 회복에 필요한 조치 등에 해당된다. 교육활동 침해행위로 피해를 입은 교원의 보호조치에 필요한 비용은 교육활동 침해행위를 한 학생의 보호자(친권자, 후견인 및 그 밖에 법률에 따라 학생을 부양할

의무가 있는 자를 말한다. 이하 같다) 등이 부담하여야 한다. 다만, 피해교원의 신속한 치료를 위하여 교육활동 침해행위로 피해를 입은 교원 또는 고등학교 이하 각급학교의 장이 원하는 경우에는 관할청이 부담하고 이에 대한 구상권을 행사할 수 있다.

제17조에는 교육활동 침해행위로 피해를 입은 교원의 정신적 피해에 대한 치유를 지원하기 위하여 전문인력 및 시설 등 대통령령으로 정하는 요건을 갖춘 기관 또는 단체를 교원치유지원센터로 지정 운영하도록 규정하고 있다.

제18조에는 교육활동 침해 학생에 대한 조치를 다음과 같이 규정하고 있다.

① 고등학교 이하 각급학교의 장은 소속 학생이 교육활동 침해행위를 한 경우에는 해당 학생에 대하여 다음 각 호의 어느 하나에 해당하는 조치를 할 수 있다. 다만, 퇴학처분은 의무교육과정에 있는 학생에 대하여는 적용하지 아니한다.

1. 학교에서의 봉사
2. 사회봉사
3. 학내외 전문가에 의한 특별교육 이수 또는 심리치료
4. 출석정지
5. 학급교체
6. 전학
7. 퇴학처분

② 고등학교 이하 각급학교의 장은 제1항 제6호에 따른 조치를 하기 전에 해당 학생이 「학교폭력예방 및 대책에 관한 법률」 제17조 제3항에 따라 교육감이 정한 기관에서 특별교육을 이수하거나 심리치료를 받도록 하여야 한다.

③ 고등학교 이하 각급학교의 장은 제1항 제1호, 제2호, 제4호 및 제5호의 조치를 받은 학생이 「학교폭력예방 및 대책에 관한 법률」 제17조 제3항에 따라 교육감이 정한 기관에서 특별교육 또는 심리치료를 받게 할 수 있다.

④ 관할청은 제1항부터 제3항까지의 규정에 따른 특별교육 또는 심리치료에 해당

학생의 보호자도 참여하게 하여야 한다.

⑤ 고등학교 이하 각급학교의 장이 제1항 각 호의 어느 하나에 해당하는 조치를 할 때에는 해당 학생이나 보호자에게 의견을 진술할 기회를 주는 등 적정한 절차를 거쳐야 한다.

⑥ 고등학교 이하 각급학교의 장이 제1항 각 호의 어느 하나에 해당하는 조치를 할 때에는 제19조 제2항에 따른 학교교권보호위원회의 심의를 거쳐야 한다.

⑦ 교육활동 침해행위를 한 학생이 제1항 제1호부터 제3호까지의 규정에 따른 조치를 받은 경우 또는 제2항 및 제3항에 따른 특별교육 및 심리치료를 받은 경우 이와 관련된 결석은 학교의 장이 인정하는 때에는 이를 출석일수에 산입할 수 있다.

⑧ 제1항 제6호 및 제7호에 따른 조치에 대하여 이의가 있는 학생 또는 그 보호자는 그 조치를 받은 날부터 15일 이내 또는 그 조치가 있음을 안 날부터 10일 이내에 「초·중등교육법」 제18조의3에 따른 시·도학생징계조정위원회에 재심을 청구할 수 있다. 이 경우 재심청구, 심사절차, 결정통보 등은 같은 법 제18조의2 제2항부터 제4항까지의 규정을 준용한다.

5. 교원의 부정청탁 금지

「국가공무원법」 제61조에는 교원들이 지켜야 할 청렴의 의무를 다음과 같이 규정하고 있다.

① 공무원은 직무와 관련하여 직접적이든 간접적이든 사례·증여 또는 향응을 주거나 받을 수 없다.

② 공무원은 직무상의 관계가 있든 없든 그 소속 상관에게 증여하거나 소속 공무원으로부터 증여를 받아서는 아니 된다.

이러한 청렴의 의무에 대한 사항은 공직자 등에 대한 부정청탁 및 공직자 등의 금품 등의 수수(收受)를 금지함으로써 공직자 등의 공정한 직무수행을 보장하고 공공기관에 대한 국민의 신뢰를 확보하는 것을 목적으로 규정된 「부정청탁 및 금품등 수수의 금지에 관한 법률」(법률 제16324호, 2019. 4. 16.)이 있다. 교원들은 이 법에 제시되어 있는 청탁금지법상 수수 금지 금품 등의 원칙과 예외 원칙을 숙지할 필요가 있다.

가. 청탁금지법상 수수 금지 금품 원칙

첫째, 교원은 직무 관련 여부 및 그 명목에 관계없이 동일인으로부터 1회 100만원 초과 또는 매 회계연도 300만원을 초과하여 금품 등을 수수 시 형사처벌의 대상이 된다(제8조 제1항). 둘째, 교원은 직무와 관련하여 대가성 여부를 불문하고 1회 100만원 이하 금품등을 수수 시 과태료 부과 대상이 된다(제8조 제2항). 따라서, 직무와 관련이 없는 1회 100만원 이하의 금품 등은 수수 금지 금품등에 해당하지 않는다. 수수 금지 금품 등을 수수한 교원은 지체 없이 신고 또는 반환한 경우 제재대상에서 제외되며, 이 경우에도 제공자는 여전히 제재 대상이 된다.

〈청탁금지법상 '직무' 및 '직무관련성' 판단기준〉

① 청탁금지법상 '직무'
- 청탁금지법상 '직무'는 공직자등이 그 지위에 수반하여 취급하는 일체의 사무를 의미
- 법령상 관장하는 직무 그 자체 뿐만 아니라 그 직무와 밀접한 관계가 있는 행위 또는 관례상 · 사실상 소관하는 직무행위 및 결정권자를 보좌하거나 영향을 줄 수 있는 직무행위도 포함(99도5753)

② 청탁금지법상 '직무관련성' 판단기준
- 공직자등의 직무 내용, 직무와 금품등 제공자의 관계, 쌍방간에 특수한 사적인 친분관계가 존재하는지 여부, 금품등의 다과, 금품등을 수수한 경위와 시기 등의 제반사정을 참작하여 판단

③ 관련 판례

청탁금지법의 제정취지가 금품등 수수 금지를 통한 직무수행의 공정성 확보라는 점을 고려할 때, 공직자등의 금품등 수수로 인하여 사회일반으로부터 직무집행의 공정성을 의심받게 되는지 여부가 직무관련성의 판단기준임(대구지법 2017과2 결정)

나. 청탁금지법상 수수 금지 금품 예외

청탁금지법은 공직자등의 금품 등 수수를 제한하면서도 원활한 직무수행을 도모하고 일상적인 사회생활을 보장하기 위해 공직자의 부정한 금품등 수수로 보기 어려운 8가지 행위들을 예외로 규정하고 있다(제8조 제3항 각 호). 그 중 제8조 제3항 제2호는 원활한 직무수행, 사교・의례 또는 부조의 목적으로 제공되는 음식물・경조사비・선물 등으로서 대통령령으로 정하는 가액 범위 안의 금품 등을 예외사유로 규정하고 있다. 제2호의 예외사유에 해당하려면 ① 원활한 직무수행, 사교・의례, 부조의 목적과 ② 가액기준 모두를 충족하여야 한다. 청탁금지법 시행령에 제시된 음식물・경조사비・선물 등의 가액 범위는 다음과 같다(시행령 제17조, 별표 1).

1. 음식물(제공자와 공직자등이 함께하는 식사, 다과, 주류, 음료, 그 밖에 이에 준하는 것을 말한다): 3만원
2. 경조사비: 축의금・조의금은 5만원. 다만, 축의금・조의금을 대신하는 화환・조화는 10만원으로 한다.
3. 선물: 금전, 유가증권, 제1호의 음식물 및 제2호의 경조사비를 제외한 일체의 물품, 그 밖에 이에 준하는 것은 5만원. 다만, 「농수산물 품질관리법」 제2조 제1항 제1호에 따른 농수산물(이하 "농수산물"이라 한다) 및 같은 항 제13호에 따른 농수산가공품(농수산물을 원료 또는 재료의 50퍼센트를 넘게 사용하여 가공한 제품만 해당하며, 이하 "농수산가공품"이라 한다)은 10만원으로 한다.

참조
「부정청탁 및 금품등 수수의 금지에 관한 법률」(법률 제16324호, 2019. 4. 16.)
제8조(금품등의 수수 금지)

① 공직자등은 직무 관련 여부 및 기부・후원・증여 등 그 명목에 관계없이 동일인으로부터 1회에 100만원 또는 매 회계연도에 300만원을 초과하는 금품등을 받거나 요구 또는 약속해서는 아니 된다.
② 공직자등은 직무와 관련하여 대가성 여부를 불문하고 제1항에서 정한 금액 이하의 금품등을 받거나 요구 또는 약속해서는 아니 된다.

③ 제10조의 외부강의등에 관한 사례금 또는 다음 각 호의 어느 하나에 해당하는 금품등의 경우에는 제1항 또는 제2항에서 수수를 금지하는 금품등에 해당하지 아니한다.

1. 공공기관이 소속 공직자등이나 파견 공직자등에게 지급하거나 상급 공직자등이 위로 · 격려 · 포상 등의 목적으로 하급 공직자등에게 제공하는 금품등
2. 원활한 직무수행 또는 사교 · 의례 또는 부조의 목적으로 제공되는 음식물 · 경조사비 · 선물 등으로서 대통령령으로 정하는 가액 범위 안의 금품등
3. 사적 거래(증여는 제외한다)로 인한 채무의 이행 등 정당한 권원(權原)에 의하여 제공되는 금품등
4. 공직자등의 친족(「민법」 제777조에 따른 친족을 말한다)이 제공하는 금품등
5. 공직자등과 관련된 직원상조회 · 동호인회 · 동창회 · 향우회 · 친목회 · 종교단체 · 사회단체 등이 정하는 기준에 따라 구성원에게 제공하는 금품등 및 그 소속 구성원 등 공직자등과 특별히 장기적 · 지속적인 친분관계를 맺고 있는 자가 질병 · 재난 등으로 어려운 처지에 있는 공직자등에게 제공하는 금품등
6. 공직자등의 직무와 관련된 공식적인 행사에서 주최자가 참석자에게 통상적인 범위에서 일률적으로 제공하는 교통, 숙박, 음식물 등의 금품등
7. 불특정 다수인에게 배포하기 위한 기념품 또는 홍보용품 등이나 경연 · 추첨을 통하여 받는 보상 또는 상품 등
8. 그 밖에 다른 법령 · 기준 또는 사회상규에 따라 허용되는 금품등

④ 공직자등의 배우자는 공직자등의 직무와 관련하여 제1항 또는 제2항에 따라 공직자등이 받는 것이 금지되는 금품등(이하 "수수 금지 금품등"이라 한다)을 받거나 요구하거나 제공받기로 약속해서는 아니 된다.

⑤ 누구든지 공직자등에게 또는 그 공직자등의 배우자에게 수수 금지 금품등을 제공하거나 그 제공의 약속 또는 의사표시를 해서는 아니 된다.

교원들은 다음의 부정청탁 및 금품 수수에 대한 질의응답 사항을 숙지할 필요가 있다[7].

Q 유치원 선생님은 부정청탁금지법 적용대상인가?

A 적용대상입니다. 초 · 중 · 고등학교 선생님뿐만 아니라 유치원 선생님도 교직원이기 때문이다.

Q 기간제 교사, 학교에서 채용한 운동부지도자는 부정청탁금지법 적용대상인가?

A 적용대상입니다. 기간제 교사, 학교에서 채용한 운동부지도자는 교직원의 신분을 가지기 때문이다.

7) 위 사례들은 교육부 홈페이지에 게재된 「부정청탁 및 금품등 수수의 금지에 관한 법률」 학교 및 학교법인 매뉴얼(2017)을 참조 바람

Q 교직원등이 금품등을 수수하면 언제나 처벌되나요?

A 교직원등은 직무 관련 여부를 불문하고 1회 100만원 또는 매 회계연도 300만원을 초과하거나 직무와 관련하여 1회 100만원 이하의 금품등을 수수하는 행위가 금지됨. 다만 직무와 관련이 없는 1회 100만원 이하 금품등이나 법 제8조 제3항에서 규정하고 있는 8가지 예외사유에 해당하는 금품등은 수수 금지 금품등에서 제외됨

Q 교직원이 직무와 관련된 자로부터 3만원 저녁식사를 접대 받고, 주변 카페로 자리를 옮겨 6000원 상당의 커피를 제공받은 경우?

A 식사 접대행위와 음료수 접대행위가 시간적, 장소적으로 근접성이 있어 1회로 평가 가능하며, 음식물 3만원 가액기준을 초과하였으므로 청탁금지법 위반임

Q 시가 7만원 상당의 선물을 할인을 받아 5만원에 구입하여 선물한 경우 수수한 금액이 얼마인지?

A 시가와 구매가가 다른 경우 영수증 등으로 실제 구매가가 확인되면 구매가에 따라 판단해야 하므로 위반행위에 해당하지 않음(다만, 일률적인 할인이 아닌 구입자에 대해서만 특별한 할인이 이루어진 경우, 일부를 현금이나 포인트로 지급한 경우 등이 확인되면 이를 반영한 실제 구입가액이 기준이 될 수 있을 것임)

Q 교직원등이 자신이 소속된 공공기관에서 주최하는 체육행사에 경품을 협찬할 것을 직무관련자에게 요구한 경우 청탁금지법 위반인지?

A 교직원등은 정당한 권원 등의 예외사유가 없는 한 소속 공공기관을 위하여 수수 금지 금품등을 요구하는 행위도 금지됨

Q 교직원등이 대형마트에서 행해지는 행사에 참가해 추첨을 통해 받은 상품도 제재 대상인지?

A 불특정 다수인에게 배포하기 위한 기념품 또는 홍보용품 등이나 경연·추첨을 통해 받는 보상 또는 상품은 허용됨

Q 직무와 관련된 교직원등이 승진한 경우 10만원 상당의 난 선물이 가능한지?

A 경조사는 결혼, 장례의 경우에 한정되며, 승진의 경우 경조사에 해당하지 않으므로 사교・의례 목적으로 5만원 이하의 선물만 수수 가능

Q 월 정기 회비를 납부하는 같은 소속 직원들로 구성된 모임에서 회원의 경조사가 발생하여 회칙에 따라 50만원을 지급할 수 있는지

A 교직원등과 관련된 직원 상조회 등이 정하는 기준에 따라 구성원에게 제공하는 금품등은 수수 금지 금품등의 예외사유(법 제8조 제3항 제5호)에 해당되어 지급 가능

Q 가액기준 내의 음식물・선물・경조사비는 직무관련성・대가성 유무에 관계없이 수수해도 되는지?

A 가액기준 내라도 직무관련성 및 대가성이 있으면 원활한 직무수행, 사교・의례의 목적을 벗어나 허용되지 않고 나아가 형법상 뇌물죄로 형사처벌됨

Q 식사를 했는데 각자에게 소요된 비용이 불분명할 때에는 어떻게 해야 하는지?

A 원칙적으로는 실제 각자가 소비한 음식물의 가격으로 판단해야 함. 다만, 실제 각자에게 소비된 비용을 산정하기가 어려운 경우에는 균등하게 분할한 금액 즉, n분의 1을 한 금액으로 판단

Q 새로 부임하는 학교 교장에게 교사 A가 15만원 상당의 난을 선물할 수 있는지?

A 교장은 교사에 대하여 지휘・감독을 하거나 근무성적을 평가하는 등 직무관련성이 인정되므로 선물의 가액기준 5만원을 넘어 15만원 상당의 난을 선물하는 것은 허용될 수 없음

Q 교직원등이 직무관련자로부터 10만원 상당의 선물을 받고, 지체없이 반환하고 신고한 경우 선물 제공자는 청탁금지법 위반인지?

A 직무와 관련된 공직자에게 가액기준을 초과하는 선물을 제공하거나 제공의 약속 또는 의사표시를 한 경우 실제 교직원등이 수수하였는지 여부와 상관없이 청탁금지법 위반임

Q 직무관련자가 교직원등에게 수수 금지 금품등의 제공 의사표시를 하였고, 교직원등이 그 자리에서 거부의 의사를 표시한 경우 청탁금지법 위반인지?

A 직무와 관련된 교직원등에게 금품등 제공의 의사표시를 한 것으로도 청탁금지법 위반임. 이 경우 금품등 가액에 따라 과태료 또는 형사처벌 대상이 됨
(다만, 교직원등은 거부의 의사를 표시하였으므로 처벌대상에서 제외)

Q 교직원등의 배우자가 금품을 수수하면 배우자가 처벌받는지?

A 교직원등이 자신의 배우자가 교직원등의 직무와 관련하여 수수금지 금품등을 수수한 사실을 알고도 신고하지 않은 경우 교직원등이 처벌됨. 즉, 배우자는 청탁금지법에 따라 처벌받는 것은 아님(다만, 변호사법 등 다른 법률에 따라 처벌될 수 있음)

Q 공직자등의 배우자는 1회 100만원을 초과하는 금품등의 수수가 언제나 금지되나요?

A 공직자등의 배우자는 공직자등의 직무와 관련한 금품등의 수수가 금지되고, 공직자등의 직무와 관련 없으면 금지되지 않음

Q 식사접대와 선물을 동시에 받을 수 있는지?

A 사교·의례 등 목적으로 음식물과 선물을 함께 수수한 경우에는 그 가액을 합산하고 이 경우 가액기준은 5만원으로 하되 각각의 가액범위(음식물 3만원 이하, 선물 5만원 이하)를 넘지 못함

Q 교직원등이 직무관련자로부터 1인당 2만원 상당의 식사를 접대받고, 4만원 상품권을 받은 경우 청탁금지법이 적용되는지?

A 음식물과 선물을 함께 수수한 경우 그 가액을 합산하며 가액기준이 5만원 범위 내의 경우만 허용되므로, 해당 사안에서 2만원 식사를 접대받고 4만원 상품권을 받은 경우 5만원을 초과하여 허용되지 않음

Q 학부모가 현재 자녀의 담임교사가 아닌 작년 담임교사에게 10만원 상당의 선물을 한 경우 법 위반에 해당되는지?

A 작년 담임교사의 경우 특별한 사정이 없는 한 직무관련성이 인정되지 않지만, 성적이나 수행평가 등과 관련성이 있다면 학부모로부터 선물을 받는 것은 허용될 수 없음

Q 학부모회 간부 등이 운동회, 현장체험학습 등에서 여러 교사를 대상으로 간식을 제공했을 경우 법 위반인지?

A 학부모와 교사는 평소에도 성적, 수행평가 등과 관련이 있는 사이이므로 학부모가 교사에게 주는 선물은 특별한 사정이 없는 이상 사교·의례 등의 목적을 벗어나므로 허용될 수 없음

Q 교직원등에게 5만원의 범위 내에서 백화점·전통시장·모바일 등의 상품권을 선물로 줄 수 있나요?

A 직무와 관련한 교직원등에게는 원활한 직무수행, 사교·의례의 목적으로 5만원의 한도에서 상품권을 선물로 줄 수 있음. 다만 사교·의례 등의 목적을 벗어나는 경우에는 가액한도 내라도 허용되지 않음

Q 교원이 졸업식 날에 졸업생(학부모)으로부터 꽃다발을 받을 수 있나요?

A 교원이 성적 평가 등이 종료된 후 열리는 졸업식 날에 졸업생(학부모)으로부터 받는 꽃다발은 수수의 시기와 장소, 수수 동기 및 목적, 금품등의 내용이나 가액 등에 비추어 사회상규에 따라 허용되는 금품등에 해당될 수 있음

Q 학생들이 사은회를 열어 교원에게 식사나 선물을 제공할 수 있나요?

A 학생에 대한 성적 평가 등이 종료된 후 사은회가 열린 경우 교원은 직무관련성이 있는 학생들로부터 사교·의례 목적으로 제공되는 3만원 이하의 식사나 5만원 이하의 선물을 받을 수 있음. 다만, 학생에 대한 성적 평가 등이 종료되기 전에 사은회가 열린 경우 학생에 대한 평가·지도를 상시적으로 담당하는 교사와 학생 사이의 식사나 선물은 가액기준 내라도 원활한 직무수행, 사교·의례 목적을 벗어나므로 허용될 수 없음

Q 졸업생들의 졸업앨범을 구매하면서 담임 교사 보관용 및 학교 비치용 졸업앨범을 계약업체로부터 무상으로 받을 수 있나요?

A 공공기관이 사경제의 주체로서 사인과 대등한 지위에서 계약을 체결하는 경우 사적사치의 원칙에 따라 각자 자유로운 의사에 따라 법률관계의 내용을 자유롭게 정할 수 있음. 따라서 각자 자유로운 의사에 따라 체결된 계약의 내용이 사회통념상 합리적인 범위 내이고 그에 따라 제공되는 금품등은 수수 금지 금품등의 예외사유인 법 제8조 제3항 제3호의 정당한 권원에 의하여 제공되는 금품등에 해당할 수 있음. 다만, 우월적 지위를 남용하는 등 사회통념상 용인될 수 있는 정도를 넘는 수단이나 방법으로 계약의 목적과 무관하거나 현저히 불공정한 내용을 계약 조건으로 하는 등의 경우에는 '정당한' 권원으로 보기 어려워 허용될 수 없을 것임

Q 출판사나 서점에서 참고서나 문제집 등의 책을 교원에게 제공하는 것이 허용되나요?

A 참고서나 문제집 등의 책을 교원에게 제공하면서 명시적・묵시적으로 (부)교재로 채택해 주거나 학생들에게 구매 홍보를 해 줄 것을 권유하는 등의 청탁이 결부되어 있는 경우에는 원활한 직무수행 목적을 벗어나므로 5만원 이내라도 허용될 수 없음. 다만, 출판사나 서점에서 교원에게 비매품인 교사용 지도서는 불특정 다수인에게 제공하는 홍보용품인 경우에는 허용될 수 있음

Q 교원이 스승의 날에 학생 대표 등으로부터 카네이션・꽃을 받을 수 있나요?

A 학생에 대한 평가・지도를 상시적으로 담당하는 교사와 학생 사이의 선물은 가액기준인 5만원 이하라도 원활한 직무수행, 사교・의례 목적을 벗어나므로 법 제8조 제3항 제2호의 예외사유에는 해당할 수 없음. 다만, '학생 대표 등'이 스승의 날에 담임 교사 등 학생의 평가・지도를 상시적으로 담당하는 교사에게 '공개적으로 제공'하는 카네이션・꽃은 수수 시기와 장소, 수수 경위, 금품등의 내용이나 가액 등에 비추어 법 제8조 제3항 제8호의 사회상규에 따라 허용되는 금품등에 해당할 수 있음

Q 선생님과의 면담시 음료수라도 드리고 싶은데 청탁금지법상 괜찮은 건가요?

A 학생에 대한 평가・지도를 상시적으로 담당하는 담임교사 및 교과담당교사와 학생(학부모) 사이의 선물은 가액기준인 5만원 이하라도 원활한 직무수행, 사교・의례 목적을 벗어나므로 청탁금지법 제8조 제3항 제2호의 예외사유에 해당할 수 없음

Q 학급 학생들이 돈을 모아 선생님께 5만원 이하의 선물을 할 수 있나요?

A 학생에 대한 평가·지도를 상시적으로 담당하는 담임교사 및 교과담당교사와 학생 사이의 선물은 가액기준인 5만원 이하라도 원활한 직무수행, 사교·의례 목적을 벗어나므로 청탁금지법 제8조 제3항 제2호의 예외사유에 해당할 수 없음

Q 담임선생님의 결혼식에 선물이나 축의금을 드릴 수 있나요?

A 학생에 대한 평가·지도를 상시적으로 담당하는 담임교사 및 교과담당교사와 학생(학부모) 사이의 선물·경조사비는 가액기준인 5만원·10만원 이하라도 원활한 직무수행, 사교·의례, 부조의 목적을 벗어나므로 청탁금지법 제8조 제3항 제2호의 예외사유에 해당할 수 없음

discussion

토의 주제

01 감기몸살로 인해 결근 또는 조퇴하려는 교사가 취해야 할 교직실무에 대해 설명하고 토의해 보자.

02 방학 중 해외여행을 가거나 박사학위를 취득하기 위해 외국대학에 유학을 가려는 교사가 취해야 할 교직실무에 대해 설명하고 토의해 보자.

03 교원 징계에 있어서 경감 예외 사항의 주요 원칙은 무엇인지 설명하고 토의해 보자.

04 학생 또는 학부모와의 관계에서 교사들이 주의해야 할 부정청탁 금지 사항에 대해 설명하고 토의해 보자.

02

학교행정 실무

contents

04

학교경영 조직 및 계획

1. 학교경영 조직

가. 학교조직의 개념과 특성

1) 학교조직의 개념

학교조직은 학생 교육을 목적으로 하는 기관으로서 그 교육목표를 효율적으로 달성하기 위하여 노력하는 조직이다. 이를 위하여 다수 구성원들을 합리적으로 설계된 조직에 배치하여 일정한 규범적 질서를 유지하고 상호 작용하면서 구성원 개인의 인격과 개성을 존중하고 학생들의 능력을 최대한 발휘할 수 있도록 민주적으로 조직된 집단이라 할 수 있다.

2) 학교조직의 특성

학교조직은 신념과 가치, 목적을 공유하는 공동체로서 교육목표 달성을 위해 교장, 교직원, 학생, 학부모, 지역사회가 인위적으로 결합되고 상호 의사소통을 하며 각자에게 주어진 역할을 한다. 그러기에 학교공동체는 구성원들은 공동의 목적과 가치 공유, 헌신에 기반한 관계 등에 의해 결속되는 의식의 공동체와 유사한 특성을 갖는다.

가) 학교조직은 전문적인 교육을 하는 기관이다. 학교 이외의 다른 조직은 대부분 성인으로 구성되어 있는 데 비해 학교조직은 성숙한 성인집단과 미성숙한 학생 집단이 함께 공존하는 특수 조직체로서 전문적인 방법과 기술을 필요로 한다.

나) 학교는 인간을 변화시키는 조직이므로 조직의 변화의 속도가 매우 느리다. 따라서 변화의 속도가 느리기 때문에 계속적으로 빠르게 변화하는 사회 환경 속에서 대처하는 데 어려움이 있다.

다) 학교조직은 수평적 민주조직이다. 초임교사나 경력 25년의 중견교사나 똑같은 교사의 조직으로 이루어져 있다.

라) 학교조직은 상호의존성이 낮은 조직이다. 학교에는 대체로 최소한의 직원밖에 배치되어 있지 않으며 교사들은 서로 제각각 일을 하도록 되어 있는 조직이다.

마) 학교조직은 자율적 학습조직이다. 학생 교육이라는 같은 목표를 추구하며 학생과 더불어 스스로 공부하는 조직이다.

바) 학교조직은 역동적 미래조직이다. 항상 젊고 활력이 넘치는 미래 지향적 조직이다.

나. 학교조직의 구조적 특성

1) 교무조직의 특성

교육목표를 효율적으로 달성하기 위하여 교육과정, 교수・학습지도 교육활동에 전문성을 발휘하는 조직된다. 교감에 의해 관장되고 있으며, 학교장과 교감, 교과담당교사와 학급담당교사에 이르는 체계와 교무행정수행을 위해 업무 영역별로 분류된 부장교사 조직 체계로 구성된다.

2) 행정조직의 특성

학교장의 명을 받아 합법성을 중심으로 업무를 처리하며 교무조직의 활동을 지원하는 직능조직이다. 업무영역이 학사업무, 문서관리, 보안업무, 회계업무, 물품관리, 시설관리, 일반행정업무 등으로 분류되어 독자적인 영역이 있는 듯 보이지만 교무조직과 상호 협조하는 지원활동 조직이다.

다. 학교조직 변화의 경향

미래 사회의 변화는 교육에 많은 영향을 주고 있으며 국가와 사회가 요구하는 교육의 패러다임은 교육 체제의 변화와 발전을 요구하고 있다. 이러한 교육환경의 변화는 학교 조직의 변화를 가져오고 있다.

1) 개방 체제로서의 학교

전통적인 학교의 특징인 경직성에서 벗어나 다양성과 융통성 및 개방성을 추구하는 방향으로 변화하고 있다. 사회 환경과 서로 불가분의 관계를 유지하며, 서로 도움을 주고받으며 의존하는 개방 체제로 변화하고 있다.

2) 교육과정 운영 중심의 교원조직

사무분장 위주의 교원조직에서 교수-학습 활동 또는 학생 지도 중심으로 교원조직이 변화하고 있다. 교원들 간의 연구와 협의가 활성화되고 학생지도 활동이 강화됨에 따라, 기능적 분업 위주의 수직적 구조보다는 기능 중첩적 네트워크 조직이 강조되고 있다. 학교 내 부서뿐 아니라 학교와 관련 조직 상호 간에 교육 프로그램, 정보, 인적 자원 및 물적 자원 등의 교류가 원활하게 이루어지는 기능적 네트워킹(networking)이 강조되는 조직으로 변화하고 있다.

3) 교사의 역할 변화

일방적으로 지식을 주입하고 재생하는 지식 전달자의 역할이 아니라 학생이 직·간접적으로 체험을 통하여 스스로 지식과 정보를 체득하도록 개별화된 학습을 안내하고 촉진하는 학습의 안내자이자 촉진자, 조력자의 역할이다.

4) 교직사회의 변화

교원의 전문성 신장을 위한 노력을 요구하는 교원능력개발평가 체제 시행과 능력과 업적에 따라 교원에 대한 금전적 보상을 차등화하려는 성과급제 반영, 교원노조와 학교운영위원회의 학교교육활동 참여 등이 학교조직의 변화를 가져오고 있다.

5) 학교 조직 구성의 다양화 복잡화

학교조직은 과거와는 달리 다양한 직종의 인적구성으로 되어 있다. 전통적인 학교의 구성원은 학생과 교직원이 전부다. 또 교직원이라고 해야 거의 모든 직원이 교원이었고 극소수의 지원인력만이 있었을 뿐이다. 그러나 현대 학교에는 교육활동 지원인력과 학생 학습 활동 지원인력이 종류와 숫자에 있어서 특히 소규모 학교에 있어서는 교원 수보다 많기도 한다.

구체적인 조직원의 명칭을 보면 행정실 직원으로 행정 실장, 행정주무관, 시설주무관, 운전주무관, 행정실무사, 사서실무원, 유치원방과후 과정 강사, 영양사, 조리사, 조리 실무원 등이 있고 교무업무를 지원하는 교무실무사, 영어전문회화 강사, 원어민영어보조, 방과후 강사, 돌봄 전담사, 스포츠 강사, 운동부 코치, 과학실험 실무원, 특수교육 실무원, 교육복지사, 전문상담사, 시설관리원, 청소원, 예술꽃 씨앗 코디네이터, 배움터 지킴이, 통학차량 지도원, 당직전담 인력 등 헤아리기가 어려울 정도이다. 이는 사회가 바라는 학교의 역할이 증대되었고, 교육복지로 학생들에 대한 급식 제공에 따른 인적 물적 자원의 조직화에 많은 기술적 관리가 요구될 수밖에 없기 때문이다. 또한 맞벌이 체제의 가정에서 학생들을 돌보는 가정의 교육적 기능이 사라졌고 이 역할을 학교가 해 주기를 기대하면서 학교에는 수많은 인적 조직이 생성되었다. 학생들의 정상적인 교육과정 이외의 시간에 학생들을 관리하는 방과후 학교활동이나 돌봄 기능 등을 요구하고 있다. 학교가 갖는 전통적은 교육기능에서 나아가 전통적으로 가정이 가졌던 교육의 역할까지 학교가 수행하도록 함으로써 학교의 조직은 더욱 확대되었다.

라. 학교단위 책임경영제

1) 학교단위 책임경영제의 개념

세계 글로벌 시대에서는 사회구성원의 능력개발은 가장 중요한 국가의 자산으로 평가될 것이다. 또한 국제화, 범지구촌 사회로의 이행과정에서 국가 간의 경쟁은 더욱 가열될 것이고, 이에 따라 교육의 수월성을 통한 경쟁력의 극대화는 전 정책분야에 걸쳐 기저를 이루게 될 것이다. 이와 같은 변화의 맥락에서 변화의 흐름에 알맞게 학교경영의 효과를 높이기 위하여 단위학교에 도입된 것이 단위학교 책임경영제이다.

단위학교 책임경영제는 미국에서는 school self-management 등의 용어로 사용되고 있고, 영국에서는 local management of school로 사용되고 있다. 영어권에서 사용하고 있는 위의 용어들이 한국에서는 몇 가지 다른 이름으로 사용되고 있다. 예를 들면, 단위학교중심 경영모형, 학교단위 책임경영제, 학교자치경영, 단위학교 책임경영제, 학교기초 경영 등으로 사용되고 있으나 '단위학교 책임경영제'라는 용어가 가장 많이 이용되고 있다. 그 이유는 단위학교의 경영을 학교장 중심으로 책임 있게 수행하여 그 결과에 대한 책임을 묻는 것이 학교교육의 목적을 달성하는 데 효과적인 것이라고 볼 수 있는 개념이기 때문이다(장현용, 2001).

이러한 맥락에서 보면 단위학교 책임경영제란 교육과정 운영과 재정 및 인사상의 권한을 교육행정 기관으로부터 단위학교 운영 주체에 이양 또는 위임하여 운영 주체가 학교를 자율적으로 경영하고 그 결과에 대해서도 책임을 지게 하는 제도이다.

우리나라에서는 1980년대 중반 교육개혁심의회가 교육개혁 구상에 관한 보고서에서 단위학교 책임경영을 도입해야 한다는 주장을 하였지만 원론적 수준에 지나지 않았으며, 1991년대 중반 교육개혁심의회가 교육개혁 구상에 관한 보고서에서 단위학교 책임경영을 도입해야 한다는 주장을 하였지만 이것도 선언적 수준에 지나지 않았다. 1991년 「지방교육자치에 관한 법률」에 의해 교육자치가 시작되고 1995년 5.31 교육개혁안이 발표되자 비로소 학교의 자율성과 책무성을 강조하는 학교단위 책임경영제에 대한 논의가 본격화되었다(이경숙, 2007).

이와 같은 단위학교 책임경영제는 중앙 집권적인 경영체제로부터 탈피하여 단위학교에 책임과 권한을 이양해 줌으로써 자율적인 책임경영이 이루어지도록 하는 경영방식이라고 할 수 있다. 즉, 단위학교에서 예산, 교육과정 운영, 인사 등 학사관리에 있어서 교장, 교사, 학부모, 지역사회 그리고 학생 등 교육관련자들이 자율적인 권한을 행사하고 그 결과에 대해서 책임을 지는 학교경영제체이다.

이러한 책임 경영제를 구현하려면 일차적으로 학교경영자의 자율성과 전문성이 높아져야 함은 두말할 나위가 없다. 그리고 참여적 의사결정이 강조되는데, 이러한 참여적 경영을 구현하기 위해서는 학교경영자의 개방적 자세, 민주적 의사결정능력 및 조정능력과 교직원 및 학부모 등의 협력을 필요로 한다. 현재 운용되고 있는 학교운영위원회는 이러한 책임경영 및 참여적 경영을 실현하는 제도적 장치라 할 수 있다.

2) 학교단위 책임경영을 위한 자율권한

단위학교 중심의 학교경영이 성공적으로 이루어지기 위해서는 학교교육의 핵심 영역인 교육과정, 인사, 재정 영역에 관한 의사결정 권한을 단위학교가 확보하여야 한다.

가) 교육과정 편성 · 운영권

교육과정은 교육의 목적을 달성하기 위하여 학생들에게 제공되는 교육내용 및 교육활동으로서 교육과정의 편성 · 운영은 학교경영의 여러 영역 중 가장 핵심적인 영역이다.

교육과정에 학생의 지적 · 정서적 수준과 욕구, 지역의 물리적 환경 및 지역적 특수성을 반영하여 민주사회에서 요구되는 개방성과 관용성 등을 지닌 인간을 길러내고 교원의 전문성을 신장시키기 위하여 단위학교가 교육과정을 자율적으로 편성 · 운영할 수 있도록 교육과정의 자율화가 필요하다. 다시 말해서 교육과정의 자율화는 교육과정 편성 · 운영 권한이 중앙정부에서 단위학교로 이양되어 무엇을 어떻게 가르칠 것인가에 대하여 단위학교가 독자성을 발휘할 수 있는 것을 의미한다(신재철 외, 2003: 331; 권도영, 2004: 19).

과거의 학교는 교육과정의 실행 주체이면서도 결정과정에서 실질적으로 배제되었고 학교 외적 주체가 결정하고 만들어 준 교육과정을 학교와 학생의 여건과 실정을 외면한 채 적용하는 운영방식이 주류를 이루어 왔다. 이러한 중앙집권적 교육과정 결정방식은 많은 부작용을 초래하였다. 국가수준의 획일화되고 규격화된 교육과정은 민주사회에서 필요한 다양한 인간을 길러내는 데 한계가 있었으며 지역의 특수성을 반영하지 못함으로써 교원의 전문성을 약화시켰다고 할 수 있다. 교사로부터 교육계획을 세울 권리를 박탈하여 한정된 범위 내에서 주어진 교육내용을 어떻게 하면 잘 가르칠 수 있을 것인가 하는 데, 즉 교육에 관한 철학적 사고 없이 단순히 교수기술에만 관심을 가지게 하여 지식전달 기술자의 역할만을 수행하게 한 것이다.

제6차 교육과정(1995년)은 중앙 집중적 교육과정에서 벗어나 시 · 도교육청과 단위학교에 교육과정 편성 · 운영에 관한 권한을 위임하는 지방 분권적 교육과정으로의 개혁을 최초로 시도한 것이었다. 그렇지만 교육과정 결정권이라 할 수 있는 교육내용을 선정할 수 있는 권한은 여전히 중앙에 집중되어 있어서 단위학교는 다만 주어진 과목들 중에서 몇 가지만을 선택할 수 있는 권한을 행사할 수 있었다. 이후 2000년도부터 실시된 제7차 교육과정은 교육과정 편성·운영에 대한 지역 및 학교의 자율성을 확대하고 있으며 교육과정 운영의 실제에 있어서도 재량활동 내용을 선택할 수 있는 권한을 단위학교에 부여하고 있다.

그러나 단위학교가 학교중심의 교육과정을 개발할 권한을 상당히 확보하고 있을 뿐만 아니라 교과서 선택, 교수요강, 교수방법, 교수자료 선택 등에 관한 자율권을 광범위하게 가지고 있는 미국의 상황에 비추어 살펴보았을 때, 우리의 경우 상급 교육기관들의 기준과 지침 등이 단위학교 나름의 독자적인 교육과정을 설계하는 데 제한요소로 작용하고 있는 실정이다. 그리고 단위학교 내부에서도 수업일수 및 교과시간 배당 등에 있어서의 학교장의 소신 부족을 극복하고 교육과정 개발에 있어서 교사들의 전문성을 강화해야 한다는 지적이 일고 있다. 그러므로 학교와 교사가 교육과정 개발 및 결정 과정에 적극적으로 참여함으로써 개성 있고 창의적인 학교교육과정을 편성·운영해 가는 자세가 필요하다.

나) 인사관리권

SBM 체제가 잘 갖추어진 미국 지역구의 단위학교들은 학교에서 채용하는 교사와 보조교사들의 비율, 그리고 총 정원을 결정할 수 있는 권한을 가지고 있다. 특히, 교직원 선발에 있어서 교장뿐만 아니라 학교운영위원들의 참여하에 학교상황과 학교문화에 적절한 교원을 채용하는 학교 중심의 교원인사가 이루어지고 있다.

이렇게 단위학교들이 교직원 인사선발권을 가지고 있다는 것은 학교문화에 적응하고 순응할 수 있는 교직원을 채용하거나 교수·학습 중심으로 직원을 배치하는 권한을 단위학교가 확보하고 있음을 의미한다.

학교문화는 SBM이 정착하기 위한 토양과 같다고 볼 때, 학교문화를 구성하는 규범, 신념, 가치 등은 조직구성원들의 협력에 의해 구성되기 때문에 학교에 협조적인 교직원을 단위학교가 책임지고 선발하는 것은 SBM의 성공을 위해 필수적으로 요구되는 조건이라고 할 수 있다(박세훈, 2000: 39-40).

우리나라의 경우 학교 교직원의 인사권은 원칙적으로 설립자(국가, 시·도, 학교법인)에게 있으나 학교경영의 원활화와 효율화를 위하여 제한된 범위 내에서 학교장에게 위임되어 있다. 학교장에게 주어진 인사상의 권한은 인사 내신권, 위임된 인사권, 고유의 내부 인사권 등으로 구분된다(정명옥, 2003: 19-20). 그리고 5·31 교육개혁 조치에 의하여 도입된 단위학교의 인사권이라 할 수 있는 것으로 산학겸임교사 및 기간제 교사 임용권, 초빙교원 임용 요청권을 들 수 있다.

학교경영에서 인사문제는 교사들이 가장 많은 관심을 보이고 있는 영역으로서 단위학교의 자율권한이 기대에 못 미친다는 지적이 많다. 대표적으로 교원 초빙 및 보조교사 채용에 있어 실질적인 권한이 부족하고 초빙 교원에 대한 보상책 미흡 등으로 인해 현재는 실효성이 없다(진동섭, 김병찬, 2004: 19). 그리고 단위학교 내부 인사권 영역의 근무성적 평정의 운영방식에 대한 불만, 공정성과 객관성이 결여되어 있다는 점 등이 문제점으로 지적되고 있다.

따라서 단위학교에 실질적인 교원 인사관리 권한을 부여하고, 단위학교 내에서는 인사자문위원회 등의 활성화를 통해 인사원칙 등을 내규화함으로써 민주적이고 투명한 인사관리가 되도록 해야 한다.

다) 재정 관리권

어느 활동이든 거기에는 비용이 들기 마련이다. 학교의 교육활동에도 마찬가지로 비용이 필요한데 비용을 어디서 어떻게 확보하며, 확보된 돈을 어떻게 관리할 것인지가 대단히 중요한 문제이다. SBM 체제하에서는 학교경영의 자율권을 부여한 만큼 경영의 효과성을 극대화하기 위해 학교운영활동비에 대한 예산편성 및 운영의 자율권도 함께 부여하여야 한다.

2000년부터 제7차 교육과정이 전국적으로 적용됨에 따라 종래의 경직된 회계제도로는 학교의 자율적인 운영과 효과적인 교수·학습활동 지원이 어렵게 되어 「초·중등교육법」 제30조 제2항, 제3항에 법적인 근거를 마련하고 2001년부터 학교회계제도를 시행하게 되었다. 학교회계제도는 학교에서 적용되고 있던 일상경비, 도급경비, 학교운영지원비, 학교발전기금, 수익자부담경비 등을 통합하여 단일화하고 이의 운영을 학교에 위임하는 제도이다. 이는 단위학교가 학교 실정에 맞게 자율적으로 경비를 지출하여 학교재정 운영의 효율성과 투명성, 교육의 효과성, 학교예산편성과정에 관련 구성원의 참여 증대 등의 효과를 기대할 수 있도록 제도적 장치를 마련한 것으로 볼 수 있다(신재철 외, 2003: 331).

그러나 이와 같이 학교회계제도를 도입하여 학교의 재정 운영상 자율권을 확보하기 위해 노력하고 있으나 학교회계의 특수사정을 반영하지 못한 채 업무량만 증가시킨 결과를 초래하고 있어 학교회계 예산편성과 집행상의 간소화를 위한 조치가 요구되고 있다(김성열 외, 2004: 61). 또한 단위학교의 예산 편성, 심의, 집행 등의 과정에서 많은 문제점들이 지적되고 있다. 예산편성 과정에서 주로 제기되는 문제점은 예산편성 기본방향에 대한 교원의 이해 부족, 예산편성 시기, 예산편성과 교육활동의 연계 부족 등이다. 실질적으로 학교에서의 예산 심의는 학교운영위원회에서 이루어지고 있는데 심의 시기의 문제, 심의위원들의 전문성 결여 등으로 형식적인 심의가 이루어지고 있다는 점이 지적되고 있다. 반면 예・결산의 집행사항이 잘 분석되고 공개되고 있는 점은 투명성과 책무성 제고 측면에서 정적으로 평가되고 있다.

단위학교에서의 예산관리는 SBM의 핵심적인 부문이다. 그 이유는 학교중심 교육과정과 인사관리가 주로 예산 결정에 크게 의존하기 때문이다. 단위학교에서 우선 시행되어야 할 계획과 가장 중요하게 여기는 교수・학습활동에 대한 예산 지원이 충분히 이루어지도록 함으로써 학교교육의 성과 및 교육 프로그램의 질적 개선을 높인 외국의 성공사례 등은 학교예산의 편성과 운영의 중심적인 역할을 단위학교가 담당해야 함을 시사한다.

3) 학교단위 책임경영의 성공을 위한 조건

SBM 성공조건은 크게 외적조건과 내적조건으로 구분된다. 외적조건은 단위학교를 둘러싼 외부에서 단위학교로의 지원체제를 의미하고, 내적조건은 단위학교 내부에서 갖추어야 할 요소를 의미한다.

가) 외적 조건

SBM의 외적조건은 크게 외부 교육행정기관으로부터 단위학교로의 권한 이양과 단위학교 지원활동의 두 요소로 나누어 볼 수 있다.

첫째, SBM이 성공적으로 운영되기 위해서 일차적으로는 교육행정기관이 가지고 있던 교육과정・인사・재정 등에 대한 권한을 단위학교로 위임하거나 이양하여야 한다. 교육행정 권한의 배분은 교육행정의 자율성과 학교효과성 제고를 위해 반드시 실현되어야 할 지방교육자치제도의 핵심 요소 중의 하나라 할 수 있다. 교육행정 권한의 배분 방법에는 위임, 위탁, 이양이 있다. 위임이나 위탁은 위임 및 위탁사항에 관한 감독권을 외부 교육행정기관이 가지고 있지만, 이양은 상급기관이 감독권을 포함한 모든 권한을 단위학교에 넘겨준다는 뜻으로 지방분권의 원리에 비추어 볼 때 이양제도가 위임제도보다 바람직하다(우종완, 2002: 159; 정영수, 정일환, 2006: 157).

우리의 경우 1990년대부터 단위학교의 자율성이 점차 확대되어 온 것은 분명하나 아직도 중앙집권적 제도와 전통이 남아 있어서 통제와 제약요소로 작용하고 있다. 현행 교육행정 체제에서 여전히 초등학교와 중학교는 지역교육청으로부터, 고등학교는 시・도교육청으로부터 각각 지도・감독을 받도록 되어 있다.

SBM이 성공하기 위해서는 교육행정기관의 이러한 지시・통제가 최소화되고 단위학교로 권한을 적극적으로 이양함으로써 단위학교가 현재보다 학교운영에 관한 자율성을 더 많이 가질 수 있어야 한다. 교육행정기관은 학부모를 대신하여 단위학교에 대하여 교육의 책무를 묻는 위치에 있다 하더라도 단위학교를 관료적으로 통제하려고 들어서는 안 된다. 교육부와 교육청에서는 교육에 관한 기본정책의 수립・조정 및 지원 기능만을 담당하고 구체적인 학사운영을 포함한 교육과정 편성・운영과 평가방법, 그리고 그것에 필요한 재정과 인사에 관한 사항을 단위학교가 결정할 수 있도록 해야 한다. SBM은 단위학교가 재량권을 가지고 학교를 운영하고 책임지는 것이기 때문이다(김성열, 2001: 117).

둘째, 단위학교에 대한 외부 교육행정기관의 지원활동이 강화되어야 한다. 교육행정의 핵심은 단위학교에 구체적인 교육의 장을 지원하고 조장하는 것에 있다. 그러나 그동안 우리의 교육행정은 중앙정부 중심의 행정으로 인하여 지시·감독·확인하는 관료적이며 권위적인 행정으로 운영되어 왔으며 단위학교의 교육활동을 효과적으로 지원하는 데 미흡하였다. 학교경영도 이러한 교육행정의 영향을 받아 교육과정이나 인사 및 교육재정 등의 면에서 획일적인 운영이 초래되었고 이는 결국 교육의 질을 높이는 데 큰 걸림돌로 작용하였다(홍관석, 1999: 1-2). 따라서 학교교육의 질적 수준을 높이고 학교경영을 합리화하기 위해 단위학교 중심운영 및 교육행정기관의 적극적인 지원활동이 필요하다.

단위학교의 자율성을 제약하는 각종 지침이나 지시 등을 최소화하고 각종 자료제출 요구 위주의 지도·감독 행정을 벗어나기 위해 힘써야 한다. 교원 업무부담 경감을 위해 보고문서 감축 및 사무 보조인력 배치를 확대해 나가야 한다. 또한 지역 교육의 활성화를 위한 교육 프로그램을 개발, 보급하고 실질적인 교실수업개선 및 학교교육력 제고를 위한 장학 활동을 전개해야 한다.

나) 내적 조건

SBM의 내적조건은 단위학교 내부에서 갖추어야 할 조건으로서 크게 권한 배분 체제, 의사결정 체제, 전문성 개발 체제, 학교평가 체제의 네 가지 요소로 구성된다.

첫째, SBM은 교육행정기관이 단위학교로 이양한 권한을 학교장, 교사, 학부모 또는 학생 등 학교 내 다양한 구성원들에게 분산하는 것을 전제로 한다. 물론 대외적으로는 학교장이 학교 운영에 관한 책임을 진다고 하더라도 그 권한을 독점하는 것은 아니다. 현재 단위학교에는 위임전결규정을 두어 학교 운영에 관한 권한을 그것의 내용에 따라 교직원으로 하여금 행사할 수 있도록 하고 있고, 학교운영위원회와 학교에 설치된 다양한 위원회들은 학교장의 결정 권한을 분산시키고 있다. 이처럼 표면상으로는 과거 학교장에게 집중되었던 권한이 학교 구성원들에게 분산되고 있는 것으로 나타나는데 학교장과 교사와의 권한배분뿐만 아니라 교사 상호간의 권한배분 및 학교와 학부모와의 권한배분이 적절하게 이루어지도록 해야 한다.

둘째, SBM의 내적조건을 구성하는 또 하나의 요소는 단위학교 수준의 의사결정체제이다. 단위학교에 설치·운영되고 있는 의사결정기구 또는 의사수렴기구들은 다양하다. 학교에는 법률상의 기구로 학교운영위원회가 설치되어 있고 인사자문위원회, 교육과정위원회, 기자재선정위원회 등의 각종 위원회가 운영되고 있으며 학부모회, 학년협의회, 교과협의회 등이 있다. 이렇게 다양한 기구들은 학교 구성주체들의 의사를 수렴·반영하고 학교 운영에 관한 주요한 사항들을 심의하거나 의결함으로써 SBM이 성공적으로 운영될 수 있는 내적조건을 충족시키는 것으로 기대되고 있다.

셋째, SBM의 내적조건을 구성하는 세 번째 요소는 전문성 개발 체제이다. 성공적인 SBM을 운영하고 있는 학교에서는 무엇보다도 교사들이 교육과정과 수업을 지속적으로 개선하도록 전문성 개발을 중시하며, 학교조직의 변화를 위한 전문성 개발 과정을 수립하여 모든 구성원들이 지식과 기술을 공유할 수 있도록 하고 있다. SBM이 성공적으로 운영되기 위해서는 제도의 완벽성을 높이는 것도 중요하지만 단위학교 운영 주체들의 전문적 역량을 높여 나가야 한다. 이를 위해 개인 연수, 학교차원에서의 연수, 교육청 주관 연수 등이 알차게 마련되어야 한다.

넷째, SBM의 내적조건을 구성하는 나머지 하나의 요소는 학교평가 체제이다.

SBM은 단위학교에 자율적인 권한을 부여함과 동시에 단위학교가 스스로 행사한 자율적 권한에 걸맞은 책무 이행 체제를 갖추는 것을 특징으로 한다. 학교교육의 질을 향상시키려는 교육개혁 기제로서의 목적을 달성하기 위해 학교가 어떠한 교육활동을 전개하였고 어떠한 성과를 이루었는가를 점검하는 것이라 할 수 있다.

현재 단위학교에서는 학교교육과정운영계획을 수립하여 학교운영위원회의 심의를 거친 후 이를 토대로 학교를 운영한다. 그리고 학교자체평가를 통해 교육활동 결과 및 성과를 내부적으로 점검하며 교육청에 의한 학교평가가 이루어지고 있다.

이러한 평가 체계들이 학교의 책무성 점검 차원에서 그치지 않고 실질적인 학교개선 지원책을 모색하고 이에 근거한 지원활동과 연계될 때 SBM이 성공적으로 운영될 수 있다.

마. 학교경영 의사결정체제

1) 학교단위 의사결정기구의 구성

학교단위 책임경영제가 성공하기 위해서는 학교단위 의사결정기구가 잘 구축되어 각 기구들이 제기능을 다할 때 소기의 성과를 거둘 수 있다. 또한 이 기구들이 제 기능을 발휘하여 소기의 성과를 거두려면 학교단위 의사결정기구의 구성 원리에 맞게 구성되어야 한다. 즉, 학교단위 의사결정기구는 구성에 있어서 민주적 의사결정의 원리, 의사결정의 분업화, 수용권(zone of acceptance: 受容圈) 또는 고유한 의사결정영역, 분권적 책임의 구성 원리에 따라 구성되어야 함을 의미한다(김성열, 2001).

학교단위 책임경영제에서는 단위학교의 자율성과 책무성이 강조된다. 그러므로 단위학교에서 학교운영 주체들의 책무성을 높이고 책임을 묻기 위해서는 학생과 교실 가까이에 있는 사람에게 의사결정권을 부여하고, 그 결정에 대한 책임을 지게 할 때 교육이 개선된다고 가정하였다.

학교단위 책임경영제는 학교운영 전반에 걸쳐서 그들을 학교운영과 관련된 의사결정과정에 참여시키는 것을 전제로 할 때 가능하다. 누군가가 학교운영과 관련된 의사결정의 권한을 독점하거나, 어느 특정 집단이 독점한다면 학교구성원에게 학교운영의 결과에 대한 책임을 물을 수 없을 것이다. 이것은 학교단위 책임경영제를 위한 학교단위 의사결정기구가 개방과 참여의 논리인 민주적 의사결정의 원리에 따라 구성되어야 함을 의미한다. 개방과 참여는 민주주의 원리이다. 민주주의가 개인에게 자신을 성장시키고 사회적 목표와 방향을 결정하는 기회를 직접적으로 또는 간접적으로 부여하고 있는 것을 의미하기 때문이다. 그러므로 민주주의는 개인들에게 온갖 종류의 집단이나 조직체를 형성하는 일을 주도하거나 참여할 수 있는 기회를 보장하는 것을 의미한다. 따라서 학교단위에서 운영될 의사결정기구들을 개방과 참여의 논리의 전제 위에서 구성한다는 것은 학교단위에서 이루어지는 의사결정이 민주적이 되도록 의사결정기구들이 구성되고 운영되어야 함을 뜻한다. 각 개인의 이익이 공정하게 고려되고, 각 개인이 의사결정과정에 균등한 영향력을 미칠 수 있을 때 의사결정이 민주적이라고 할 수 있다. 이것이 바로 민주적 의사결정의 원리이다. 민주적 의사결정의 원리는 '누가 교육에 대한 의사결정의 과정에 참여해야 하는가?'라는 문제를 해결할 수 있는 근거가 된다. 이 원리에 의하면, 특정의 조치로 인하여 영향을 받을 모든 사람들이 특정의 조치를 결정하는 데 참여해야 한다. 학교장이나 교사 또는 학부모 어느 한쪽이 일방적으로 교육에 대한 의사결정권을 독점할 수가 없다. 그들 각각이 단위학교의 운영주체로서 교육에 대하여 가지고 있는 이해관계에 비추어 의사결정을 적절하게 나누어 가져야 한다는 것이다(김성열, 2001).

민주적 의사결정의 원리를 기본전제로 하여 학교단위 의사결정기구를 구성한다고 하더라도 모든 학교구성원들이 의사결정의 모든 영역에 동일한 방식으로 참여할 수는 없다. 여기서 참여의 범위와 참여방식의 문제가 생겨난다. 이 문제를 해결하는 데 유용한 개념이 '의사결정의 분업화'와 '수용권(zone ofacceptance: 受容圈)' 또는 '고유한 의사결정영역', 그리고 '분권적 책임'이다.

먼저 의사결정의 분업화는 의사결정을 민주적 의사결정과 전문적인 의사결정으로 나누는 것을 말한다. 의사결정 분업화의 아이디어는 결정해야 할 내용의 성질에 따라서 참여의 영역이나 방식이 달라질 수 있음을 시사한다. 다음으로 수용권은 '무관심권(無關心圈)' 또는 '고유한 의사결정영역'이라고도 한다. 이것은 특정한 집단의 고유한 의사결정영역을 가리키는 말이다. 즉, 교장이나 교감 등 학교행정가가 주로 결정해야 할 사항, 교사가 주로 결정해야 할 사항, 학부모가 결정해야 할 사항, 학생들이 결정해야 할 사항이 있다는 것이다.

끝으로 분권적 책임의식은 학교의 구성원들이 권한과 책임의 범위 내에서 학교의 의사결정에 참여해야 함을 말해주는 것이다(김성열, 1995).

2) 학교단위 의사결정기구의 종류

가) 학교운영위원회

학교운영위원회는 학부모, 학교장 및 교원, 지역사회인사(교육전문가, 동창회 관계자, 사업가 등)의 참여를 원칙으로 하여 구성하도록 권장하고 있다. 위원의 구성은 학부모위원, 교원위원, 지역위원으로 구성하고, 위원 정수는 학교규모와 지역특성 등을 고려하여 정원의 범위 내에서 정한다. 위원 정수는 학교에 따라 달라질 수 있으며 학생수가 200명 미만인 학교는 5인 이상 8인 이내, 학생수가 200명 이상 1,000명 미만인 학교는 9인 이상 12인 이내이며, 학생수가 1,000명 이상인 학교는 13인 이상 15인 이내의 범위에서 당해 학교의 학교운영위원회의 규정으로 정한다.

학교운영위원의 구성 비율은 학부모위원 40~50%, 교원위원 30~40%, 지역위원 10~30% 범위 내에서 구성한다.

학교운영위원회의 주요 심의사항은 학칙의 제정 및 개정에 관한 사항, 학교의 예산(안) 및 결산에 관한 사항, 학교교육과정의 운영방법에 관한 사항, 교과용 도서 및 교육자료 선정에 관한 사항, 정규학습시간 종료 후 또는 방학기간 중의 교육활동 및 수련활동에 관한 사항, 「교육공무원법」 제31조 제2항에 의한 초빙교원의 추천에 관한 사항, 학교운영지원비의 조성 및 사용에 관한 사항, 학교급식에 관한 사항, 학교운동부의 구성·운영에 관한 사항과 학교운영에 대한 제안 및 건의 사항 등이다. 사립학교의 장은 국 · 공립학교의 심의사항 중에서 「교육공무원법」 제31조 제2항의 규정에 의한 초빙교원의 추천에 관한 사항을 제외하고는 학교운영위원회의 자문을 거쳐야 하며 학칙의 제·개정에 관한 사항과 학교의 예산안 및 결산에 관한 사항에 대하여는 학교법인의 요청이 있는 경우에 한하도록 규정하고 있다.

또한 국·공립 및 사립학교에 두는 학교운영위원회는 학교발전기금 조성·운용 및 사용에 관한 사항에 대하여 심의하고 의결한다.

회의일수 및 회기 등에 대한 사항은 규정으로 정하며, 회의일수는 연간 30일을 초과하지 않는다. 회의에서 심의할 안건은 학교장이 제출하거나, 재적위원 5분의 1이상이 발의하여 채택하며, 회의는 재적위원 과반수의 출석과, 출석위원 과반수의 찬성으로 결정한다. 회의결과는 교권의 보호 등 특별히 필요한 경우를 제외하고는 공개를 원칙으로 한다. 회의 개최 시에는 학교 홈페이지, 가정통신문 등을 통하여 회의 개최 일자와 안건 등을 알림으로써 학부모・교사 등이 회의에 참관할 수 있도록 충분히 공고하여야 한다. 회의 개최 시에는 회의 진행 내용과 결과가 수록된 회의록을 작성하고, 학교장과 위원장 및 위원이 서명한 회의록을 학교에 비치하여 학부모, 교원 및 지역주민 등이 열람할 수 있도록 한다. 다만, 비공개로 결정한 사항의 회의록은 열람 및 공개를 하지 않을 수 있다.

나) 급식소위원회

급식소위원회의 구성은 각 학교의 학교운영위원회 규정에 따라 별도의 규칙으로 정한다. 보통 5인 이상으로 구성하며, 학교급식 운영의 자율성과 투명성을 확보하기 위하여 일정수의 교원위원과 학부모위원 등을 의무적으로 포함하여 구성하도록 권장하고 있다. 임원은 위원장, 간사, 위원으로 구성되며, 위원장은 위원회를 대표하며 회의를 소집하고 진행한다. 간사는 위원장을 보좌하고 위원회의 원활한 진행을 위하여 회무를 담당하는 역할을 수행한다.

위원의 임기는 일반적으로 학교운영위원회의 운영위원의 임기와 같이 한다.

급식위원회의 기능은 학교운영위원회에서 학교급식에 관한 주요사항을 심의하기 전에 급식소위원회에서 먼저 사안에 대해 심도 있게 심의하고, 그 결과를 본회의에 보고한다. 주요 심의사항은 학교급식 운영방식, 학교급식 대상, 학교급식 횟수, 학교급식 시간 및 구체적 영양기준 등에 관한 사항, 년간 학교급식 운영계획 및 예산 ・ 결산에 관한 사항, 급식 식재료의 검수기준 및 완제품 사용 승인에 관한 사항, 급식

식재료 등의 구매방법 및 납품업체 선정 기준에 관한 사항, 수익자가 부담하는 경비 및 학교급식비의 결정에 관한 사항, 학교급식비 지원대상자 선정 등에 관한 사항과 그 밖에 학교의 장이 학교급식 운영에 관하여 중요하다고 인정하는 사항 등으로 되어 있다. 급식소위원회는 학교급식 운영과 관련된 심의사항을 학교운영위원회에서 심의하기 이전에 급식소위원회에서 먼저 심의한 후, 그 결과를 보고하여 본회의의 진행을 원활하게 한다.

급식소위원회의 운영은 각 학교의 학교운영위원회 규정에 따라 별도의 회의 운영 규칙으로 정한다. 회의 개최는 정기회와 임시회로 구분하고, 정기회는 보통 매년 학기 전 2월에 개최하며, 임시회는 위원장이 필요시 요구에 따라 수시로 개최한다. 급식소위원회는 업무를 원활하게 수행하기 위하여 학교급식 운영 관련 자료를 학교장에게 요구할 수 있으며, 위원회 요구 시 학교 급식 운영 계획, 급식비 집행에 관한 사항에 대해 영양교사는 소위원회에 참석하여 보고하여야 한다. 간사는 회의 내용과 결과를 회의록에 기재하고, 회의 내용과 결과를 학교운영위원회에 보고한다.

다) 예 · 결산소위원회

예 · 결산소위원회의 구성은 각 학교의 학교운영위원회의 규정에 따라 별도의 회의 운영 규칙으로 정한다. 일반적으로 위원은 5인 이상으로 구성하며, 구성원의 특성을 고려하여 교원위원과 학부모위원이 참가하도록 권장하고 있다.

예 · 결산소위원회는 각 학교의 학교운영위원회 자체 규정이나 정관에 포함하여 설치 · 운영하여야 한다. 모든 학교에 설치를 의무화하고 있지는 않으나, 「공립 초 · 중등학교 회계규칙」 제13조 4항, 제20조 3항에 의거 설치 · 운영을 권장하고 있다. 임원은 위원장, 부위원장 그리고 간사로 구성된다. 위원장은 위원회를 대표하며 회의를 소집하고 진행한다. 위원장 유고시 부위원장이 위원장의 직무를 대행한다. 간사는 회의록을 작성하며 회의의 원활한 진행 및 회무를 담당한다. 위원의 임기는 학교운영위원회의 임기와 같이 한다.

예・결산소위원회는 학교운영위원회에서 심의 할 학교예산(안) 및 결산에 관한 사항을 위원회에서 심의하기 전에 먼저 소위원회에서 심의하고 그 결과를 본회의에 보고한다. 주요 심의사항으로는 학교 본예산(안)・결산 심의, 추경 예산(안)・결산 심의 및 기타 학교 예산(안)・결산에 관한 사항을 심의한다. 따라서 예・결산소위원회는 학교 예산(안) 및 결산 관련 사항을 학교운영위원회에서 심의하기 전에 소위원회에서 먼저 심의하여 그 결과를 학교운영위원회에 보고하여 본회의 진행을 원활하게 한다.

소위원회는 학교 예・결산 심의와 관련하여 학교 예・결산 운영과 관련된 자료를 학교장에게 요구할 수 있다. 간사는 학교 예산 편성 기본 방향과 편성 계획 및 예산집행에 관한 사항을 소위원회에 참석하여 보고하여야 하며, 회의 내용을 회의록에 기재하고 그 결과를 학교운영위원회에 보고한다.

라) 학교폭력대책자치위원회

학교폭력대책자치위원회의 구성은 위원장을 포함하여 자율적으로 10인 이하의 위원으로 구성한다. 위원장은 위원 중 호선으로 선출하며, 위원장 유고시에는 위원장이 지정하는 위원이 위원장의 직무를 대행한다. 위원은 학생생활지도의 경력이 있는 교사, 학교운영위원회의 학부모 대표, 판사・검사 또는 변호사의 자격을 가진 자, 해당 학교의 구역의 관할 경찰공무원, 청소년 보호에 지식과 경험을 가진 선도위원 중에서 학교의 장이 위촉한다. 구성은 사무 처리를 위해 해당 학교의 학생생활지도부 소속 교원 중에서 간사 1인을 두며, 위원들의 임기는 2년으로 하며 연임할 수 있다.

위원이 분쟁 조정 시에 당해 분쟁조정 사건과 관련된 경우에는 제척된다. 따라서 피해학생 및 가해학생 및 그 보호자(분쟁당사자)는 위원의 공정한 심의가 어렵다고 판단되면 위원회에 서면으로 기피신청을 할 수 있다. 기피신청이 접수되면 위원회에서 의결로써 당해 위원의 기피여부를 결정한다. 위원이 제척이나 기피의 사유에 해당 될 때에는 본인 스스로 해당 분쟁조정 사건에서 회피할 수 있다.

학교폭력대책자치위원회의는 학교폭력의 사전예방 및 발생 시 대책 등을 위하여 예방 및 대책을 위한 학교의 관리체제 구축, 학교폭력 예방 프로그램 운영, 피해학생의 보호, 가해학생에 대한 선도 및 징계, 피해자와 가해자 상호간의 분쟁 조정 그리고 학교폭력 문제를 담당하는 교사 또는 학생회의 대표가 건의하는 사항을 심의한다.

본 위원회의 역할은 피해학생의 보호와 가해학생에 대한 조치, 분쟁조정 등으로 첫째, 피해학생의 보호를 위하여 상담교사를 통하여 심리상담 및 조언, 일시보호, 치료를 위한 병원치료, 학급교체, 전학권고 등 피해학생의 보호를 위하여 필요한 조치를 취하도록 학교장에게 요청한다. 둘째, 피해학생의 보호와 가해학생의 선도・교육을 위하여 가해학생의 서면사과, 피해학생에 대한 접촉 금지, 학급(반) 교체, 타 학교 전학, 학교에서의 봉사활동, 사회봉사, 전문가에 의한 특별교육 또는 심리치료, 출석정지 등 사안에 따라 조치를 취할 것을 학교장에게 요청한다. 셋째, 기타 학교폭력과 관련하여 분쟁이 있는 경우에는 그 분쟁에 대하여 조정한다.

위원회의 회의 소집은 사고발생 시 재적위원 3분의 1이상의 요청이 있는 경우에 소집할 수 있다. 회의는 재적위원 과반수의 출석으로 성원되며, 출석위원 과반수의 찬성으로 의결한다. 회의에 참석한 외부위원에게는 실비의 수당과 여비를 지급하고, 간사는 회의록을 작성하여 보관한다.

분쟁조정 합의 시에는 합의서를 작성하여 분쟁당사자에게 통보하고, 위원장은 분쟁조정 결과를 관할 교육청에 보고한다.

2. 학교경영 계획

가. 학교경영 계획의 의미

학교 경영이란 "교육 목표 내지 경영 목표를 설정하고 이를 달성하기 위해 학교 체제 내의 인적・물적 자원 및 기술, 정보를 확보하여 그것을 계획, 조직, 평가하는 일련의 활동 또는 과정"이라고 정의한다(정태범, 1988). 따라서 사회 변화에 따라 교육도 세계화된 정보화 사회에 대비한 학교 교육의 정보화를 추구하고, 지역화된 다원화 사회를 대비한 교육의 특성화 및 효율화를 추구하며, 창조 사회를 대비한 교육의 수월성 향상을 기대하고 있다. 그래서 현재 교육이 열린 교육, 경쟁력 있는 교육, 개별화 교육으로 요구되고 있으며, 학교경영 또한 사회와 교육의 변화에 따라 경영 정보 체제, 학교 단위 책임 경영 체제, 특성 있는 경영 체제로의 변화가 요구되고 있다.

나. 학교경영 계획의 절차

학교경영은 계획, 실천, 평가 등 3단계로 이루어지는 것으로 이 중에 계획은 학교경영활동의 근간을 이룬다. 학교는 이러한 경영계획을 통하여 어떤 교육목표와 방침을 설정하여 학교조직을 편성하며, 이러한 조직에 대하여 교육활동을 편성하고 그에 맞는 교육조건을 마련하며, 교육활동의 결과를 평가하는 과정을 거친다. 학교경영에서 계획은 장래에 대한 예측과 분석된 학교여건을 바탕으로 하여 일정한 목표를 설정하고 이를 달성하는 데 요구되는 합리적 행동을 예정하고 준비하는 과정을 말한다. 따라서 계획은 목표와 그것을 달성하는 수단 사이에 내적인 일관성을 가지게 하고 목표를 구현하기 위한 관리기능의 기초로서 학교조직의 각 부서 및 활동 간에 조화와 균형을 갖도록 하는 데 필수적 요건이 된다. 그리하여 학교의 제반 경영활동 간에 중복을 피하고, 비경제적인 노력을 배제하여 학교의 생산성을 크게 한다.

이러한 학교경영계획은 다음과 같이 이루어진다.

1) 문제의 규명

학교의 경영계획을 작성하는 기저로서 먼저 교육의 요구가 무엇이며 현재 학교의 여건에서 교육의 문제는 무엇인가를 학교교육의 상위목표, 지역사회의 실태, 학교의 여건을 중심으로 분석한다. 「헌법」, 「교육법」, 「국민교육헌장」 등에 제시된 상위 교육목표와 교육부, 교육위원회, 교육청의 정책목표 또는 장학방침을 근거로 국가, 사회가 요청하는 교육의 요구를 분석하며, 지역사회의 환경, 학부모의 사회·경제적 배경을 중심으로 지역사회가 요청하는 교육의 요구나 문제를 분석하고, 끝으로 학생실태, 교사 실태, 학교의 물리적 환경 등을 중심으로 학교 교육의 문제점이 분석되고 이외에도 전년도의 경영 실적이 분석된다.

학교교육목표는 지역 사회나 학부모의 요구, 지역사회의 실태, 학부모의 사회·경제적 배경, 학교의 당면 문제, 전년도의 경영 실적 등의 분석 결과에 그 기초를 두어 설정되어야 한다.

2) 목표 및 방침 설정

학교교육목표는 장기적인 안목에서 학생들이 궁극적으로 도달해야 할 인간상을 제시한 것이거나 그 행동 특성을 종합적으로 명시한 것이다. 이것은 학교내의 모든 교육 활동이 나아가야 할 방향을 밝혀 주는 지향점이 되며, 모든 의사결정의 적절성 내지는 타당성 여부를 판별해 주는 중요한 지표가 되기도 한다.

교육목표를 설정하는 데는 앞서 지적한 「헌법」, 「교육법」, 「국민교육헌장」 등의 자료가 그 기초를 이룬다. 교육목표의 추출원이 동일하더라도 학교별로 강조하는 교육목표가 다르기 때문에 진술상에 차이가 있을 수 있다.

따라서 교육목표는 구체성, 주체성, 포괄성이 있게 행동적 용어로 진술되고 지역성과 시대성이 반영된 것이어야 한다. 특히, 이러한 교육목표를 결정한 때는 집단과정에 의한 합리적 의사결정이 반영되어야 한다.

학교경영목표는 교육목표를 달성하기 위해 수행되어야 할 경영 상의 기본 방향을 제시한 것이다. 이러한 경영목표는 경영활동이나 결정이 합리적인가를 판단하게 하며 아울러 경영성과의 측정과 평가의 기준이 된다. 그러므로 학교가 학생을 교육하는 기본적인 단위 경영체라는 입장에서 학교경영활동의 전영역에 걸쳐서 포괄적으로 결정된다. 또한 이것은 학교경영에 참여하는 모든 교직원이 투입하는 노력을 합목적적으로 유도하기 위한 경영의 기본 방향이다.

3) 조직계획

학교 경영목표와 방침이 결정되면 실천 단계에서 각종 활동이나 과업을 수행할 부서를 마련하고 담당자를 정하게 된다. 학교는 하나의 집단으로서 학생, 교직원, 유관인사들로 조직될 수 있으므로 목표달성을 위해 교육지도조직, 교무분장조직, 운영협의조직, 지역사회조직, 학교운영위원회 및 학부모회 관련조직 등을 만들어 협동체제로서 학교경영이 가능토록 한다.

이 조직과 관련하여 교사들의 창의성과 협동심이 발휘될 수 있도록, 여러 가지 자원이 적절히 배분되고 정보가 잘 교환되어 학교경영이 원활하게 이루어지도록 한다.

4) 활동계획

활동계획은 학교조직이 경영목표를 달성하고 경영방침을 실천하기 위한 일련의 세부 활동계획이다. 이는 경영방침에 따라 구체적인 과업이나 활동을 합목적적으로 연결시키는 경영활동이나 사업들을 계획하는 과정이다. 이 활동계획은 첫째, 교과지도, 특별활동, 생활지도를 중심으로 하는 교육과정 운영, 둘째, 교원의 연수, 연구 활동 등을 통한 교원의 자질과 능력의 개발, 셋째, 이러한 교육과정의 정상적 운영을 가능토록 하는 교육조건관리 등을 포함한다. 이 활동은 교육과정 운영을 중핵으로 하여 여러 교육조건이 유기적으로 상호 관련되게 학교경영의 전 영역을 포괄해야 한다. 이것들은 부문별로 창출된 전략적 대안 중에서 비교・평가하여 선정하고 다시 세부계획을 작성한다.

교육활동의 실천계획으로는 교육목표, 경영목표 및 경영방침과 연계성이 있는 구체적인 활동 내용이 정선되어야 한다. 이때 그 실천계획은 학교의 실정을 고려하여 시기 및 횟수, 담당자, 예산 등이 구체적으로 계획되어야 한다.

5) 평가계획

계획단계의 마지막 과정은 평가에 관한 계획을 수립하는 단계이다. 평가의 프로그램 내용과 방법의 타당도, 객관도, 신뢰도 등을 포함하여 교육계획에서 계량적으로 설정된 목표들이 달성될 수 있도록 모든 체제의 하위 요소들이 적절하게 투입되고, 그 과정에서 최적하게 상호 작용하여, 산출을 극대화할 수 있는지를 검토하는 평가계획을 수립한다.

학교경영의 목표달성이 가능하겠는지를 투입요인을 중심으로 평가하고, 투입에서 산출에 이르는 과정도 평가하며, 목표달성이 되었는지를 확인하고 그 결과를 평가하는 것 등에 대한 계획을 수립한다. 또한 평가의 영역, 평가의 내용, 방법, 도구 등 총괄적 학교평가의 계획과 피드백의 절차도 마련해야 한다.

다. 학교 경영 구성원의 역할

1) 학교장의 역할

첫째, 학교구성원들에게 주인의식을 심어 주고, 구성원들이 학교발전을 위한 자율역량을 발휘하도록 리더십을 발휘한다.

둘째, 교원들이 수행해야 할 직무를 치밀하게 설계하고, 적정하게 배분하며, 체계적이고 투명하게 학교를 경영하여 구성원들의 신뢰를 얻는다.

셋째, 학교의 모든 교육활동과 중요 업무를 결정하면서 학교공동체 구성원의 적극적인 참여를 유도하고, 상호 간의 이견을 합리적으로 수용·조율하도록 각종 위원회와 조직의 활동을 활성화한다.

넷째, 미래를 대비할 수 있는 학교교육의 발전과 교육활동을 위한 지역사회와의 유기적인 협조체제를 유지하도록 한다.

2) 교사의 역할

첫째, 미래사회 대비를 위한 학교교육을 위해 자신의 의견을 적극적으로 표출하고 민주적인 토의를 통한 생산적인 결과를 도출하도록 노력한다.

둘째, 자기계발과 발전을 위한 교원으로서의 전문성 신장을 위해 스스로 노력하고 교원 학습공동체 활동 및 연구활동에 적극 참여한다.

셋째, 미래를 대비할 수 있는 학교 교육활동을 실천함으로써, 교육수요자인 학생, 학부모에게 만족을 넘어 감동을 주도록 노력한다.

넷째, 학생・학부모・지역사회를 대상으로 학교업무에 협조와 이해를 구하고, 관심과 애정을 끌어내는 역할을 담당한다.

3) 학부모의 역할

첫째, 다양한 학교 교육활동을 위한 학부모회와 학교운영위원회 등이 내실 있게 운영되고 활성화되도록 적극적으로 참여하고 활용한다.

둘째, 학교공동체 구성원으로서 학교운영과 학생교육에 관련된 문제에 대해 자신의 의견이 반영되도록 적극적으로 노력한다.

셋째, 학교 교육활동과 학생교육에 관심을 두고 적극 참여한다.

4) 지역사회의 역할

첫째, 지역사회 인사가 학교운영위원회의 지역위원으로 선출되어 중요한 학교 의사결정과 교육활동 등 다방면에 적극적으로 참여하도록 한다.

둘째, 지역사회 학교에 속한 학교들이 시설 및 교육 프로그램을 운영하도록 지방자치단체의 재정 지원이 활발하게 이루어져야 한다.

셋째, 청소년수련원・사회복지관・경찰서 등 지역사회 각종 기관이 학생들의 인성 및 진로지도에 많은 도움을 줄 수 있어야 한다.

discussion

토의 주제

01 학교 업무의 효율적 운영을 위하여 학교 경영 조직 구성 시 어떤 사항들이 고려되어야 한다고 생각하는지 설명하고 토의해 보자.

02 합리적 의사 결정을 위한 학교장과 구성원과의 관계에 대하여 설명하고 토의해 보자.

03 학교에 반드시 설치되어야 하는 법정위원회에 대하여 설명하고, 여러 가지 자치위원회가 필요한 이유를 단위학교 책임경영제의 성공 조건과 관련지어 설명하고 토의해 보자.

04 단위학교 책임경영제에서 학교장, 교사, 학부모, 지역사회의 역할에 대하여 설명하고 토의해 보자.

05 예비교사로서 학교경영에 대한 이해가 필요한 이유는 무엇인지 설명하고 토의해 보자.

05

교원의 전문성 개발

1. 교원의 전문성에 대한 이해

가. 교직의 특수성과 자세

1) 교직의 특수성

모든 사람들은 태어나기 이전부터 교육이 시작되어서 죽을 때까지 지속된다. 사회적 측면이나 유형상의 차이가 있을지라도, 교육이란 의미는 가르치고 배우는 학습행위이다. 최근에는 교육과 학습이란 용어를 구별해서 쓰기도 한다. 즉, 교육이란 교사의 입장에서 일방적인 지식의 선정과 보급이라면, 학습이란 학습자의 입장에서 학생의 능력과 선호도를 고려한 상호 작용적인 활동이라고 규정한다. 이러한 의미 규정은 어떤 측면을 강조하느냐에 따라 달라질 수가 있다.

그러나 두 용어의 공통적인 특성은 누군가는 가르치고 누군가는 배운다는 것이다.

가르치는 행위는 무(無)에서 유(有)를 창조하는 활동이 아니다. 과거의 축적된 지식을 바탕으로 새로운 지식을 만들어 나가는 것이므로 지식을 가르쳐 줄 수 있는 사람이 필요하다. 과거에 이런 지식들을 가르쳐 주는 사람들은 주로 부모, 형제자매, 친척, 이웃들이었으며, 그들은 현재의 교사들과 같은 역할을 하였다. 그러나 사회가 복잡해지고 지식이 폭발하면서 이들이 가르쳐 줄 수 있는 지식은 거의 없고 매우 한정적이다. 나아가 같은 현상에 대한 부모의 가르침과 학교에서 가르치는 지식의 차이는 학생들에게 혼란을 주고 불신감을 심어 주기도 한다. 이런 문제와 갈등의 충돌로 인해 학생들은 학교와 교사의 지식을 더 중요하게 생각하게 되었고 모든 영역에서 자연스럽게 가정교육이 학교교육으로 대체되었다.

교직은 하는 일이 매우 독특하여 미성숙한 학생을 성숙한 인간으로 이끌어 가는 인간형성의 역할을 담당하고 있다. 교육의 대상은 바로 인간이며, 교사가 하는 일은 교수와 연구가 주된 업무이기 때문에 돈이나 권력을 대상으로 하는 직업과는 거리가 먼 것이 특징이다. 또 교직은 다른 직업에 비하여 방학이라는 재충전의 시간을 가지고 있으며, 성장하는 젊은이를 대상으로 한다는 점에서 좋은 환경에서 일한다고 볼 수 있다. 병든 환자를 대하는 의사나 범죄인들을 대상으로 하는 판사나 검사의 직업과 비교하면 교사의 근무환경은 확실히 좋다고 볼 수 있다. 그리고 사회적으로 존경을 받으며 직무와 관련하여 다른 직업에 비하여 비교적 자율성을 많이 갖는 것도 교직의 특징이다. 교사는 학생, 학부모, 동료교사 및 학교경영자 사이에서 업무를 수행하며 관료제의 조직 속에서 일하지만 교실에서 이루어지는 교육은 다른 사람이 감독할 수 없는 특수성을 가지고 있다.

교직은 미성숙한 세대를 바람직한 인간으로 성장하도록 도와주는 사회적 활동이다. 궁극적으로는 전인교육을 통해서 한 사회의 구성원으로서 적응과 도전의 능력을 기르고, 개인의 자아실현을 목표로 하는 행위이다. 따라서 교직이 다른 직종과 구별되는 특성을 갖고 있는데, 다음과 같다.

첫째, 교직은 사회적으로 미성숙한 존재를 대상으로 한다. 교직의 가장 근본적인 특성은 사람을 대상으로 하는 것이다. 물론 의사, 서비스업, 법률가 등 사회의 많은 직업들이 인간을 대상으로 한다. 그러나 이런 일들은 어느 한 분야에 집중되어 일시적으로 이루어진다. 즉, 위급한 수술 상황, 이윤을 위한 매매 활동, 재판 활동 등 인간 행위의 한 측면에 한정되어서 이루어진다. 반면, 교직은 어느 특정한 분야가 아니라 지적, 정신적, 신체적, 사회적 영역에서 인격자를 기르기 위한 전인교육이 행해지는 곳이다.

따라서 교육의 대상은 신체적, 정신적으로 기존의 사회문화에 적응하지 못한 사람뿐만 아니라 미래 사회에 필요한 창조적, 비판적 시각을 지닌 새로운 세대도 포함한다. 자기 스스로 사회현상에 대한 합리적인 판단이 부족한 학생에게는 주관성과 판단력을 길러 주고, 무한한 가능성을 가진 학생에게는 자기의 능력을 마음껏 펼칠 수 있는 기회를 제공하는 것이 교직의 중요한 특성이다.

둘째, 교직은 사회발전에 중요한 역할을 한다. 교육은 사회의 안정과 유지에 우선적으로 중요한 역할을 한다. 사회에 필요한 지식과 문화를 선정하여 다음세대에 전달하고 유능한 인재를 길러서 적재적소에 배치함으로써 사회발전에 도움을 준다.

그러나 교직의 특성은 이러한 사회유지적인 역할로 그치지는 않는다. 현대처럼 생존경쟁이 치열한 사회에서 새로운 블루 오션(blue ocean)을 개척하기 위해서는 다른 사람들이 생각하지 못한 것들을 찾아내어야 한다. 이런 영역들을 발전시키기 위해서는 교사의 다양한 생각과 창의적인 수업 혁신이 요구된다. 그러므로 사회변혁적인 마인드를 가진 교사들이 창의적이고 진취적인 사고를 가진 학생들을 길러 낸다면 극심한 경쟁사회에서 교직의 특성이 충분히 드러날 것이다.

셋째, 교직은 지식의 도덕적 책임감을 지닌다. 우리 속담에 '세 살 버릇 여든까지 간다' 혹은 '될성부른 나무는 떡잎부터 안다'라는 말은 어릴 적에 배운 습관이나 지식은 어른이 되어서 고치기 어려운 것임을 강조하는 말이다. 물론 성인이 되어 잘못된 지식을 수정하고 보완할 수는 있지만, 처음과 비교하여 교육에 투자한 효과는 그만큼 어렵고 떨어진다.

그러므로 교사는 지식에 대한 책임감을 지니고 있어야 한다. 교사가 모든 지식의 내용을 가르칠 수는 없다. 현실적으로, 교사가 모든 지식을 완벽하게 알고 내용에 대한 진위판단을 하여 가르치기엔 현대의 지식의 양은 너무 방대하다. 그래서 일반적으로 국가의 교육과정 모범안이 제시되는데, 그 학습방법이나 주제에 접근하는 내용은 교사의 주체적인 판단이 필요하다. 따라서 교사들은 어느 일정 부분의 지식을 자의적으로 판단하고 선별하여 가르치게 되며, 그 결과는 학생의 미래 선택과 삶에 큰 영향력을 준다. 결국 학생 시기에 습득한 지식은 오랫동안 거의 영구적으로 한 사람의 삶에 영향을 미치므로 교직의 도덕적 책임감은 매우 중요하다.

넷째, 교직은 주로 정신적인 영역을 대상으로 한다. 교직은 인간의 여러 생활 중에서 특히 정신생활의 향상을 목적으로 한다. 이런 측면은 교사를 '지식인'으로 보는 학자들의 주장과 일맥상통한다. 즉, 사르트르(Sartre)는 지식인이 처한 현재의 위치를 근본적으로 매우 불안정하고 모순적으로 보았다. 그는 자본가는 생산수단을 소유하면서 직접 노동을 하지 않고 노동자가 창출한 몫으로 살아가는 존재이고, 노동자는 생산수단이 없어서 직접 노동을 하며 지배 이데올로기에 착취당하는 존재이며, 지식인은 그 중간에 위치하는 존재로 보았다. 그러므로 지식인은 실제 노동으로 생활하지 않는다는 점에서는 자본가의 입장을 가지고, 생산수단이 없다는 점에서는 노동자의 입장을 가진다.

이런 입장은 교직의 정신적인 측면을 상당히 부각시키는 것이다. 모순적인 존재로서의 교사가 가지는 의미는 사회를 변화시키는 씨앗의 역할이기 때문이다. 비록 교사가 현실과 이론 사이의 중간적 입장에 서 있을지라도, 사회를 발전시키고 개혁할 수 있는 핵심은 바로 교사에게 있다는 것이다.

다섯째, 교직은 현재보다 미래를 대비하는 일이다. 옛말에 '일 년 계획은 곡식을 심는 일만한 것이 없고, 십 년 계획은 나무를 심는 일만한 것이 없고, 평생 계획은 사람을 키우는 일만한 것이 없다'며 교육을 백년지대계(百年之大計)로 꼽았다. 학생을 교육하는 것은 국가와 사회발전의 근본적인 초석이 되고 그 영향력이 계속 지속되기 때문에 백년 앞을 내다보는 큰 계획이다(김경식 외, 2011: 126-128). 그러므로 교육의 결과는 단시간에 나타나는 것이 아니라 한 개인의 일생에 거쳐서 계속 따라다니고 영향을 미친다. 교육은 장기적이고 먼 훗날을 준비하는 사업이다. 지금 현재에 나타난 성과에 매달리다 보면 정작 중요한 것들을 망치는 경우가 많다.

2) 교직에 임하는 자세

무슨 직업이건 그것이 단순한 노동이 될 수 있고 소명이 될 수도 있다. 일하는 사람이 자기가 하고 있는 일에 대하여 어떠한 태도를 지니고 있는가가 중요하다. 노동과 소명을 구별하는 기준 가운데 가장 중요한 것은 비전(vision)이다. 한 그루의 나무를 심는 사람이 그 일을 함으로써 일정한 임금을 받는 것만을 목적으로 한다면 그것은 단순한 노동에 지나지 않는다. 교직을 단순히 금전적 보수만을 위한 것이라고 보면 단순한 노동에 불과할 것이다. 의무감에 못 이겨 맡겨진 하루의 일을 열의 없이 기계적으로 처리하는 데 그친다면 교직생활은 봉급일만 기다리는 무기력한 직장인에 다를 바 없다.

우리나라에서는 전통적으로 교직을 성직(聖職)으로 보는 경향이 지배적이었다. 교직을 성직으로 볼 때 전문적 자질에 앞서 교사들에게 기본적으로 요구되는 덕목은 교직으로 부르심을 받았다는 소명의식(召命意識)이라 하겠다. 단순한 직업이 아니라 소명이 되려면 종사하고 있는 일에 대한 헌신(commitment)이 있어야 한다. 소명이 요청하는 것은 기계적·형식적 태도가 아니다. 거기에는 일에 대한 정열과 성의가 있어야 한다. 자기의 몸과 마음을 쏟아 놓는 봉헌이 있어야 한다. 사람의 마음에 공명(共鳴)을 일으키는 감흥이 있어야 한다. 이러한 영감이 없을 때 우리는 상대방의 심금을 울릴 수 없다. 교사의 임무는 단순한 직업이나 노동이 아니다. 그에게 소명감을 주는 것이 비전과 헌신이다. 소명감으로 학생들의 심적인 공감을 주지 않는 교육은 산 교육이라고 할 수 없다. 소명감이 있으면 교사는 산 스승이 될 수 있고 미성숙한 학생들의 영적(靈的)인 성장을 돕는 참된 교육자가 될 수 있는 것이다(이병환·박미란, 2012: 37).

요컨대 교직은 전문직적인 성격이 있으면서도 소명의식이 요구되는 직업이라는 면에서 다른 일반 직업과 구별되는 특수 전문직임을 알 수 있다. 결국 교직은 인간을 가르치고 기르는 성스러운 직업으로서 특별한 자질과 사명감을 가진 사람만이 가져야 하는 직업이다. 따라서 현직 교사나 교사가 되고자 하는 사람은 투철한 사명감을 가지고 전문적 역량을 기르지 않으면 안 된다.

나. 교원의 역할과 자질

교사는 교실이 만남의 현장이 되고 학생들 간의 열린 대화의 광장이 되도록 노력해야 한다. 교실이 삶의 작은 공동체 생활이 이루어지고 인격적인 교류가 행해지도록 허용적이어야 한다. 김춘수 시인의 '꽃'처럼, 아무런 의미가 없던 몸짓에 이름을 불러줌에 따라 소중한 의미가 형성되었다. 마찬가지로 어린왕자가 장미꽃에게 의미를 부여한 것도 서로 간의 인격적 만남을 강조한 것이다. 교실이란 공간에서 만나기 전에 교사와 학생은 아무런 의미가 없다. 그러나 교실에서 서로 얼굴을 보고 이름을 부르는 순간에 교사와 학생은 새로운 의미를 부여하고 존재의 본질을 자각하게 된다. 교사의 주체적 이해는 학생과의 만남을 중시하면서 대화를 강조함으로써 가능하다.

교직은 사회변화에 민감하고 미래사회를 대비해야 한다. 토플러(A. Topler)는 『부의 미래』라는 저서에서 사회 여러 기관의 변화 속도를 이야기한 적이 있다. 기업체는 100마일, 시민단체는 90마일, 가족은 60마일, 노조는 30마일, 정부는 25마일, 학교는 10마일, 국회는 3마일, 법은 1마일로 변화한다고 보았다. 지식의 폭발 시대에 사회는 엄청 빠르게 변화하고 있는데, 학교는 그 변화를 따라가지 못하고 있다. 그러므로 지식에 대한 새로운 시각을 가지고 직면한 상황을 재구성하는 비판적 사고가 중요하다. 체험, 실천, 토론 등이 혼합된 현장중심의 학습이 요구되며 학생들의 입장을 고려하여 죽은 지식이 아니라 살아 있는 지식을 보급해야 한다. 이런 교육을 실행하기 위해서 학교 간의 네트워크는 큰 도움이 된다. 초·중학교의 연계, 산업체와 학교의 연계,

국가 간의 교육 교류, 정보네트워크 등을 통해서 서로의 지식을 공유해야 한다(김경식, 외, 2011: 143).

교사는 학생, 학부모 및 교사와의 상호작용을 통해서 교육과정 구현을 위한 수업 및 생활지도를 담당하는 사람이다. 교사는 인격의 주체로서 교육적 신념과 가치를 바탕으로 학교교육을 담당한다. 교사는 전문적 지식과 경험에 더해 정해진 교육과정을 실현하기 위한 전문적인 수업과 학생지도를 담당한다. 교사는 학교교육에서 이루어지는 수업, 생활지도, 학급경영, 교직실무 등에 대한 주어진 분야에서 뛰어난 기술을 지닌 장인(匠人), 학문이나 기예에 통달하여 교육연구의 원리와 이치를 깨달은 달인(達人), 전공 분야의 지식과 기술에 능하고 새로운 원리와 방법을 개발할 수 있는 명인(名人)이 되어야 한다.

교사는 교육 실천 속에서 끊임없이 도덕적 판단력과 심성을 지닐 필요가 있다. 왜냐하면 교육 실천 과정은 학생과 교사 간의 상호작용에서의 인격적 관계, 근면성, 관대함, 공공성, 평등성 등의 윤리적 가치 실현, 윤리강령과 도덕적 공동체로서의 학교 구축 등의 요인들이 내재되어 있기 때문이다.

〈표 5-1〉에서 볼 수 있듯이 교사가 전문적 교육행위를 실천하기 위해서 필요한 자질과 역량은 일반교양, 교과교양, 교직교양 등에 대한 기본소양과 전문적・실천적 지식과 기술이다.

일반교양은 인간, 사회, 예술, 자연 등에 대한 기본적 이해를 갖는 소양과 자질로서 교육에 대한 신념 및 가치관 형성과 학생 개인의 이해와 돌봄에 필요한 지식과 기술이다. 교과교양은 전공 교과에 대한 지식과 방법, 교육과정 편성 및 운영, 교과 수업 구성・전달・평가 등에 필요한 지식과 기술이다. 교직교양은 학생 생활지도와 상담, 학사운영, 교무관리, 학급경영과 학생관리 등 교직실무에 필요한 원리와 방법에 필요한 지식과 기술이다.

〈표 5-1〉 교사가 갖추어야 할 세 가지 교양

교양 유형		특징	적용
인성	일반교양	인간, 사회, 자연 등에 대한 이해	• 교육에 대한 신념과 가치관 • 학생 개인에 대한 이해와 돌봄
전문성	교과교양	전공 교과 지식과 방법에의 통달	• 교육과정 편성 및 운영 • 교과내용의 구성과 전달 및 평가
	교직교양	교직 실무의 원리와 방법 이해	• 학사운영 및 교무관리 • 학급경영 및 학생관리 • 학생 생활지도와 상담

따라서 교사는 학생, 학부모 및 교사와의 상호작용 과정에서 학교 교육과정을 편성 운영하고 질 높은 수업과 생활지도를 담당하며, 효과적인 학급경영과 교직실무를 성실하게 수행할 수 있는 전문적 역량과 지식 및 기술을 수행하는 역할과 자질을 갖추어야 할 것이다.

이병환 등(2012: 40)은 〈표 5-2〉에서와 같이 교사의 고유 업무 영역과 실천 행동에 따른 역할과 자질을 선별하여 제시하였다.

〈표 5-2〉 교사의 업무 영역과 실천 행동에 따른 역할과 자질

교사의 업무 영역	교사의 실천 행동	교사의 역할과 자질
학생지도	1. 지도내용의 선정 2. 실제지도의 과정 3. 평가의 관리	1. 지도내용의 객관성 2. 최선의 방법 적용, 성실한 지도 3. 공정성, 객관성, 합리성
인간관계	1. 학생과의 관계 2. 동료와의 관계 3. 학부모, 지역사회와의 관계	1. 교육애, 인격존중, 정확한 이해 2. 상호존중, 상호신뢰 3. 교육 홍보 및 의견수렴
공직생활	1. 전문성 관리 2. 준법생활 3. 공공생활	1. 연구, 근면, 성실 2. 질서존중, 솔선수범 3. 청렴, 봉사, 중립성

교원이 갖추어야 할 역할과 자질을 현행 교원 근무성정평정 기준에서 제시되고 있는 실제적인 내용과 비교 설명해 보면 다음과 같다. 교원의 근무성정평정 기준은 <표 5-3>과 같이 「교육공무원 승진규정」(대통령령 제29180호, 2018. 9. 18.)에서 규정하고 있다. 근무성정평정 기준에서 제시하고 있는 교원 역할과 자질은 크게 공무원으로서의 태도, 학습지도, 생활지도, 전문성 개발 및 담당업무로 구분된다. 이들 영역들을 세 가지 교양과 연결해 보면, 공무원으로서의 태도는 일반교양에, 학습지도와 생활지도는 교과교양에, 전문성 개발 및 담당업무는 교직교양과 일맥상통한다고 하겠다.

<표 5-3> 근무성적평정 기준을 통해서 본 교원의 역할과 자질

구분	내용
공무원으로서의 태도	교육자로서 품성을 갖추고 직무에 충실한가
	공직자로서 사명감과 직무에 관한 책임감을 갖고 솔선수범하는가
학습지도	수업교재 연구를 충실히 하는가
	학생 수준에 적합한 수업계획을 수립하는가
	학생들이 수업에 적극적으로 참여할 수 있도록 분위기를 조성하는가
	학생의 능력과 수준에 적합한 질문을 제시하는가
	학생들을 학습활동이나 과제 수행에 적절히 참여시키는가
	학생 특성과 요구에 적합한 수업자료 및 매체를 활용하는가
	학생의 이해도와 참여도를 수시로 점검하는가
	평가 결과를 수업개선을 위한 자료로 적극 활용하는가
생활지도	학생 개개인의 특성을 파악하기 위하여 노력하는가
	상담을 통해 학생이 당면한 문제를 원만히 해결할 수 있도록 지원하는가
	학생의 적성과 특기를 고려하여 진로·진학 정보를 제공하는가
	학생들이 학급에서 친구들과 잘 어울려 생활하도록 지도하는가
	안전사고 및 학교폭력을 예방하기 위한 교육을 실시하는가
	학생들이 올바른 기본생활습관(언어, 행동, 예절, 질서 등)을 기르도록 지도하는가
	학생들이 건전한 가치관과 도덕성을 갖추도록 지도하는가

구분	내용
전문성 개발	전문성을 높이기 위한 연구활동에 적극적인가
	전문성을 높이기 위한 연수활동에 적극적인가
담당업무	담당 업무를 정확하고 합리적으로 처리하는가
	담당 업무를 창의적으로 개선하고 조정하는가

출처: 「교육공무원 승진규정」(대통령령 제29180호, 2018. 9. 18.)의 별지 제4호서식 참조

다. 미래사회에 요구되는 교원의 핵심 역량

교원의 핵심 역량에 대해 여러 관점들이 있으나 교원의 핵심 역량을 창의 인재 육성을 위한 교수학습 역량, 올바른 인성 함양을 위한 생활지도 역량, 변화하는 환경과 요구에 부응하는 리더십 역량 등으로 구분하여 제시한다.

1) 창의 인재 육성을 위한 교수학습 역량

오늘날 사회는 창의적 핵심 역량을 갖춘 인재를 필요로 한다. 창의적 인재 육성은 효과적이고 적합한 교육과정, 수업 및 평가를 수행할 수 있는 교원의 역량과 질적 수준에 달려 있다.

우리 교육은 창의적 융합 인재 육성을 위하여 2015 개정교육과정을 도입 운영하고 있다. 2015 개정교육과정의 실현을 위하여 STEAM(융합인재교육: Science, Technology, Engineering, Arts & Mathematics), 성취기준평가, 문・이과 통합 교육과정 운영에 교육체제를 최적화하고 있다.

STEAM은 과학, 기술, 공학, 예술, 수학 등 교과 간 통합적 교육방식으로 다양한 분야의 학습내용을 융합적으로 재구성하여 학습하게 함으로써 학생들의 창의력과 실천력을 배양하는 교육이다. STEAM은 최신의 급변하는 융합 기술 변화에 대처하는 역량을 계발하고 통합적・체계적 사고를 통해 미래사회 변화를 예측하고 적응할 수 있는 능력을 배양할 수 있다.

창의·인성교육의 실현 정도를 가늠할 수 있는 평가체제인 성취기준평가제가 실시되고 있다. 2014학년도부터 과목별·학년 단위로 상대평가 체제에서 성취기준·평가기준에 따라 학생의 학업성취 수준을 평가하는 성취평가제로 전환될 것이다. 이에 따라 교사는 단위학교별 성취기준 설정과 그에 적합한 평가기준 및 방법에 정통할 필요가 있을 것이다.

따라서 교사들은 현행 교육체제가 안고 있는 문제들, 즉 획일화된 교육과정, 지식 암기식 수업, 암기내용 중심의 상대평가 등의 패러다임에서 벗어나 창의인재 육성을 위해 필요한 새로운 패러다임, 즉 수준별·개별화 교육과정, 창의적 사고와 문제해결을 강조하는 융합적 수업과 평가 등을 실천할 수 있는 핵심 역량을 발휘할 수 있는가를 파악할 수 있다.

2) 올바른 인성 함양을 위한 생활지도 역량

우리 교육의 최대 현안은 학교폭력으로 인한 어린 학생들의 자살사건에 이어 연일 발생하는 학교폭력을 예방하는 데 있을 것이다. 학교폭력은 더욱 흉악해지고 있으며 학교폭력 가해자의 연령도 저연령화되는 추세에 있고 집단화되는 경향이 나타나고 있다. 학교폭력은 피해학생이든 가해학생이든 지적·정서적·신체적·사회적 발달과 성장에 치명적인 영향을 미치고 있으며 또한 학교폭력을 다루고 예방해야 하는 교사들도 상당한 스트레스에 직면하고 있다.

이러한 점에서 우리 교육은 창의성을 지닌 학생 육성이라는 과제와 함께 사람과 사람과의 공존과 평화를 추구하는 인성을 지닌 학생 육성이라는 과제를 안고 있다. 다시 말해서, 우리 교육은 전인적이고 도덕적인 품성을 기초로 하여 스스로 생각하는 능력의 확장을 통해 주어진 문제를 해결해 나가는 학생의 양성이라는 과제를 해결해야 할 것이다.

따라서 교사는 올바른 인성과 도덕적인 판단력을 구비한 사람과 사람, 사람과 환경 간에 공생·소통하는 인간을 육성하기 위하여 학생들을 올바른 인성과 도덕적인 판단력을 구비한 창의적 인재로 육성하기 위한 교육 프로그램을 마련함과 동시에 학생들의 생활과 학업을 상담 조언할 수 있는 전문적 역량과 기술을 지니며 실천해야 할 것이다.

3) 변화하는 환경과 요구에 부응하는 리더십 역량

교직 관련 정책 환경은 시장기제 도입을 통한 학교 간의 경쟁을 강화하여 학교 프로그램의 특성화를 유도하기 위한 자율성 정책과 함께 국가 수준의 교육과정과 학업 표준 설정과 학교평가, 교사평가, 학업성취도 평가 및 정보공시제 등과 관련된 책무성 정책을 강조하고 있다.

교직은 끊임없는 학교개선과 변화의 요구를 받고 있으며 이에 따라 교직도 '새로운 전문성주의(new professionalism)'을 추구할 필요가 있다. 새로운 전문성주의는 상호조언과 협동에 기반한 전문적 공동체 형성과 평가 데이터의 공유와 공동 학습을 통해 개인적 집단적 교직 실천행위를 반성하여 학교개선 및 효과성을 증대하는 데 있다. 새로운 전문성주의는 모든 학생들을 위해 질적 수준이 높고 공평한 교육 원리를 실천해야 한다는 믿음을 지녀야 하며, 학생의 학습과 프로그램을 모니터링하여 개선하고자 다양한 유형의 데이터를 활용하며, 저소득 학부모와 학생의 안녕과 성공을 위한 숙고와 노력을 경주하는 것이다. 새로운 전문성주의는 적절한 정보와 데이터를 활용하여 생산적이고 반성적인 데이터 의사소통을 함으로써 학교의 프로그램 효과와 학생의 학업 개선을 멘토, 교육과정 개발자, 의사결정자, 문제해결자, 변화촉진자, 그리고 현장 연구자로서 그 역할을 수행할 필요가 있다.

결국 교사는 적극적이고 능동적인 리더로서 새로운 전문성주의를 실천하기 위하여 학교 문화를 형성하고, 학생학습을 개선하고, 수업 전문가, 교육과정 전문가, 학습촉진자, 멘토, 데이터코치 등의 다양한 역할을 수행할 수 있는 역량을 발휘할 필요가 있다(이병환 외, 2012: 21-24).

2. 교원의 전문성 신장을 위한 노력

가. 장학의 기초

1) 장학의 개념 및 목적

장학의 어원적 개념은 영어로 supervision이며, 이는 superior와 vision의 합성어이고 '높은 곳에서 우수한 사람이 본다'는 뜻으로서 감독 또는 감시를 의미한다. 이처럼 초기에 장학은 감독적 차원에서 학사에 관한 사항을 감독·시찰하는 활동으로 이해되었다. 그러나 민주화와 자율화의 시대적 발전에 따라 오늘날 장학의 개념은 크게 변모되었으며, 관점에 따라 다양하게 정의되고 있다(이윤식, 1999). 또한, 유럽에서는 Inspection이라는 용어를 많이 쓰는데, 이는 '안으로(in) 자세히 들여다본다'라는 의미를 지니며, 시학(視學)이라는 의미를 내포하고 있다. 장학의 한자로는 奬學으로서, '학문을 장려한다'는 의미이다(박종렬 외, 2009). 이상에서 볼 때, 어원적으로 장학은 고전적인 의미의 감시·감독의 개념으로 인식되어 왔으며, 학교교육 현장에서 이루어지고 있는 교육활동들을 우수한 사람이 지도·조언하는 과정으로 해석할 수 있다.

장학의 개념은 다양한 학자들에 의해서 정의되고 있는데, 먼저 근대적인 장학의 개념을 처음으로 정의한 버턴(W. H. Burton)은 장학을 '교수행위의 개선, 현직교사의 성장, 교육과정의 선정과 조직, 교사의 평가와 관련된 제 활동이다'라고 정의하였다. Harris(1985)는 장학을 학생들의 학습을 돕고자 동원하는 수업과정에 직접적으로 영향을 주는 방식으로 학교를 경영해 나가거나 변혁을 가져오도록 인적·물적 요소를 다루는 일이라 하였다.

또한, 장학은 정의하는 관점에 따라서 교육행정의 일부 혹은 연장으로 보는 입장, 교육과정 개발의 측면에 강조점을 두는 입장, 수업에 초점을 두는 입장, 교사와 장학 담당자의 인간관계에 초점을 맞추어 정의하는 입장, 경영의 한 형태로 정의하는 입장, 지도성의 측면에서 정의하는 입장 등으로 구분할 수 있다(Wiles & Bondi, 1983). 즉, 장학에서 포함하는 중요한 개념이 교육행정의 부분, 교육과정 개발, 수업, 인간관계, 경영, 지도성 등이며, 장학의 궁극적인 목적은 수업의 질 개선이라 할 수 있다.

김종철(1985)은 장학의 개념을 법규면, 기능면, 이념면의 세 가지 접근방법으로 설명하였으며, 그 구체적인 내용은 첫째, 법규면의 접근 방법은 교육인적자원부 직제에 의한 교육정책실의 업무에 관련된 활동을 의미한다. 즉, 장학행정이란 교육인적자원부를 중심으로 하여 전국적으로 행하는 활동으로써 교육활동 전반에 관한 장학행정의 수립, 교과과정과 생활지도의 운영감독, 교육공무원 · 학생의 지도, 교육연구에 관한 사항 등을 포함하는 개념이다. 이는 장학에 교육전반에 걸친 기획, 조사, 연구, 지도, 감독하는 일을 포함한다. 둘째, 기능면의 접근 방법은 현실적인 장학의 기능을 고려하면서, 교사로 하여금 건전한 교육철학의 수립, 교육운영과 기획 및 평가를 돕는 제반활동, 학습 환경을 개선하는 일 등을 포함한다. 셋째, 이념면의 접근은 선진국의 장학의 이념을 설명하려고 하였다. 이 방법에 의한 장학의 개념은 Harris나 Wiles의 정의에서처럼 장학을 '교수-학습지도의 개선을 위하여 제공되는 지도 · 조언'으로 보았다. 우리나라의 법규나 현실적 장학활동 기능의 분석보다도 선진국의 교육이론 및 이념을 토대로 하여 새로운 장학개념을 도입하려는 노력일 것이다.

이상에서 볼 때, 장학은 학교 교육현장에서 교사의 전문성 신장을 도모하고 교수 · 학습방법 개선을 통하여 학생들의 학업성취 능력을 향상시키며, 학교교육 목표를 달성하기 위한 장학담당자와 교사들 간에 이루어지는 전문적인 교육개선 활동이라고 할 수 있다(김덕희, 2006). 즉, 장학은 학교의 발전을 위하여 교육의 주체인 교사의 교수 · 학습의 질 개선에 초점을 두고 학생들의 학업성취 능력을 향상시키기 위한 전문적인 개선활동이라 볼 수 있다.

이러한 장학의 관점을 바탕으로 하여 장학의 목적을 살펴보면, 장학의 목적은 교수-학습의 질을 개선시켜서 학생들의 바람직한 성장에 도움을 주기 위함이다. 장학은 모든 교사들이 전문성을 성장시켜 나가도록 지도하고 조력하여 궁극적으로 교육의 수월성을 이루도록 교사들을 지원하고 유지시키는 일이다(Beach & Reinhartz, 2000). 즉,

장학은 교수 - 학습의 질을 높이는 데 주된 관심이 있으며, 이러한 목적을 달성하기 위하여 교사의 일생 동안의 발달을 증진시키는 데 그 의의가 있다.

백현기(1964)는 장학활동이 교사를 위한 지도·조언 활동으로 교육의 향상을 가져오기 위한 것임을 강조하면서 장학의 목적을 다섯 가지로 제안하였다. 그 내용은 첫째, 교사의 자주성 함양, 둘째, 교사의 문제 분석력 함양, 셋째, 교사의 안정감 유지, 넷째, 지역사회와의 관계 개선, 다섯째, 교사의 건전한 교육철학 발전에 기여 등이다.

또한, 장학에 대한 가치와 목적에 대한 여러 학자들의 견해를 정리하여 장학이 지향해야 할 목적을 제시하면 다음과 같다(김정한, 2009).

첫째, 장학의 목적은 교육의 질적 수월성 제고로서, 장학의 본질 중 가장 중요한 목표는 교수 - 학습의 질을 높여서 교육의 질적 수월성을 도모하는 것이다. 장학담당자는 수업의 효과성을 높이도록 자극하고, 바람직한 프로그램을 스스로 개발하도록 고무시켜 주며, 교육과정의 개발과 운영의 개선을 유도하고, 교수 - 학습 환경을 개선해 줌으로써 교수 - 학습 개선을 통하여 학교 생산성이 제고될 수 있을 것이다.

둘째, 장학의 목적은 교사 개인의 직무 동기 부여로서, 장학은 교사들이 가르치는 일에 헌신하고 동기화되도록 하는 기능을 수행해야 할 것이다. 또한, 장학은 교사들이 학교조직의 목적에 적극적으로 기여하고자 하는 교육의 신념이나 가치를 내면화하도록 도와준다.

셋째, 장학의 목적은 교사의 전문성 신장으로서, 장학은 교사들이 학습자에 대한 이해와 교수 - 학습에 대한 이해를 넓히도록 도우며, 교수에 활용되는 기술과 지식을 확장해 나가도록 교사들을 유도한다. 장학담당자는 교사와 직접 상호작용을 통하여 교사를 조력하며, 기술적 및 심리적 지원을 해 주고 수업의 계획과 과정에 참여함으로써 수업 효과성을 최대한 높이는 데 기여한다.

넷째, 장학의 목적은 학교 효과성의 제고로서, 장학은 교수의 질을 관리하고 학습풍토를 조성하며, 참여적 의사결정과 양방향 의사소통이 이루어지도록 민주적 절차와 과정을 활용한다. 또한, 장학은 변화 지향적 지도성을 발휘하여 교사를 지원해 주며, 정책들을 개발함으로써 학교교육의 성과를 높일 수 있다.

즉, 장학의 목적은 교사 개인의 직무 동기 부여를 높이며, 교사의 전문성 신장을 통하여 교육의 질적 수월성 및 학교 효과성의 제고에 지대한 기여를 한다고 볼 수 있다.

2) 장학담당자의 역할

장학담당자는 교육행정과 장학의 근본정신을 염두에 두고 장학을 통하여 교사의 전문성과 교수・학습기술의 향상을 도와주고, 교육과정의 내용을 교육현장에 맞게 적용토록 하며, 학습 환경을 개선하여 궁극적으로 학생들의 교육목표 달성을 극대화할 수 있도록 노력해야만 한다. 특히 교육행정가로서의 장학담당자는 교사 개개인의 요구나 특성, 그리고 경험과 능력 및 발달단계를 고려하는 개별화된 선택적 장학을 수행하여 장학의 형태와 방법을 다양화해야 하며, 교사의 자율성을 최대한 신장시켜 나갈 수 있어야 한다. 그리고 교육행정은 조직성원들로 하여금 목표달성을 위하여 협동할 수 있도록 봉사하고 조성하는 것을 그 본질로 삼기 때문에, 교육행정가는 조직구성원들의 힘을 믿고 그들과 더불어 협동하려는 자세를 확립하여야 한다. 또한 상황이 허락하는 한 광범한 참여를 통하여 중지를 모아 결정을 내리고, 공식조직과 비공식조직을 모두 활용하여 인화조성과 과업수행을 조화시키며, 특히 구성원과의 원만한 인간관계 속에서 교육목표 달성을 위해 힘써야 할 것이다. 그리고 교육행정가로서의 장학담당자는 학교와 같은 교육조직은 전문가들로 구성된 봉사조직이라는 사실을 염두에 두고 지도성을 발휘해야 한다. 즉, 교육행정가로서의 장학담당자는 교원들의 잠재적인 성장가능성을 신뢰하고, 이를 계발하는 데 도움을 주어, 교육목표를 잘 달성할 수 있도록 도와주는 조력자라는 사실을 늘 염두에 두어야 한다.

나. 교내 자율장학

1) 교내 자율장학의 필요성

현대 사회의 특징은 정보화 교육의 강화, 교육 수요자의 참여 기회 확대, 단위학교의 자율적 경영, 다양한 교육 서비스 요구, 책무성에 대한 증대 등으로 대표되고 있다.

이러한 변화에도 장학 활동 여건과 분위기 조성의 미진으로 교내 자율 장학 활동의 중요성이 더욱더 강조되고 있다. 교내 자율 장학 활동은 단위학교에서 추진되고 있는 각종 교육 활동을 개선하기 위하여 이루어지고 있는 일련의 자율 장학 활동으로 교원 스스로 열심히 가르쳐야 하겠다는 의욕과 이를 뒷받침할 수 있는 교원 개개인의 수업 능력 신장에 초점을 둔 교육 활동이라고 할 수 있다.

수업의 질은 교사의 전문성에 의해 결정된다. 교사는 가르치는 일을 전문가답게 효과적으로 수행해 나갈 수 있는 능력을 갖추어야 하고, 수업의 질 향상을 위해서는 교내 자율 장학 활동이 활성화되어야 할 것이다.

따라서 교내 자율 장학은 단위학교에서 교육 활동 개선을 위하여 자율적으로 교장, 교감 중심으로 하여 전체 교직원들이 공동으로 노력하는 과정이기 때문에 교실 수업 개선 및 교육의 질 향상에 초점을 둔 장학 활동이 이루어져야 한다.

2) 교내 자율장학의 유형

가) 수업장학

수업장학의 목적은 수업자의 수업기술을 개선시킴으로써 학습의 효과를 제고시키는 데 있다. 즉, 교수・학습의 과정에서 교사의 수업방법과 기술을 어떻게 향상시켜 줄 것인가에 그 목적을 둔다.

학교중심의 수업 장학은 외부의 통제 없이 단위학교의 구성원들이 스스로 학교의 교육 활동 개선을 위하여 장학 활동을 계획하고 실천해 나가며, 그 결과에 대하여 스스로 책임지는 것을 말한다. 학교단위 수업장학은 단위학교가 주체가 되며, 학교의 인적 · 물적 조건 및 조직적 · 사회 심리적 특성을 기초로 하여 이루어지는 자주적 활동이다. 이 수업장학의 학교 중심성은 수업 장학의 기본적인 특성인 동시에 핵심적인 원리가 된다.

학교단위 수업장학은 교수 · 학습방법 개선을 통해 학생들의 학업성취 능력향상을 위해 직접 지원하는 전문적 봉사활동이다. 또한 공간적 범위가 단위학교 내에서 이루어진다는 점과 학교장을 중심으로 단위학교 교원들을 대상으로 한다는 점, 학교교육의 근본 목적이 학교교육과정 운영을 통한 학생들의 학업성취 능력 향상에 있다는 점, 수업방법 개선을 도모하기 위한 외적 조건의 구비가 필요하다는 점 등이 학교단위 수업장학의 영역이라 할 수 있다.

(1) 임상장학

임상장학(clinical supervision)은 현직교사의 수업기술 향상을 위한 교사의 전문적 성장과 교실수업의 개선에 근본적인 목적을 둔 장학의 중요한 방법으로 발전되어 오고 있다. 임상이라는 용어는 교실 내에서 교사의 실제 수업행동에 초점을 두는 것과 교사와 장학담당자 간의 대면적 관계가 중요함을 의미하고 교사의 수업행동에 대한 자세한 관찰, 관찰결과 얻어진 세밀한 자료, 교사와 장학담당자 간의 대면적 상호작용, 그리고 교사와 장학담당자를 친밀하고 전문적 관계로 결속하는 데 강조점을 두고 있다. 임상장학의 과정을 다음과 같은 단계로 나누어 설명할 수 있다.

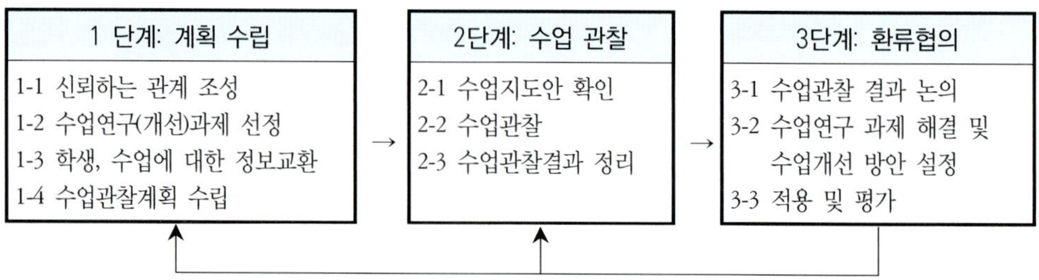

[그림 5-1] 임상장학의 모형

한편 임상장학보다 규모가 작으나 유사하게 운영될 수 있는 장학으로 마이크로 티이칭(micro-teaching)을 들 수 있다. 마이크로란 실제 수업상황을 교실의 크기, 대상 학생 수, 학습분량, 수업시간 면에서 축소시킨 수업체제이다. 초임교사나 교육실습생에게 있어 수업기술 향상시키는 중요한 수단임을 알 수 있다.

(2) 동료장학

동료장학은 수업의 개선을 위해 교사들이 서로 협조하는 장학의 형태이다. 이는 교사들 간의 서로의 경험을 공유함으로써 교수능력의 향상을 도모할 수 있을 뿐만 아니라 협동적 인간관계의 수립을 통해 동료 간의 유대와 공동성취감 등을 향상시킬 수 있다는 점에서 최근 그 중요성이 부각되고 있다. 동료교사들은 대상교사 및 대상학생들의 장단점을 잘 알고 실제적 경험을 바탕으로 지도 조언할 수 있다는 점에서 그 효과를 배가시킬 수 있는 있다는 장점과 가능성을 가지고 있다.

동료장학의 모형은 다음과 같다.

1단계: 계획수립		→	2단계: 수업관찰	→	3단계: 환류 협의
〈1차 협의〉 1-1 자율적·협력적 관계 조성 1-2 수업공개자 (연구발 표자) 선정 1-3 수업연구 (개선)과제 선정 1-4 학생·수업에 대한 정보 교환	〈2차 협의〉 1-5 상호 사전 교재 연구 1-6 수업지도안 협의·작성 1-7 역할분담·수업 관찰 계획 수립 〈3차 협의 가능〉		2-1 수업지도 확인 2-2 역할분담에 따른 수업 관찰 2-3 수업관찰 결과 정리		3-1 수업관찰 결과 논의 3-2 수업연구과제 해결 및 수업 개선 3-3 적용·평가

[그림 5-2] 동료장학의 모형

(3) 약식장학

약식장학은 단위학교의 교장이나 교감이 간헐적으로 짧은 시간 동안 학급순시나 수업참관을 통하여 교사들의 수업 및 학급경영활동을 관찰하고 이에 대해 교사들에게 지도조언을 제공하는 과정을 말한다. 약식장학은 단위학교에서 일상적으로 빈번하게 수행되기 때문에 일상장학이라고 부른다. 약식장학의 모형은 다음과 같다.

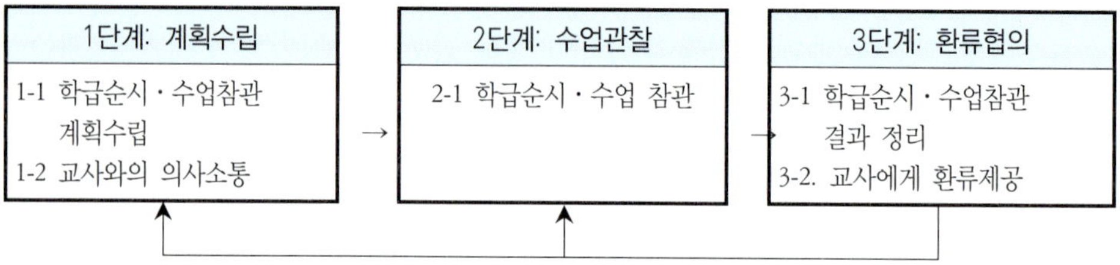

[그림 5-3] 약식장학의 모형

(4) 자기장학

자기장학은 외부의 강요나 지도에 의해서가 아니라 교사 스스로가 자신의 전문성 신장을 위해 스스로 계획을 수립하고 실천해 나가는 것을 말한다. 자신의 수업녹화 비디오테이프, 학생들의 교수평가, 전문서적이나 컴퓨터의 정보, 대학원과정이나 워크숍 참여, 관련된 전문인사의 자문과 조언 등을 선별적으로 활용할 수 있을 것이다. 자기장학의 모형은 다음과 같다.

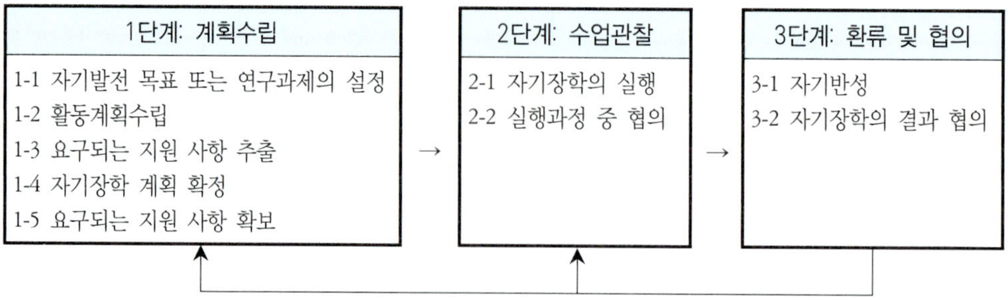

[그림 5-4] 자기장학의 모형

나) 자체연수

교직원들의 교육활동의 개선을 위하여 그들의 필요와 요구에 기초하여 학교 내·외의 인적, 물적 자원을 활용하여 단위학교 자체로 실시하는 연수활동을 의미한다. 학교 주도의 각종 연수활동, 수업장학, 동료장학, 자기장학의 결과 자체연수 때에 이루어지는 발표나 교사들과 행정, 관리직원들 간 공동 과제에 대한 연수, 행정 관리의 특정 업무에 대한 연수 등의 형태로 이루어진다.

다. 수업 컨설팅

1) 수업 컨설팅의 개념

수업 컨설팅(instructional consulting)은 '① 학교의 수업방법 개선에 목적을 두고 ② 교육기관 및 학교 구성원의 의뢰에 의해 ③ 학교수업에 전문성을 가진 사람들이 ④ 학교수업 문제를 진단하고, 수업과정의 문제해결 대안을 제시하고, 수업전문성 해결에 필요한 다양한 방법과 자원을 활용하여 교원들의 수업 역량을 제고하기 위한 ⑤ 자문·지도하는 전문적 지원 활동'이라고 정의할 수 있다.

2) 수업 컨설팅의 유형

가) 수업 관찰형

• 의뢰기관의 수업 방법 개선 과제에 관해 컨설팅 실시

신청	사전 협의	수업관찰·분석	피드백	결과 보고
• 컨설팅 의뢰 • On-offline 신청 • 컨설턴트 선정	• 수업자와 협의 • 수업참관 협의 • 참관 기준 설정	• 수업 참관 • 결과 - 분석 - 기록 - 영상 촬영 등	• 분석 결과 안내 • 개선안 제시 • 비평하기	• 결과 정리 • 후속 수업반영 • 결과 보고

나) 수업 문제 해결형 - 의뢰기관의 의뢰 문제 해결 중심의 컨설팅 실시

의뢰 - 접수	진단 - 준비	대안 결정	실 행	결과 분석	피드백 보고
• 의뢰 접수 • 계획 설명 - 일정 협의	• 사전 협의 • 문제 파악 • 컨설팅준비	• 대안 설정 수업설계 · 공동수업 - Micro-Teaching	• 수업 시연 • 수업 참관 • 관찰 분석	• 결과 분석 • 대안 설정 • 비평 하기	• 재수업설계 • 수업 적용 • 결과 정리

다) 약식장학형 컨설팅 - 의뢰기관의 요청 과제에 대한 약식 절차로 컨설팅 실시

계획	→	자율 선택	→	실 행	→	마무리
• 기본 계획 • 방향 제시 - 분위기 조성		• 희망 - 신청 • 방법 선택 • 관계 형성		• 동료 장학 • 학습동아리 • 멘토링 • Micro-Teaching		• 결과 분석 • 성찰 결과 반영

3) PIE 수업 컨설팅 모형

수업 컨설팅은 여러 가지 방법과 절차로 실시하나 전술한 바와 같이 PIE모형에 의해서 실시하는 것이 일반적이며 PIE란, Preparation Stage(준비단계), Implementation Stage(실행 단계), Evaluation Stage(평가 단계)로 구분할 수 있다.

컨설팅 단계		주요 내용	
Ⅰ. 준비 단계 (Preparation Stage)	→	Ⅰ-1 첫 만남	• 의뢰인의 컨설팅 의뢰 • 컨설턴트의 접수
		Ⅰ-2 사전 문제 확인	• 의뢰인의 문제 예비 조사 • 의뢰인의 문제 파악 • 컨설팅 내용 확인
		Ⅰ-3 컨설팅 수행 계획 제안	• 컨설턴트 선정 • 컨설팅 일정 및 방법 계획
		Ⅰ-4 협약	• 컨설팅 내용, 일정, 방법 협약
↓			

Ⅱ. 실행 단계 (Implementation Stage)	→	Ⅱ-1 진단	• 자료 수집 및 분석 • 문제의 진단
		Ⅱ-2 문제 해결 실행 계획 수립	• 문제 해결 방안 개발 • 문제 해결 전략 수립
		Ⅱ-3 문제 해결	• 문제 해결 대안 실행
↓			
Ⅲ. 평가 단계 (Evaluation Stage)	→	Ⅲ-1 컨설팅 평가	• 컨설팅 과정 평가 • 컨설팅 결과 평가
		Ⅲ-2 피드백	• 컨설팅 전 과정에 평가 결과 피드백
		Ⅲ-3 보고서 작성	• 컨설팅 보고서 작성

라. 교원의 연수

1) 교원연수의 의의

교원은 전문성 신장을 위하여 임용 직후부터 정년퇴직에 이르는 기간 동안 많은 연수를 받고 있다. 교원연수는 정체된 사고에 활력을 불어 주고 새로운 교수기법이나 학습모형을 알려준다. 교원들은 시대에 뒤처지지 않기 위해서 혹은 보다 자신감 있는 모습으로 학생들 앞에 서기 위한 자발적 동기에 의해서 교원연수에 참여하게 된다. 「교육공무원법」 제38조 1항에 '교육공무원은 직책을 수행하기 위하여 부단히 연구와 수양에 노력해야 한다'고 명시하여 교원의 생애를 통한 계속교육으로서 교원연수의 중요성을 강조하고 있다.

일반적으로 교사교육이라고 하면 교직에 입문하기 전에 대학에서 받는 직전교육(職前敎育)과 교직에 입문한 이후 받는 현직교육을 모두 포함한다. 특히 교직에 입문한 이후 현직에서 받는 재교육과정을 '교원연수'라고 부른다. 현직에서 받는 재교육과정에서는 교원연수기관에서 실시하는 직무연수나 자격연수뿐만 아니라 단위학교에서 실시하는 연구수업이나 교과연수와 교사가 개인적으로 수행하는 연구 활동과 대학원 수업 등도 모두 포함된다. 그러나 협의의 교원연수는 자격연수, 직무연수, 특별연수

등의 교원연수기관에서 실시하는 공식적인 연수를 의미한다.

전문가로서 교원의 능력 배양 뿐 만 아니라 실질적으로 교원의 자격, 즉 1급 정교사, 교감 또는 교장 자격증을 취득하려면 반드시 교원연수 과정을 거쳐야 한다. 그리고 「교원 등의 연수에 관한 규정」 제8조의2에 나타나 있듯이 교원연수의 실적은 학점화하여 기록·관리됨으로써 승진의 중요한 요인으로 작용한다. 따라서 교원연수는 교직생활의 전 과정에 걸친 계속적인 재교육을 통하여 전문가로서 능력을 배양할 수 있고 이를 기반으로 교사, 교감, 교장으로 승진할 수 있는 발판을 제공한다는 점에서 그 의의가 크다.

2) 교원연수의 종류

가) 직무연수와 자격연수

교원연수는 크게 직무연수와 자격연수로 구분된다.

첫째, 직무연수는 교육의 이론·방법 및 직무수행에 필요한 능력 배양을 목적으로 시행되는 연수이다. 직무연수의 내용은 새로운 교수방법연수, 논리논술연수, 컴퓨터 활용능력 연수 등과 같이 매우 다양하다. 직무연수는 연수시간 또는 학점에 따라서 구분되는데, 15시간 1학점을 기준으로 60시간(4학점), 45시간(3학점), 30시간(2학점), 15시간(1학점) 등과 같이 네 가지 유형으로 세분화된다. 교육청 직속의 연수기관에서 이루어지는 직무연수는 학교나 교육청에서 연수경비가 지원되지만 일반 연수기관에서 개인적 희망에 의해 이루어지는 자율적 직무연수(원격연수 포함)는 교사가 연수경비를 지불한다.

둘째, 자격연수는 교원의 자격을 취득하기 위한 연수다. 자격연수는 취득하고자 하는 자격증의 유형에 따라서 2급 정교사 자격연수, 1급 정교사 자격연수, 전문상담교사(1급) 자격연수, 사서교사(1급) 자격연수, 보건교사(1급) 자격연수, 원감 자격연수, 원장 자격연수, 교감 자격연수, 교장 자격연수 등으로 구분된다(송기창 외, 2009). 각각의 자격연수에 참여할 수 있는 연수대상자의 선발에 관한 사항 및 연수의 내용은 「교육부령」으로 정하도록 되어 있다.

나) 특별연수

특별연수는 전문지식 습득을 위한 국내외 특별연수 프로그램을 의미한다. 특별연수는 직무연수나 자격연수와 달리 일정 기간 현직에서 벗어나 국내외의 교육기관 또는 연수기관에 일정 기간 체류하면서 실시된다. 특별연수자로 선발되는 기준은 ① 교직관과 국가관 ② 근무성적 ③ 학력 및 경력 ④ 연수 후 상당 기간 근무 가능성 ⑤ 외국이 능력(국외연수의 경우) 등이 있다.

특별연수자는 연수 이후에 직무에 복귀하여야 한다. 6개월 이상 특별연수를 받은 교원의 경우 6년의 범위 내에서 연수기간과 동일한 기간을 연수 분야와 관련된 직무 분야에 복무해야 하는 의무를 진다. 국내에서 일과 후에만 실시하는 특별연수의 경우에는 연수기간의 5할에 해당하는 기간을 의무복무기간으로 한다. 복무를 다하지 않을 경우 지원된 경비의 전부 혹은 일부를 본인 또는 연대 보증인이 반납해야 한다.

다) 출석연수와 원격연수

교원연수는 수업방식에 따라서 출석연수와 원격연수로 구분된다. 출석연수는 방과 후 시간이나 방학 기간 동안 연수기관에 출석하여 강사와 면 대 면으로 진행되는 연수를 말한다. 출석연수는 강의실에 직접 모여서 수업을 하기 때문에 집합연수라고 불리기도 한다. 많은 직무연수가 여전히 출석연수로 진행되고 있으며, 자격연수는 출석연수를 원칙으로 한다. 출석연수의 경우 강의내용이 주는 공식적인 연수 효과 이외에 연수생 간 비공식적 모임의 활성화, 교수자와 학습자의 직접 대면에 따른 다양한 상호작용 증진 등의 효과가 있다. 반면에 일정 기간 특정 장소에 출석해야 한다는 점에서 강의 참여의 제약을 받는다.

첨단정보매체의 발달로 1990년대 중반 이후 교원연수에 원격수업방식이 도입되었다. 따라서 전국 각지의 교원들이 장소나 시간의 제약 없이 자신이 참여하고자 하는 연수를 선택할 수 있다. 원격연수는 방송대학에서 진행되는 TV나 원격화상회의 방식의 연수와 '사이버연수', '온라인연수', '웹기반연수', '전자훈련(E-training)' 등과 같은 인터넷을 활용한 연수가 있다.

원격연수의 경우 원격교육연수원을 통하여 전적으로 온라인상에서 연수가 진행되기도 한다. 그러나 출석연수의 경우에도 연수시간의 일부를 원격연수방식, 즉 온라인으로 진행되기도 한다. 예를 들면, 교감자격연수에서 일부 시간을 동영상 온라인 강의로 대체하기도 한다. 한편 원격연수로 진행되는 60시간(4학점) 이상의 직무연수의 경우 연수성적이 승진점수로 활용된다는 점에서 최종평가는 특정 강의실에서 출석으로 진행하는 것이 일반적이다.

원격연수의 등장으로 교원들은 학기 중에도 직무연수를 받을 수 있게 되었다. 그리고 방학 중에도 2개 이상의 연수를 동시에 받을 수 있게 되었다. 예를 들면, 출석연수에 참여하면서 관심 분야의 원격연수를 동시에 받거나 서로 다른 내용의 2개 원격연수를 받을 수 있게 되었다. 단, 모든 연수의 성적을 승진점수로 활용할 수 있는 것은 아니다(송기창 외, 2003).

3) 교원연수의 방향

교원들의 연수 참여 여부는 개인의 지식보유 정도나 경력, 담당과목이 개정 교육과정에 의해 영향받는 정도, 그리고 학교 여건이나 풍토나 분위기에 따라 달라질 수 있을 것이다. 그러나 교원들은 다양한 연수과정 가운데 자신의 관심을 토대로 내용을 선택하며, 관심이 높은 분야일수록 자발적으로 활동에 참여한다는 점에서 교육과정에 대한 교원들의 관심이야 말로 연수에 대한 참여의지를 높일 수 있는 전제 조건이라고 가정할 수 있다.

최근 교원연수는 교육청 주관의 강의식 위주의 전달식 연수에서 탈피하여 현장의 요구를 반영하는 자발적인 연수의 필요성이 높아지고 있다. 그 이유는 기존의 교원연수는 관주도하의 획일적이고 일방적인 연수 내용 제공, 일방적인 강의식 방법, 교원의 요구 반영 미흡, 교수나 전문직 위주의 강사 선정 등의 이유로 현장 교원의 요구를 반영하지 못한다는 지적이 많았기 때문이다. 따라서 교원연수체제는 현장 교원의 전문성을 신장함과 동시에 교육정책의 현장 실천의 효과를 높일 수 있는 방향으로 변해야 할 것이다.

지금까지 논의를 토대로 교원연수의 미래 방향을 제시하면 다음과 같다.

첫째, 교육청의 비전과 인재상에 기초하여 교원연수의 비전이 체계적으로 수립되어야 한다. 교원은 교육청이 추구하는 비전을 달성할 인적자원이며, 이들에 대한 구체적인 기대가 인재상이다. 단위 교육청에서는 교육청의 비전과 인재상을 계속적으로 확인하고 재설정하는 과정이 필요하며, 이를 바탕으로 교원연수의 비전이 구체적으로 수립될 때 효과적인 교원연수 계획이 수립될 수 있다.

둘째, 교원연수의 비전에 부합하는 프로그램이 개발되어야 한다. 교원연수의 비전을 달성하기 위하여 집중적으로 실시할 프로그램이 전체적인 관점에서 개발되어야 한다. 이러한 교원연수 프로그램에는 '교원의 주도적 학습', '동료 교원과의 협력적 학습', '현장의 실행과 연계된 학습'과 같은 교원 전문성 개발을 위한 중요한 요소가 포함되어야 한다. 예컨대 단위학교 교원들이 함께 문제해결을 경험하고 실행하는 연수, 학습공동체를 통한 학습과 학습 성과 확산 등은 효과적인 연수 프로그램이 될 수 있다.

셋째, 개발한 교원연수체제 실행을 위한 추진전략이 구안되어야 한다. 교원연수체제의 실행은 이를 가능하게 하는 제도적, 정책적 환경 속에서 효과적으로 작동할 수 있다. 교원 전문성 개발을 위한 교원연수는 특정 부서의 일이 아닌 전 교육청의 일이라는 관점에서 조망되어야 하며, 연수 외에도 장학, 멘토링, 컨설팅, 교사 네트워크 등 교원 전문성 개발과 관련된 모든 활동이 종합적으로 연계되어야 한다.

discussion

토의 주제

01 미래사회에 요구되는 교원의 핵심역량에 대하여 설명하고 토의해 보자.

02 장학의 개념 및 목적에 대해 현대 학자들이 말하는 공통적인 부분을 교사의 관점에서 설명하고 토의해 보자.

03 교원들의 연수 참여 여부는 개인의 지식보유 정도나 경력, 담당과목이 개정 교육과정에 의해 영향 받는 정도, 그리고 학교 여건이나 풍토나 분위기에 따라 달라질 수 있을 것이다. 최근 교원연수는 교육청 주관의 강의식 위주의 전달식 연수에서 탈피하여 현장의 요구를 반영하는 자발적인 연수의 필요성이 높아지고 있다. 이러한 기조를 바탕으로 미래 교원연수의 방향에 대해 설명하고 토의해 보자.

04 교직은 미성숙한 세대를 바람직한 인간으로 성장하도록 도와주는 사회적 활동이다. 궁극적으로는 전인교육을 통해서 한 사회의 구성원으로서 적응과 도전의 능력을 기르고, 개인의 자아실현을 목표로 하는 행위이다. 따라서 교직이 다른 직종과 구별되는 특성을 예를 들어 설명하고 토의해 보자.

05 교직의 전문성을 높이는 것은 교육과 사회에 어떤 영향을 미치게 된다고 생각하는지를 설명하고 토의해 보자.

06 학교교육과정 편성 및 운영

1. 교육과정의 개념과 유형

가. 교육과정의 의미

교육과정(curriculum)은 일정한 교육기관에서 교육의 모든 과정을 마칠 때까지 요구되는 교육목표, 교육내용, 그리고 그 내용을 학습하기에 필요한 연한과 연한 내에 있어서의 학습시간 배당을 포함한 교육의 전체 계획이다. 교육과정은 교과과정과 구별되는 개념이다. 교과과정은 학교의 지도하에 이루어지는 교과학습의 영역을 뜻하지만, 교육과정은 학교의 지도하에 이루어지는 교과학습 및 생활 영역의 총체를 의미한다.

나. 교육과정 설계: 포워드 모형과 백워드 모형

교육과정은 교육에 대한 철학, 관점이나 접근 방식에 따라 여러 유형들도 구분된다. 여기서는 포워드 교육과정 모형의 고전적 모형이라고 할 수 있는 타일러 모형과 최근 주목받고 있는 백워드 모형에 대해 살펴본다(권낙원, 김민환, 한승록, 추광재, 2011).

포워드 교육과정 설계에서 있어 고전적 접근인 타일러 모형은 '교육과정과 수업을 계획할 때 고려해야 할 네 가지 질문들을 그 핵심으로 하고 있다. 첫째, 학교가 달성해야 할 교육목표가 무엇인가(교육목표)? 둘째, 목표를 달성하기 위하여 어떤 학습경험을 제공해야 하는가(학습경험의 설정)? 셋째, 학습경험을 효과적으로 조직하는 방법은 무엇인가(학습경험의 조직)? 넷째, 목표가 달성되었는지 어떻게 알 수 있는가(학습 성과의 평가)? 포워드 모형은 교육목표가 설정되면 이를 토대로 학습경험의 선정과 조직이 이루어지고, 다음에 학습 성과에 대한 평가를 실시하며, 평가결과는 다시 교육목표설정에 송환되어 교육과정을 수정, 보완하는 과정으로 진행되어야 한다는 점을 강조한다.

반면, 백워드(Backward) 모형은 Tyler의 모형과 같이 교육목적설정 → 학습경험의 선정과 조직 → 교육평가로 이어지는 것과 달리, 교육목적설정 → 교육평가계획 → 학습경험 및 수업계획의 순서로 진행된다. 즉, 백워드 모형은 수업이 이루어지고 난 뒤에 평가를 하는 것이 아니라 학습경험 및 수업계획보다 평가계획을 먼저 세운다는 점을 강조한다. 다시 말해, 시험문제를 먼저 내 놓고 수업하는 것이다. 또한 백워드 모형은 현재 실시되고 있는 교육목표 설정 이후 그 성취기준을 설정하고 그에 따라 수업과 평가를 진행한다는 취지를 지닌 성취기준평가제와도 부합되는 모형이라고도 볼 수 있다.

다. 교육과정 유형

교육과정 유형은 일반적으로 교과중심 교육과정, 경험중심 교육과정, 학문중심 교육과정, 인간중심 교육과정, 잠재적 교육과정, 영 교육과정, 통합적 교육과정 등으로 구분된다(권낙원, 김민환, 한승록, 추광재, 2011). 교과중심 교육과정은 교과를 중심으로 교육과정을 조직하고자 하는 것이다. 이 입장은 교육을 문화로부터 다음 세대에 전달할 가치가 있는 것을 추출하고, 논리적으로 조직하여, 학습자들에게 전달하는 것을 강조한다. 교과중심 교육과정은 새로운 지식이나 사실을 설명하고 조직하는 데 논리적이고 효과적이며, 학생들의 지적 능력을 발전시키는 데 적합하며, 교과조직이 단순하고 명료하며 학습결과에 대한 평가가 객관적 기준에 따라 분명하게 이루어질 수 있는 장점이 있다. 반면, 교과조직이 학생들의 흥미나 필요 및 능력을 고려하는 심리적 조직에 적합하지 않고, 활동보다 교과체계에 더 관심을 갖고, 교과조직이 단편적이고 분과적인 관계로 지식을 통합하는 구조가 약한 단점을 지닌다.

경험중심 교육과정은 학생들이 앞으로 사회생활을 하는 과정에서 당면할 문제를 해결하는 문제해결능력이나 사고력 향상을 중시하며, 학생들의 사회적응능력을 신장하기 위해서 아동의 흥미와 필요에 맞는 교육을 강조한다. 그래서 실천을 통한 학습(learning by doing)과 반성적 사고(reflective thinking)를 강조하는 학습과정의 설계를 중시하며, 또한 강의보다는 관찰, 견학, 조사 및 토론 등 참여 중심 방법을 강조한다. 이는 최근 학습자 중심 수업의 이론적 근거이기도 하다. 경험중심 교육과정은 학생의 흥미나 필요를 바탕으로 함으로 자기주도적 학습, 실생활에서 경험할 문제에 대한 반성적 사고와 문제해결력 증진에 효과적이지만, 일반적인 법칙이나 원리 학습 부족, 기초학력의 저하 등의 문제를 지니고 있다.

학문중심 교육과정은 단순한 교과내용이나 아동의 생활경험보다는 학문에 내재해 있는 기본적인 아이디어, 개념, 원리를 중시하며, 사고방식이나, 사물을 보는 안목인 지식의 구조를 가르쳐야 한다는 점을 강조한다. 지식의 구조를 가르쳐야 할 이유는 학습자들이 기본 개념을 이해하면 교과를 쉽게 이해할 수 있고, 개별적 사실이나 지식들을 전체 구조 속에서 파악하지 않으면 쉽게 잊으며, 기본적 개념이나 원리를 학습하는 것이 전이효과가 크기 때문이다. 그래서 교과목의 지식의 구조를 학습하기 위해서 동일한 교과(구조, 개념, 원리)가 학년이 올라감에 따라 점차로 확대되어 가도록 조직하는 나선형 교육과정을 강조한다. 또한 교사의 주된 역할은 학생들이 교과의 기본 아이디어나 지식의 구조를 발견하도록 하여 탐구활동 과정에서 지적 희열과 같은 내적 동기를 유발하도록 올바른 탐구과정으로 안내하고 조언하는 것으로 본다. 그래서 학문중심 교육과정의 교수학습방법은 탐구활동, 실험, 토론 및 설명법 등이 주로 제공된다. 이러한 교육과정은 학문의 체계나 논리적 구조를 통해 지식의 체계적 습득과 이해, 탐구능력 배양과 고등정신 신장 등에 효과적이나, 모든 학생이 지식의 구조를 발견, 탐구하기가 어려우며, 모든 학생에게 사회생활에 유용한 지식과 경험을 제공하지 못한다는 한계를 지니고 있다.

인간중심 교육과정은 학생 개인의 전인적 성장과 통합 및 자율성, 즉 자아실현을 증진하도록 학생 개인의 능력을 최대한 발휘하고, 훌륭한 품성을 갖추며, 타인들과 바람직한 인간관계를 유지하여, 성공적인 사회생활을 영위할 수 있도록 돕는 교육활동을 강조한다. 이를 위해 교사는 학생들 스스로 자신을 발견하고 자율성을 실현하도록 개방적이고 독립적인 사고를 하며, 자기주도성을 실현할 수 있도록 돕는 역할을 수행해야 한다. 또한 평가에 있어서도 학습수행 결과보다는 학습이 이루어지는 과정에서 이루어진 수행에 대한 평가를 강조한다. 인간중심 교육과정은 자아실현을 위한 전인교육, 학습의 과정과 수행평가를 통한 학생의 자기주도성 신장 등에 효과적이지만, 인간중심 교육과정에서 무엇을, 왜, 어떻게 가르쳐야 하는가에 대한 구체적인 이론이나 방법을 제시하지 못한 한계를 지니고 있다.

잠재적 교육과정은 공식적 교육과정에서 의도하거나 계획하지 않았음에도 불구하고 수업시간 또는 학교생활 동안 학생들이 은연중에 배우게 되는 가치, 태도, 행동양식으로 경험되는 교육과정을 말한다. 예를 들면, 과학시간에 실험도구가 부족하여 개인실험 대신 조별실험을 시켰더니 학생들이 협동심이 길러진 경우에 해당된다.

영 교육과정은 공식적 교육과정(공적인 문서에 담긴 교육계획)에 속하지 않아서 학교에서 학생들이 배울 기회가 없는 교육내용을 말한다. 다시 말해서, 교육적으로 학습할만한 가치가 있는 내용, 학습자의 발달수준에 적합한 내용, 학교가 설정한 교육목적에 부합된 내용인데도 교육과정의 편성되어 있지 못해 학생들이 배울 기회가 없는 상태를 말한다.

통합적 교육과정은 교육내용의 통합을 의미하며, 나아가 학습자들의 학습 통합을 지향하고, 궁극적으로는 학습자들의 인격통합을 목적으로 한다. 통합적 교육과정은 여러 교과들을 새롭게 조직한다는 뜻이며, 분과된 상태로서의 교과 내의 통합이 아니라 여러 독립 교과가 서로 관련된 상태로서의 제3의 교육과정을 의미한다. 또한 그것은 실생활 문제를 중시하며, 이를 위해 학습과제, 프로젝트 주제, 토픽 등을 선정하고 개발하는 데 학생들이 직접 참여하며 그 평가도 단편적 지식이나 기능 습득을 파악하기 보다는 아동의 성장과정 그 자체에 둔다. 교육과정 통합의 유형은 여러 학자들에 의해 제시되고 있지만 Forgaty가 제시한 교육과정 통합 유형에 대해 소개한다.

〈표 6-1〉 Fogarty의 교육과정 통합 유형

통합차원	유형	통합방식	특징 및 사례
교과 내 통합	분절형	전통형 분과형 교육과정으로 하나의 교과에 초점을 두는 구성방식이다.	교과 그 자체가 통합된 것으로 본다.
	연결형	각 교과를 분리 조직해 가르치나 특정 주제나 개념 및 아이디어들을 서로 연결하는 구성방식이다.	분수 개념을 십진법이나 화폐 등에 연관
	동심원형	동심원 중앙에 가르칠 내용을 위치시키고, 관련 내용을 점차 확대하면서 통합하는 구성방식이다.	
교과 간 통합	계열형	서로 쉽게 묶여질 수 있는 두 교과나 학문영역의 통합에 적합한 것으로 통합 초기 단계에서 고려될 수 있는 방식이다. 개별 교과영역이 유지된 채 가르칠 주제를 계열화하거나 교과들을 병렬로 배열함으로써 학생들의 학습을 도와주는 구성방식이다.	주제 중심 통합
	공유형	독립적으로 존재하는 두 교과가 공유하고 있거나 중복되고 있는 개념, 기능, 태도 등을 각 교과 담당교사가 공동으로 수업계획을 세우고 가르치는 구성방식이다.	개념중심 통합, 특정 교과 내에서만 공유 수학과 과학교과에서 각 교사들은 두 교과가 공유하고 있는 자료수집 방법이나 도표 및 그래프 그리기 등을 함께 가르치는 경우
	거미줄형	특정 주제를 중심으로 다양한 교과에서 관련 있는 내용을 추출해 통합하는 구성방식이다.	과학이나 기술 교과의 기계 연구 등 주제 중심 통합
	실로 꿰맨 형	특정 사고기능을 목표로 설정하고, 이를 위해 모든 교과내용을 통합, 메타적 접근	예측이란 개념을 위해, 수학, 일기예보, 과학, 소설 등에서 사용하는 기술
	통합형	주요 교과에서 모두 중복되는 개념이나 기능 및 태도 등을 찾아내어 그것들을 혼합시키는 구성방식이다.	언어, 사회, 수학, 과학, 미술, 실과 등에서 각각 중요한 개념이나 기능 및 태도를 찾아내고, 이들 중에서 핵심적인 사항을 추출한 다음, 교과간 중복되는 내용 중심으로 통합
학습자 내부 통합	몰입형	모든 교과내용을 학습자의 관심과 전문지식에서만 보는 것	학습자 개인관점의 교과통합으로 극히 개인적임
	네트워크형	학습자가 전문적 안목을 갖고 다양한 학습을 여과하며, 외부 전문가들과 연계해 학습하는 것	건축가가 컴퓨터를 활용해 디자인하며, 실내 디자이너와 연계활동

2. 2015 개정 교육과정의 이해

가. 교육과정 운영에 따른 현장 동향

교육부는 2015년 9월 23일에 창의융합형 인재 양성을 목표로 하는 「2015 개정 교육과정」을 확정・발표하였다(교육부, 2015. 9. 23., 보도자료 참조). 2015 개정 교육과정 도입으로 교육 현장은 역량중심교육, 융합교육, 소프트웨어 교육, 학습자 중심 수업, 과정중심평가, 학생이해 및 상담, 진로지도 및 자유학기제와 교사리더십 및 배움의 공동체 등을 강조하고 있다. 그 주요 특징은 다음과 같다.

〈표 6-2〉 2015 **개정 교육과정 운영에 따른 현장 동향과 특징**

현장 동향	특징
핵심역량 계발을 위한 교육과정	핵심역량을 계발하기 위한 교과활동 및 창의적 재량활동 제공
창의융합인재 육성을 위한 통합 및 융합교육	문이과 통합을 위한 공통과목(공통사회, 공통과학) 운영과 교과간 통합/융합 수업을 통한 창의융합인재 육성
지능정보사회 대응을 위한 소프트웨어 교육	지능정보사회에 필요한 논리적 사고력과 창의력 증진을 위한 소프트웨어(SW) 교육 실시
학습자 참여를 강조하는 수업 제공	수업의 주체가 학습자가 되며, 학생의 참여를 강조하는 토의・토론, 액션러닝, 문제기반학습, 팀기반학습, 프로젝트수업, 플립러닝 등 구성주의 수업 방법의 활용
과정을 중시하는 수행평가	학생의 학습 수행에 대한 성취기준을 설정하고, 학습결과뿐 아니라 학습 과정을 중시하는 수행평가 실시
학생의 이해 및 돌봄을 위한 상담	장기결석, 학교부적응, 학교폭력 및 정서문제행동 치유 등을 위한 학생 상담 및 예방 프로그램 개발 운영 역량 개발
자유학기제 및 진로지도	학생들이 중간・기말고사에 대한 부담에서 벗어나 체험 중심의 교과 활동과 함께 장래 진로 탐색과 선택 지원
교사리더십과 전문적 학습공동체	현장 교육에 대한 현장 중심 전문가로서 갖추어야 할 리더십 함양과 함께 교직 현장에서 전문가들이 실천적 과정에 대해 함께 연구하고 성찰하는 전문적 학습공동체 운영

나. 핵심역량 강조

2015 개정 교육과정은 모든 학생들이 인문 · 사회 · 과학기술에 대한 기초 소양을 함양하여 인문학적 상상력과 과학기술 창조력을 갖춘 창의융합형 인재로의 성장을 목표로 하고 있다.

- **창의융합형 인재**: 인문학적 상상력, 과학기술 창조력을 갖추고 바른 인성을 겸비하여 새로운 지식을 창조하고 다양한 지식을 융합하여 새로운 가치를 창출할 수 있는 사람

2015 개정 교육과정에서 추구하는 인간상은 '자주적인 사람', '창의적인 사람', '교양 있는 사람', '더불어 사는 사람'이다.

- **자주적인 사람**: 전인적 성장을 바탕으로 자아정체성을 확립하고 자신의 진로와 삶을 개척하는 사람
- **창의적인 사람**: 기초 능력의 바탕 위에 다양한 발상과 도전으로 새로운 것을 창출하는 사람
- **교양 있는 사람**: 문화적 소양과 다원적 가치에 대한 이해를 바탕으로 인류 문화를 향유하고 발전시키는 사람
- **더불어 사는 사람**: 공동체 의식을 가지고 세계와 소통하는 민주 시민으로서 배려와 나눔을 실천하는 사람

2015 개정 교육과정은 교과와 창의적 체험활동, 그리고 학교생활 전반에 걸쳐 학생의 실제적 삶 속에서 무언가를 할 줄 아는 실질적인 능력을 함양하도록 핵심역량을 강조한다. 총론에는 '자기관리 역량', '지식정보처리 역량', '창의적 사고 역량', '심미적 감성 역량', '의사소통 역량', '공동체 역량' 등 6가지를 제시하였고, 교과 각론에는 총론의 역량과 연계하여 교과에 맞는 역량을 제시하고, 교과의 특성에 맞는 교육과정을 운영하도록 하고 있다.

- **자기관리 역량**: 자아정체성과 자신감을 가지고 자신의 삶과 진로에 필요한 기초 능력과 자질을 갖추어 자기주도적으로 살아갈 수 있는 능력
- **지식정보처리 역량**: 문제를 합리적으로 해결하기 위하여 다양한 영역의 지식과 정보를 처리하고 활용할 수 있는 능력

- **창의적 사고 역량**: 폭넓은 기초 지식을 바탕으로 다양한 전문 분야의 지식, 기술, 경험을 융합적으로 활용하여 새로운 것을 창출하는 능력
- **심미적 감성 역량**: 인간에 대한 공감적 이해와 문화적 감수성을 바탕으로 삶의 의미와 가치를 발견하고 향유할 수 있는 능력
- **의사소통 역량**: 다양한 상황에서 자신의 생각과 감정을 효과적으로 표현하고 다른 사람의 의견을 경청하며 존중하는 능력
- **공동체 역량**: 지역·국가·세계 공동체의 구성원에게 요구되는 가치와 태도를 가지고 공동체 발전에 적극적으로 참여하는 능력

다. 융합 교육과정

2015 개정 교육과정은 인문·사회·과학기술에 관한 기초 소양 교육을 강화한다. 이를 위해 초·중등 교과 교육과정을 개편하여 인문학적 소양을 비롯한 기초 소양 함양 교육을 전반적으로 강화하고, 특히 고등학교에 기초 소양 함양을 위해 문·이과 구분 없이 모든 학생이 배우는 공통 과목을 도입하고, 통합적 사고력을 키우는 '통합사회' 및 '통합과학' 과목을 신설 운영한다. 또한 학생의 진로와 적성에 따른 맞춤형 교육과정 운영이 가능하도록 선택과목을 『일반선택』과 『진로선택』으로 구분하였다.

- 『통합사회』는 초·중학교 사회의 기본 개념과 탐구방법을 바탕으로 지리, 일반사회(정치, 경제, 법 등), 윤리, 역사의 기본적 내용을 대주제 중심의 통합적 접근을 통해 사회 현상을 종합적으로 이해할 수 있도록 구성되는 과목이다. 이것은 복잡하고 급변하는 사회 현상에 대한 종합적 이해와 사회적 갈등 해결 능력 등을 함양하기 위해 토의·토론학습, 프로젝트 학습, 탐구 학습 등 다양한 활동 중심의 수업이 이루어질 수 있도록 구성된다.
- 『통합과학』은 중학교까지 학습한 자연과학의 핵심 개념을 적용하여 자연 현상을 통합적으로 이해하여, 미래 사회에 필요한 과학적 기초 소양을 함양할 수 있도록 학습 내용과 난이도를 재구조화하여 모든 학생들을 대상으로 한 필수과목이다. 이것은 여러 분야의 기초 개념의 융합과 동료 간 탐구 협업을 통해 새로운 가치 창출 및 역량 습득이 가능한 대주제 학습, 학교 밖 현장 체험을 통한 실생활 연계, 전통적인 과학-기술-사회 연계 STS 학습 등으로 구성된다.
- 『일반선택』: 고등학교 단계에서 필요한 각 교과별 학문의 기본적 이해를 바탕으로 한 과목으로, 기본 이수단위는 5단위이며 2단위 범위 내에서 증감 운영이 가능하다.
- 『진로선택』은 교과 융합학습, 진로 안내학습, 교과별 심화학습 및 실생활 체험학습 등이 가능한 과목으로, 학생들은 진로선택 과목을 통해 보다 심화된 학습이나 자신의 진로에 도움이 되는 과목을 배울 수 있으며, 기본이수단위는 5단위이고, 3단위 범위 내에서 증감 운영을 허용한다.

라. 학습자 중심 수업과 과정중심평가

2015 개정 교육과정은 학생의 핵심역량 개발하기 위해 토론학습, 협력학습, 탐구활동, 프로젝트학습 등 교과 특성에 따라 다양한 교수・학습이 이루어지면서 학생들의 활발한 수업 참여와 과정 중심의 수행평가를 강조하고 있다. 최근 학교 현장에는 모든 교과 및 창의적 체험활동 교육과정 속에서 인성 중심 융합 교육과정을 구성 운영할 수 있고, 프로젝트, 주제, 참여 중심 인성교육 중심 수업을 구성 실시하며, 활동 및 과정 중심으로 학생의 성장을 파악할 수 있는 평가 방법을 개발, 적용하는 것을 강조하고 있다. 또한, 실생활 사례 등을 중심으로 쉽고 재미있는 교과서를 분석, 구성할 수 있는 예비교사의 교수・학습과 평가 역량을 강화하여 질 높은 수업을 운영하도록 지도할 것을 강조하고 있다. 아울러, 학습설계 단계에서부터 학습결과 단계까지 학생이 주도적으로 참여하고, 수업활동과 연계되거나, 교과 학습발달 상황이나 독서・자유학기 등 비교과활동을 구체적으로 기록할 수 있는 과정평가를 강조하고 있다.

마. 체험 및 활동 중심의 인성 및 진로지도

2015 개정 교육과정은 한 학기를 '자유학기'로 운영할 수 있는 근거를 마련함으로써, 학생들이 중간・기말고사에 대한 부담에서 벗어나 체험 중심의 교과 활동과 함께 장래 진로에 대해 마음껏 탐색할 수 있도록 하고 있다. 또한, 학생들이 범람하는 매체 정보를 정확하게 이해하고 분석・활용할 수 있는 능력인 '미디어 리터러시' 향상을 도모하고, 언어문화 개선, 교육 주체 간 상호 관계 개선을 위한 관계 증진 능력을 배양할 것을 강조하고 있다. 그리고, 장기결석, 학교부적응, 학교폭력 및 정서문제행동 치유 등을 위한 학생 상담 및 예방 역량을 갖출 것을 요청하고 있다. 아울러, 학생들이 과도한 입시경쟁에서 벗어나 꿈과 끼를 키워 나갈 수 있도록 하기 위해 도입된 자유학기제의 효과적 운영을 위해서 진로탐색활동, 주제선택활동, 동아리활동, 예술

체육활동 등 교육과정을 지원하고, 명사·전문가 특강, 독서 등의 간접 체험학습을 직접적인 체험 학습과 연계하여 폭넓은 진로 탐색의 기회 제공과 함께 토론, 실험·실습, 프로젝트학습 등 학생 참여형 수업 역량을 강조하고 있다.

바. 소프트웨어 및 디지털 테크놀로지 활용

2015 개정 교육과정에는 중학생들에게 논리적 사고력과 창의력 증진을 위해 컴퓨터를 이용한 문제해결 능력을 함양하는 소프트웨어(SW) 교육 실시를 의무화하고 있다. 소프트웨어 교육은 다양한 문제를 창의적이고 효율적으로 해결하는 컴퓨팅 사고력을 함양하고 협업적 문제해결 과정을 통해 의사소통능력, 공동체 의식을 함양하는 교육과정으로 운영될 것이다. 구체적으로 살펴보면, 초등학교는 실과교과의 ICT 활용 중심의 정보 관련 단원을 소프트웨어 기초 소양 내용 중심으로 확대 개편된다. 중학교는 선택교과의 『정보』를 소프트웨어 내용 중심으로 개편하고, 『과학/기술·가정/정보』 교과군에 필수과목으로 포함된다. 고등학교는 심화선택 『정보』 과목을 소프트웨어 중심으로 내용을 개편하고, 일반선택 과목으로 전환될 것이다.

사. 현장 교육 실천을 위한 리더십 및 배움의 공동체 운영

전문가로서의 교사는 교수·학습에 관한 이론적 이해를 바탕으로 교수방법 및 수업기술 등과 관련된 전문 지식을 체계적으로 습득함은 물론, 학생들의 효과적인 학습동기 및 생활지도를 위한 리더십 역량을 계발해야 한다. 또한 교사는 공식적인 위계와 구조 속에서 주어진 과업과 역할만을 수행하는 수동적 실천가가 아닌 능동적인 리더로서 역할을 수행해야 할 것이다. 전문가들은 멘토, 교육과정 개발자, 의사결정자, 문제해결자, 변화촉진자, 그리고 현장연구자로서 그 역할을 수행해야 한다. 이를 위하여 교육 현장에서는 교사 개인뿐 아니라 동료들의 공동 성장을 위한 효과적인 수업과, 평가 실시를 위해 함께 연구하고 성찰할 수 있도록 학년 협의회 및 교과 협의회, 동료장학, 수업 동아리 등 다양한 배움의 공동체 구성 운영을 지원하고 있다.

이상에서 제시한 2015 개정 교육과정의 주요 내용과 특징을 제시하면 다음과 같다.

〈표 6-3〉 2015 개정 교육과정의 주요 내용

<table>
<tr><th colspan="3">구분</th><th>주요 내용</th></tr>
<tr><td colspan="3">교육과정 개정 방향</td><td>• 창의융합형 인재 양성
• 모든 학생이 인문 · 사회 · 과학기술에 대한 기초 소양 함양
• 학습량 적정화, 교수 · 학습 및 평가 방법 개선을 통한 핵심역량 함양 교육
• 교육과정과 수능 · 대입제도 연계, 교원 연수 등 교육 전반 개선</td></tr>
<tr><td rowspan="6">총론</td><td rowspan="6">공통사항</td><td>핵심역량 반영</td><td>• 총론 '추구하는 인간상' 부문에 6개 핵심역량 제시
• 교과별 교과 역량을 제시하고 역량 함양을 위한 성취기준 개발</td></tr>
<tr><td>인문학적 소양 함양</td><td>• 연극교육 활성화
- (초 · 중) 국어 연극 단원 신설
- (고) '연극'과목 일반선택으로 개설
• 독서교육 활성화</td></tr>
<tr><td>소프트웨어 교육 강화</td><td>• (초) 교과(실과) 내용을 SW 기초 소양교육으로 개편
• (중) 과학/기술 · 가정/정보 교과 신설
• (고) '정보' 과목을 심화선택에서 일반선택 전환, SW 중심 개편</td></tr>
<tr><td>안전교육 강화</td><td>• 안전 교과 또는 단원 신설
- (초 1~2) 「안전한 생활」 신설(64시간)
- (초 3~고3) 관련 교과에 단원 신설</td></tr>
<tr><td>범교과학습 주제 개선</td><td>• 10개 내외 범교과학습 주제로 재구조화</td></tr>
<tr><td>NCS 직업 교육과정 연계</td><td>• 교육과정 구성의 중점 등에 반영</td></tr>
<tr><td rowspan="3">총론</td><td rowspan="3">고등학교</td><td>공통과목 신설 및 이수단위</td><td>• 공통과목 및 선택과목으로 구성
• 선택과목은 일반선택과 진로선택으로 구분
- 진로선택 및 전문교과를 통한 맞춤형 교육, 수월성 교육 실시</td></tr>
<tr><td>특목고 과목</td><td>• 보통교과에서 분리하여 전문교과로 제시</td></tr>
<tr><td>국 · 수 · 영 비중 적정화</td><td>• 기초 교과(국 · 수 · 영 · 한국사) 이수단위 제한 규정(50%) 유지
(국 · 수 · 영90단위→84단위)</td></tr>
</table>

구분			주요 내용
		특성화고 교육과정	• 총론(보통교과)과 NCS 교과의 연계
	중학교	자유학기제 편제 방안	• 중학교 '교육과정 편성 · 운영의 중점'에 자유학기제 교육과정 운영 지침 제시
	초등학교	초1,2 수업시수 증배	• 주당 1시간 증배, '안전한 생활' 신설 - 창의적 체험활동에서 체험중심 교육으로 실시
		누리과정 연계 강화	• 초등학교 교육과정과 누리과정의 연계 강화(한글교육 강화)
교과교육과정 개정 방향			• 총론과 교과교육과정의 유기적 연계 강화
			• 교과교육과정 개정 기본방향 제시 - 핵심개념 중심의 학습량 적정화 - 핵심역량을 반영 - 학생참여중심 교수 · 학습방법 개선 - 과정중심 평가 확대

3. 2015 개정 교육과정의 편성 운영 실제

2015 개정 교육과정에서 제시된 교육과정 편제 및 단위 배당은 '2015 개정 교육과정 총론'을 통해 살펴볼 수 있다. 여기서는 2015 개정 고등학교 교육과정을 중심으로 제시할 것이다.

2015 개정 교육과정에서 제시된 고등학교 교육과정 편제는 [그림 6-1]과 같이 교과와 창의적 체험활동으로 구분된다. 교과는 보통교과와 전문교과로 구성되며, 보통교과는 공통과목과 선택과목(일반선택과 진로선택으로 구분)으로 편제되며, 일반적으로 일반고, 자율형 공립고 및 사립고에 적용된다. 전문교과는 전문교과Ⅰ과 전문교과Ⅱ로 구분되는데, 전문교과Ⅰ은 과학고, 특목고, 예체능고 등에 적용되며, 전문교과Ⅱ는 마이스터고나 특성화고에 적용된다.

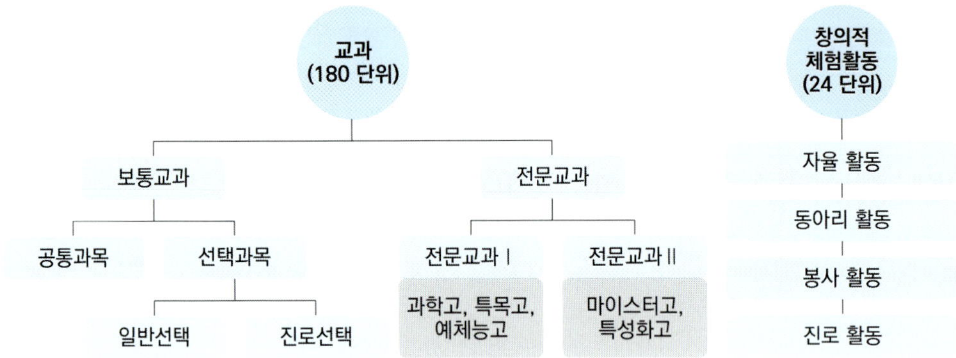

[그림 6-1] 2015 개정 고등학교 교육과정 편제

2015 개정 교육과정에서 편제된 교과 영역은 기초, 탐구, 체육 및 예술, 생활 및 교양 등으로 구분하고 있다. 교과(군)는 기초 영역으로 국어, 수학, 영어, 한국사, 탐구 영역으로 사회(역사/도덕 포함), 과학, 체육 및 예술 영역으로 체육, 예술, 생활 및 교양 영역으로 기술·가정, 제2외국어, 한문, 교양 등 12개로 제시되고 있다. 다음에서는 보통교과 중심으로 제시하며, 전문교과는 2015 개정 교육과정을 참고하기 바란다.

〈표 6-4〉 2015 개정 교육과정 보통교과 교과목 구성

교과 영역	교과(군)	공통과목	선택과목	
			일반선택	진로선택
기초	국어	국어	화법과 작문, 독서, 언어와 매체, 문학	실용국어, 심화국어, 고전읽기
	수학	수학	수학 I, 수학II, 미적분, 확률과 통계	실용수학, 기하, 경제수학, 수학과제탐구
	영어	영어	영어회화, 영어 I, 영어독해와 작문, 영어II	실용영어, 영어권문화, 진로영어, 영미 문학읽기
	한국사	한국사		

교과 영역	교과(군)	공통과목	선택과목	
			일반선택	진로선택
탐구	사회 (역사/ 도덕포함)	통합사회	한국지리, 세계지리, 세계사, 동아시아사, 경제, 정치와 법, 사회문화, 생활과 윤리, 윤리와 사상	여행지리, 사회문제탐구, 고전과 윤리
	과학	통합과학 과학탐구실험	물리학Ⅰ, 화학Ⅰ, 생명과학Ⅰ, 지구과학Ⅰ	물리학Ⅱ, 화학Ⅱ, 생명과학Ⅱ, 지구과학Ⅱ, 과학사, 생활과 과학, 융합과학
체육 예술	체육		체육, 운동과 건강	스포츠생활, 체육탐구
	예술		음악, 미술, 연극	음악연주, 음악감상과 비평, 미술 창작, 미술 감상과 비평
생활 교양	기술가정		기술·가정, 정보	농업생명과학, 공학일반, 창의경영, 해양문화와 기술, 가정과학, 지식재산일반
	제2외국어		독일어Ⅰ, 일본어Ⅰ, 프랑스어Ⅰ, 러시아어Ⅰ, 아랍어Ⅰ, 중국어Ⅰ, 베트남어Ⅰ	독일어Ⅱ, 일본어Ⅱ, 프랑스어Ⅱ, 러시아어Ⅱ, 아랍어Ⅱ, 중국어Ⅱ, 베트남어Ⅱ
	한문		한문Ⅰ	한문Ⅱ
	교양		철학, 논리학, 심리학, 교육학, 종교학, 진로와 직업, 보건, 환경, 실용경제, 논술	

고등학생들이 이수해야 할 단위는 〈표 6-5〉와 같이 교과이수단위와 창의적 체험활동으로 구분되며 총 204단위이다. 교과이수단위는 필수이수단위 94단위, 학교자율편성 86단위이며, 창의적 체험활동은 자율활동, 동아리활동, 봉사활동, 진로활동을 포함한 24단위(408시간)이다. 교과이수단위 180단위는 필수이수단위 94단위, 학교자율편성단위 86단위로 배정되고 있다. 단, 자율형 사립고는 학교자율편성단위가 85단위 이상 가능하다. 교과별 필수이수단위는 학년별로 10단위에서 16단위 사이에서 배정되도록 권장하고 있다. 기초영역 교과(국어, 수학, 영어, 한국사)는 이수 단위를 제한하고 있는데, 교과 총 이수단위의 50%(90단위)를 초과할 수 없도록 제시되고 있다. 학생선택권을 보장하기 위하여 2, 3학년 교과이수단위의 25%(30단위) 이상 편성 운영하도록 하고 있다. 학생의 학기당 이수 과목 수는 8개 이내로 편성하되, 과학탐구실험, 체육, 예술, 교양 교과목, 진로선택과목, 전문교과의 과목 중 실기실습, 실험 과목은 제외한다. 즉,

이들 과목들은 8개 이외로 추가 편성할 수 있다. 교과는 2015 개정 교과 교육과정을 적용한다.

〈표 6-5〉 2015 **개정 교육과정 단위배당 기준**

<table>
<tr><th>교과영역</th><th>교과(군)</th><th>필수이수단위</th><th>공통과목(단위)</th></tr>
<tr><td rowspan="4">기초</td><td>국어</td><td>10</td><td>국어 (8)</td></tr>
<tr><td>수학</td><td>10</td><td>수학 (8)</td></tr>
<tr><td>영어</td><td>10</td><td>영어 (8)</td></tr>
<tr><td>한국사</td><td>6</td><td>한국사 (6)</td></tr>
<tr><td rowspan="2">탐구</td><td>사회(역사/ 도덕포함)</td><td>10</td><td>통합사회 (8)</td></tr>
<tr><td>과학</td><td>12</td><td>통합과학(8), 과학탐구실험(2)</td></tr>
<tr><td rowspan="2">체육 예술</td><td>체육</td><td>10</td><td></td></tr>
<tr><td>예술</td><td>10</td><td></td></tr>
<tr><td rowspan="4">생활교양</td><td>기술가정</td><td rowspan="4">16</td><td rowspan="4"></td></tr>
<tr><td>제2외국어</td></tr>
<tr><td>한문</td></tr>
<tr><td>교양</td></tr>
<tr><td colspan="2">소계</td><td>94</td><td></td></tr>
<tr><td colspan="2">자율편성단위</td><td>86</td><td></td></tr>
<tr><td colspan="2">창의적 체험활동</td><td>24 (408시간)</td><td></td></tr>
<tr><td colspan="2">총 이수단위</td><td>204</td><td></td></tr>
</table>

학교는 보통교과의 공통과목(국어, 수학, 영어, 한국사, 통합사회, 통합과학, 과학탐구실험)을 개설하여 모든 학생들이 이수하도록 해당 교과(군)의 선택 과목 이수 전에 편성 운영해야 한다. 한국사는 6단위 이상 이수하도록 2학기 이상 편성 운영해야 한다. 과학탐구실험은 이수단위 증감 없이 2단위로 운영한다. 교양 교과목을 제외한 일반선택 과목은 5단위±2단위(3-7단위) 편성 운영해야 한다. 교양과 진로 선택과목은 5단위±3단위(2-8단위) 편성 운영해야 한다. 선택과목에서 계열적 학습이 필요한 위계성 과목은 특

별한 경우를 제외하고 Ⅰ를 먼저 이수하고 Ⅱ를 이수하는 것이 원칙(예: 물리Ⅰ→물리Ⅱ)이지만, 학습능력, 선수학습의 정도에 따라서 바로 Ⅱ과목 이수도 가능하다. 모든 학생은 진로선택 3개 이상을 이수하도록 해야 한다. 진로교과를 개설하는 경우 진로 선택 과목으로 편성해야 한다. 제2외국어 과목 개설 시에는 2개 이상 과목을 동시 개설하여 학생 선택을 보장해 주어야 한다. 중점학교인 경우는 자율편성단위의 50% 이상 해당 교과목 편성이 가능하다. 선택교과에 대한 학생선택권을 강조되면서 단위학교에서는 온라인/오프라인, 계절학기, 방과후학습 등 다양한 형식으로 소인수 과목을 개설해 주거나 단위학교에서 개설되지 못한 경우 지역 내 학교 간 협력 교육과정을 편성 운영하고 있다.

2015 개정 고등학교 교육과정 편성 운영 주요 특징

○ 총 이수 단위 204단위: 교과 180단위, 창의적 체험활동 24단위(408시간)
○ 교과 180단위 중 필수이수단위 94단위, 학교자율편성 86단위로 편성
○ 교과(군)별 필수이수단위 충족(10단위-16단위/학년별 배분)
○ 교과는 2015 개정 교육과정(각론) 적용
○ 기초영역 교과(국, 수, 영, 한국사)는 이수단위 50%(90단위) 초과 금지
○ 학생선택권 보장을 위해 2, 3학년 교과이수단위의 25%(30단위) 이상 편성
○ 학생의 학기당 이수 과목 수는 8개 이내로 편성. 단, 과학탐구실험, 실기 및 실습, 실험 과목은 제외
○ 보통교과의 공통과목 개설하여 모든 학생 이수 보장
○ 공통과목은 해당 교과(군) 선택 과목 이수 전에 편성 운영
○ 한국사 6단위 이상(2개 학기 이상) 편성 운영
○ 과학탐구실험은 이수단위 증감 없이 2단위 운영 원칙
○ 교양 교과목 제외한 일반선택과목은 5단위±2단위(3-7단위) 편성 운영
○ 교양+진로선택 과목은 5단위±3단위(2-8단위) 편성 운영
○ Ⅰ과 Ⅱ로 구분된 과목은 계열적 학습을 고려하여 Ⅰ을 먼저 이수하도록 함
○ 모든 학생에게 3개 이상 진로 선택 과목 이수하도록 편성 운영
○ 전문교과를 개설하는 경우 진로선택과목으로 편성 운영
○ 중점학교 경우, 학교자율편성 단위의 50% 이상 해당 교과목 편성 가능
○ 소인수 과목 및 공동(협력) 교육과정 편성 운영

고등학교에서 이수할 단위는 〈표 6-6〉과 같이 학교유형별로 차이가 있다. 즉, 특수목적고, 특성화고, 자율고, 일반고에 따라 이수단위에 차이를 보인다는 것이다. 과학고, 외국어고 및 국제고 등 특수목적고는 보통교과 85단위 이상, 전문교과Ⅰ 72단위 이상을 이수하도록 되어 있다. 마이스터고와 특성화고는 보통교과 66단위, 전문교과Ⅱ 86단위를 이수하도록 되어 있다. 자율형 사립고와 자율형 공립고 및 일반고는 보통교과 180단위(필수이수 94단위와 학교자율편성 86단위)를 이수하도록 되어 있고, 전문교과Ⅰ의 교과목이 개설 가능하며, 교과중점학교는 해당과목을 43단위 이상 편성하여 운영할 수 있으며, 진로선택 3개 과목 이상을 필수로 개설해야 한다.

〈표 6-6〉 학교유형별 이수단위

<table>
<tr><th colspan="2">학교</th><th>이수단위</th></tr>
<tr><td rowspan="3">특수
목적고</td><td>과학고</td><td rowspan="2">보통교과 85단위 이상, 전문교과Ⅰ 72단위 이상</td></tr>
<tr><td>외국어고, 국제고</td></tr>
<tr><td>마이스터고</td><td>특성화고와 동일</td></tr>
<tr><td colspan="2">특성화고</td><td>보통교과 66단위, 전문교과Ⅱ 86단위</td></tr>
<tr><td rowspan="2">자율고</td><td>자율형 사립고</td><td rowspan="3">보통교과 180단위(필수이수 94단위 이상, 자율편성 86단위 이내)
전문교과 개설 가능
교과중점학교는 해당과목을 43단위 이상 편성 가능
진로선택 3개 과목 이상 필수이수</td></tr>
<tr><td>자율형 공립고</td></tr>
<tr><td colspan="2">일반고</td></tr>
</table>

4. 교육과정에서의 평가 실제

2015 개정 교육과정이 적용되면서 학교 현장에는 학생의 학습 수행에 대한 성취기준을 설정하고, 학습 결과뿐 아니라 학습 과정을 중시하는 수행평가 실시를 강조하고 있다. 다음에서는 교육평가의 의미와 유형, 그리고 수행평가에 대해 간략하게 살펴볼 것이다. 또한, 교육과정에서의 학생 성적 및 등급을 제시하는 실제를 살펴볼 것이다.

가. 교육평가의 의미와 유형

교육평가란 교육목표의 달성 정도나 교육과정의 효율성을 판단하기 위하여 학습자의 행동 변화 및 학습과정에 관한 제반 정보를 수집하고 이용함으로써 교육적 의사결정을 내리는 데 도움을 주거나 더 나아가 의사결정을 내리는 과정을 의미하는데, 이 같은 의사결정의 제 과정은 교육적인 가치를 판단하는 일이다. 교육평가의 목적은 다음과 같다. ① 학습자의 학업 성취도를 평가한다. ② 학습의 진전 상황을 점검하고 개선한다. ③ 개별 학습자의 진로 지도를 위한 자료를 수집한다. ④ 후속학습에 대한 동기를 부여한다. ⑤ 교수학습 과정 및 방법에 양적·질적 보완과 개선한다.

예비교사로서 알아야 할 교육과정에 있어 적용되고 있는 평가 유형은 준거지향평가, 규준지향평가, 성장참조평가, 능력참조평가 등이 있다. 이에 대해 살펴보면 다음과 같다.

1) 준거지향평가

준거지향평가란 절대평가로 학습자가 무엇을 얼마만큼 알고 있는지를 재는 평가 또는 학습자가 정해진 준거나 목표에 도달하였는지를 판단하는 평가이다. 이것은 발달적 교육관에 바탕을 두고 있는데, 학습자의 선발이나 개인차에 관심을 가지는 것이 아니라 가능한 한 모든 학습자가 의도하는 바의 수업목표를 달성할 수 있도록 적절한 학습방법을 제공하고, 배치를 위한 평가를 하는 것이다.

2) 규준지향평가

규준지향평가는 상대평가로 학습자의 평가 결과를 그가 속해 있는 집단에 비추어 상대적인 위치를 밝혀 보는 평가방법이다. 이것은 선발적 교육관에 바탕을 두고 있는데, 어떤 학습자가 상위에 있는지 또는 하위에 있는지 우열을 가리거나 선발기능으로 활용하는 방법이다. 예를 들면, 교수자가 상위 30%에게는 A학점을, 다음 30%에게는 B학점을, 하위 10%에게는 F를 주기로 결정하는 것이다.

3) 성장참조평가와 능력참조평가

성장참조평가는 교육과정을 통해서 얼마나 성장하였느냐에 관심을 두는 평가방법으로, 개인의 초기 능력 수준에 비추어 얼마만큼 능력의 향상을 보였는가를 평가한다. 한편, 능력참조평가는 학생이 지니고 있는 능력에 비추어 얼마나 최선을 다하였느냐에 초점을 두는 평가방법으로, 개인의 능력 정도와 수행결과를 비교하여 그 학생이 지니고 있는 능력이 최대한 발휘된 것인가를 살펴본다.

능력참조평가와 성장참조평가를 실시하기 위해서는 학생이 지니고 있는 능력에 대한 정확한 정보가 제공되어야 하고, 학생이 소유한 능력의 정도와 능력의 변화를 측정하는 도구의 타당도와 신뢰도가 고려되어야 하며, 또한 교사들이 학생 개개인에 관심을 갖고 능력을 파악할 수 있도록 교사당 학생 수를 줄이는 것도 필요하다.

능력참조평가와 성장참조평가는 개별학습과 교수적 기능을 강조하고 개인 간 비교를 고려하지 않는 공통점이 있다. 하지만, 능력참조평가는 학생의 최대 능력 발휘에 초점을 두고 학생이 소유한 능력과 수행의 정도를 비교하는 것인 반면, 성장참조평가는 학생의 능력 변화 혹은 학습향상에 초점을 두고 성장과 변화의 정도를 비교한다는 점에서 차이가 있다.

나. 수행평가

수행평가는 학생 스스로가 자신의 지식이나 기능을 나타낼 수 있도록 답을 작성(구성)하거나, 발표하거나, 산출물을 만들거나, 행동으로 나타내도록 요구하는 방식이다. 수행평가는 여러 측면의 지식이나 능력을 지속적으로 평가함과 교수 학습활동을 개선하기 위해서, 학생이 인지적으로 아는 것뿐 아니라 아는 것을 실제로 적용할 수 있는지 파악하기 위해서, 학습자 개인에게 의미 있는 학습활동이 이루어지도록 하기 위해서 실시된다. 이러한 수행평가의 유형을 제시하면 다음과 같다.

〈표 6-7〉 수행평가의 유형과 평가방법

구분	평가유형	평가방법
시험과 검사형태	서술형 검사	문제의 답을 학생이 직접 서술(구성)
	논술형 검사	개인의 생각이나 주장을 창의적이고 논리적으로 작성
	구술시험	특정 내용이나 주제에 대해 의견이나 생각을 발표해 준비도, 이해력, 판단력, 의사소통 능력 등을 직접 평가
	실기시험	예・체능 분야에서 주로 사용되어 오던 방법으로 최근 예・체능 이외의 분야에서도 많이 사용하는 평가
	면접시험	평가자와 학생이 서로 대화를 통하여 얻고자 하는 자료나 정보를 수집하는 평가
학습이 진행되는 과정과 학습 활동을 강조하는 형태	토론법	특정 주제에 대해 학생들이 서로 토론하는 것을 보고 평가하는 방법으로 토론 진행 방법 등 총체적으로 평가
	발표법	특정한 주제에 대해서 자료를 수집하고 재구성한 결과를 유인물이나 다양한 매체를 통해 발표하도록 하여 학생의 준비도, 발표내용, 발표능력, 발표태도를 평가
	관찰법	학생들의 행동을 방해하지 않으면서 평가 상황을 강요하지 않도록 주로 교사의 자연스런 관찰을 통한 평가
	실험・실습법	어떤 과제에 대하여 학생들로 하여금 직접 실험・실습을 하게 한 후 실험 실습과정을 직접 관찰함과 아울러 제출된 결과 보고서를 동시에 평가
평가 자료를 수집하는 전반적인 과정을 고려한 형태	자기평가 보고서	특정 주제나 수업 영역에 대해 스스로 학습과정이나 학습결과에 대한 평가보고서를 작성・제출토록 하여 평가
	동료평가 보고서	자기평가 보고서와 마찬가지로 학습과정이나 학습결과에 대하여 동료 학생들이 상대방을 서로 평가
	연구보고서법	각 교과별이나 통합교과적인 여러 가지 연구 주제 중에서 학생의 능력이나 흥미에 적합한 주제를 선정하여 그 주제에 대하여 자기 나름대로 자료를 수집하고 분석 종합하여 연구 보고서를 작성・제출하도록 하여 평가

다. 성취평가제

성취평가제는 국가 수준의 교육과정에 근거하여 개발된 교과목별 성취기준에 대한 학생의 도달 정도에 비추어 학생의 성취 수준을 평가하는 것이다. 성취평가제는 학생들 간 상대적 서열 중심의 규준참조평가에서 학생들이 성취해야 할 목표 중심의 준거참조평가로 전환을 한다는 점에서 의의가 있다. 〈표 6-8〉은 2019학년도 고등학교 1학년에 적용되고 있는 교육과정에서의 학업성취 기록에 대해 제시하고 있다. 보통교과에서 공통과목과 일반선택과목의 기초, 탐구, 생활 및 교양 교과는 원점수, 과목평균, 표준편차가 제공되고 성취도는 5단계로 제시하며, 체육 예술교과는 성취도만 3단계로 제시하고, 진로선택과목은 원점수와 과목평균만 제시하고 3단계로 성취도를 제시하는 등 교과별로 다양한 성취평가제를 실시하고 있다.

〈표 6-8〉 교과별 학업성취도 제시 기준과 방법(2019학년도 고등학교 1학년 적용)

<table>
<tr><th colspan="3" rowspan="2">구분</th><th colspan="3">원점수/과목평균
(표준편차)</th><th colspan="2">성취도(수강자수)</th><th rowspan="2">석차
등급</th><th rowspan="2">비고</th></tr>
<tr><th>원점수</th><th>과목평균</th><th>표준편차</th><th>성취도</th><th>수강자수</th></tr>
<tr><td rowspan="6">보통교과</td><td colspan="2">공통과목</td><td>○</td><td>○</td><td>○</td><td>5단계</td><td>○</td><td>○</td><td>• (성취도 3단계) 과학탐구실험
※ 과학탐구실험은 석차등급 미산출</td></tr>
<tr><td rowspan="3">일반
선택
과목</td><td>기초/탐구/
생활교양</td><td>○</td><td>○</td><td>○</td><td>5단계</td><td>○</td><td>○</td><td>• 교양교과(군) 제외</td></tr>
<tr><td>체육 · 예술</td><td>-</td><td>-</td><td>-</td><td>3단계</td><td>-</td><td>-</td><td>• 수강자수 입력하지 않음</td></tr>
<tr><td>교양교과</td><td>-</td><td>-</td><td>-</td><td>P</td><td>-</td><td>P</td><td></td></tr>
<tr><td colspan="2">진로선택과목
기초/탐구/생활
교양/체육예술</td><td>○</td><td>○</td><td>○</td><td>3단계</td><td>○</td><td>○</td><td>• 진로선택으로 편성된 ‘전문교과 Ⅰ Ⅱ’포함
• 교양교과(군) 제외
• 석차등급 및 표준편차 삭제
• 성취도별 분포비율 입력</td></tr>
<tr><td colspan="2">교육교과(군)</td><td>-</td><td>-</td><td>-</td><td>P</td><td>-</td><td>P</td><td></td></tr>
<tr><td colspan="3">전문교과Ⅰ</td><td>○</td><td>○</td><td>○</td><td>5단계</td><td>○</td><td>○</td><td>• (성취도 3단계) 융합과학탐구, 과학과제연구, 물리/화학/생명과학/지구과학 실험, 사회탐구방법, 사회과제연구</td></tr>
<tr><td colspan="3">전문교과Ⅱ</td><td>○</td><td>○</td><td>○</td><td>5단계</td><td>○</td><td>-</td><td>• 석차등급은 산출하지 않음</td></tr>
</table>

구분	원점수/과목평균(표준편차)			성취도(수강자수)		석차등급	비고
	원점수	과목평균	표준편차	성취도	수강자수		
보통교과 및 전문교과 I 중 수강자 수 13명 이하인 과목	○	○	○	교과(군)별 3단계 또는 5단계	○	'·' 또는 등급	• 보통교과 공통과목 과학탐구실험, 진로선택과목(진로선택으로 편성된 전문교과 포함), 체육 예술 교과(군)의 일반선택과목, 교양교과(군)의 과목 제외
학교 간 통합 선택교과(공동 교육과정) 과목	○	○	○	교과(군)별 3단계 또는 5단계	○	-	• 보통교과 진로선택과목(진로선택으로 편성된 전문교과 포함), 체육 예술 교과(군)의 일반선택과목, 교양교과(군)의 과목 제외

discussion

토의 주제

01 최근 교육과정 편성 및 운영 방향으로 학습자 중심, 융합 중심을 강조하는 있는데, 교육과정 유형들(교과중심, 경험중심, 학문중심, 인간중심 교육과정)의 관점에서 그 이유를 설명하고 토의해 보자.

02 학교 교육과정 편성 운영에 있어서 잠재적 교육과정과 영 교육과정이 주는 시사점에 대해 설명하고 토의해 보자.

03 2015 개정 교육과정의 주요 특징과 교과 편제 주요 원리에 대해 설명하고 토의해 보자.

04 과정중심평가의 의의와 과정중심평가 적용에 따른 신뢰성 확보 방안에 대해 설명하고 토의해 보자.

07 수업의 이해

1. 수업의 의미

가. 수업의 개념 정의

수업이란 무엇을 어떻게 가르쳐야 할 것인가에 대한 해답을 찾아가는 과정이라고 할 수 있다. 먼저 무엇을 가르쳐야 할 것인지에 대해서는 교육과정 목표와 교육과정 내용을 토대로 학습 목표와 학습 내용이 선정되어야 한다. 가르쳐야 할 모든 과제들은 조직적이고 체계적으로 철저하게 분석되어야 하며 학생들이 쉽게 인지할 수 있도록 보다 더 세분화된 하위 학습 과제로 선정되어야 한다. 상세화된 하위 과제들을 누적하여 익힌다면 누구나 학습 목표에 도달할 수 있다고 가정한다. 학습 목표가 성취될 수 있도록 계열화된 일련의 하위 수업목표를 구성하여 각 학생의 개별 지식과 기능 수준에 맞는 교수 · 학습 목표가 설정되어야 한다. 즉, 수업해야 할 하나의 과제를 분석하는 과정은 교수·학습 목표들이 성취될 수 있도록 계열화된 일련의 하위 목표들을 구성하는 작업이라 할 수 있다. 따라서 가르칠 내용에 대한 과제 분석은 특정한 기술이나 과제에 대해 각 학생의 개별 기능 수준에 맞게 교사가 수업목표를 정확하게 파악하는 단계이며, 학생들을 효과적으로 진단할 수 있는 과정이기도 하다. 수업의 주체인 교사는 학생들의 선수 학습과 후속 학습의 계열성을 파악할 수 있기 때문에 연속적 수업을 성공적으로 수행하기 위한 중요한 기초 자료를 제공해 준다고 할 수 있다. 즉, 대상 주체의 특정한 조건 및 상황에 맞는 반응과 특정 행동을 유도하게 하거나 또는 그러한 행동에 능동적으로 참여하여 유의미한 학습이 일어날 수 있도록 계획하고 조직하는 과정이라고 할 수 있다.

무엇을 가르쳐야 할 것인지에 대한 것이 교육과정 목표나 내용에 관한 지식적 접근이라 한다면, 어떻게 가르쳐야 할 것인지에 대한 것은 방법적이고 절차적인 접근이라 할 수 있다. 수업의 주체인 교사는 대상 주체의 인지적, 정의적, 심리적, 심동적인 발달 단계에 따라 학습 동기 유발, 학습 집단 조직, 자료 활용 방법, 교수·학습 수업 전략, 발문 수준, 공감적 의사소통 방법, 수업의 유연성, 상호작용, 학생 참여 유도 방법, 수준별 학습 조직, 평가 방법, 피드백 제공, 수업 전개 방법, 학습 조직 등 교수·학습의 절차적 지식과 방법을 다르게 계획해야 할 것이다. 수업에 영향을 미치는 제반 수업요소인 절차 변인, 활동 변인, 매체 변인, 학습 조직 변인 등을 철저하게 고려해야 한다. 도입, 전개 및 발전, 정리 및 평가 등의 단원계획의 순서에 따른 수업모형의 절차도 이에 포함해야 하며 각 단계에서의 교사활동과 학생활동을 계획해야 한다. 교수·학습 활동에서 교사와 학생 또는 학생과 학생 간의 소통이 가능하도록 수업매체를 선정하여 활용해야 한다.

교수·학습에 영향을 주는 학생의 학습 변인, 교사의 수업 변인·수업 환경 변인, 학습 집단, 교수 집단 등을 적절하게 조직해야 한다. 예컨대, 학생들에게 흥미와 관심을 불러일으킬 수 있는 동기유발 자료를 제공하면 학습 목표를 성공적으로 도달할 수 있다는 것을 가정한다.

살펴본 바와 같이 수업이란 교육과정의 목표와 내용을 체계적으로 조직하여 단위 수업 목표를 달성하기 위해 학습이 잘 이루어지도록 환경을 계획적으로 조작하는 과정이라 할 수 있다. 교육과정 목표와 내용에 근거한 단위 수업 목표를 중심으로 하여 학습자의 발달과 수준에 맞는 교수 · 학습 방법을 설계 · 개발 · 적용 · 관리 · 평가해야 한다. 즉, 수업은 교사가 교육과정의 목표와 내용을 실행하기 위해 교육적 의도를 가지고 하는 일체의 활동이며, 보다 효과적이고 효율적인 학습이 학생들에게 일어날 수 있도록 내외적 조건을 체계적으로 조정하는 활동이라 정의할 수 있다.

1) 좋은 수업의 특징[8)]

좋은 수업이란 교육과정 및 교수법에 대한 교사의 해박한 지식과 전문성을 바탕으로 학습자의 수준에 맞는 학습 환경을 제공하여 유의미한 배움이 일어나도록 돕는 활동을 말한다. 즉, 교사의 전문성과 열정을 통해 학생들이 즐겁고 능동적으로 학습에 참여하게 함으로써 학습 목표를 효율적으로 달성하게 돕는 활동이라 말할 수 있다.

교실에서 좋은 수업을 실현하기 위해서는 수업에 영향을 미치는 수업목표와 내용 설정 변인, 학습자 변인, 교사 변인, 수업절차 변인, 수업 상호작용 변인, 수업 매체 변인, 수업집단 조직, 수업환경 변인 등 수업과 관련된 관계 변인들을 적절하게 조정하여 학생들이 즐겁고 능동적으로 학습 활동에 참여함으로써 학습 목표에 자연스럽게 도달할 수 있도록 도와주어야 할 것이다.

따라서 수업에 영향을 미치는 교육과정 목표와 내용, 수업 주체인 교사, 수업 객체인 학생, 수업과정이나 절차 등 제반 수업 변인들을 중심으로 좋은 수업의 특징을 살펴보고자 한다.

---

8) 선생님이 행복한 수업, 학생들이 신나는 수업(http://www.teacherville.co.kr) 사이트 참고.

가) 학습 목표와 내용 선정에서 좋은 수업

학습 목표와 내용 선정면에서 좋은 수업이란 다음과 같다(이응, 2009).

① 단위 수업 목표가 교육과정 목표와 내용에 근거하여 설정되었는가?

② 단위 수업 목표가 교육과정 목표 - 교과 목표 - 단원 목표 - 차시 목표로 분석하여 상위 목표 범주에서 하위 목표로 상세화 · 세분화하였는가?

③ 수업목표를 설정하고 학습 내용을 선정하기 전에 충분한 과제분석이 이루어졌는가?

④ 교육과정 목표와 내용에 근거한 수업과제의 계열성, 계속성, 통합성의 분석이 선행되었는가?

⑤ 단위 수업 목표가 명확하고 학습자 중심의 구체적인 행동적 학습 목표로 진술하였는가?

⑥ 수업 목표가 학습자의 수준을 고려하여 지속적인 확인이 가능하도록 설정되었는가?

⑦ 교수 · 학습의 도입 단계에서부터 모든 학습자가 단위 차시 수업목표를 충분히 인지할 수 있도록 분명하게 제시하였는가?

⑧ 학생들이 수업 목표를 분명하게 인지하여 다음 단계에서 무엇에 대한 활동이 이루어질 것인지에 대하여 분명하게 인식할 수 있도록 쉬운 언어로 수업 목표를 진술하였는가?

⑨ 교수 · 학습 활동의 전 · 중 · 후 과정 중에도 수업 목표 달성도가 계속적으로 확인되고 피드백이 제공되고 있는가?

나) 교사가 생각하는 좋은 수업

수업 주체인 교사가 생각하는 좋은 수업을 정리해 보면 다음과 같다(한국교육과정평가원, 2004).

① 학생들의 내외재적인 학습 동기를 유발하여 자발적이고 부단하게 학습자가 수

업에 참여할 수 있도록 이끌어 가고 있는가?

② 교수·학습의 핵심 기술에 관한 해박한 지식과 전문성을 지니고 있는가?

③ 학생들을 가르치는 일에 관한 열정과 풍부한 경험을 갖추고 있는가?

④ 어떠한 상황에서도 학생들을 공정하게 대하고 편애하지 않을 수 있는가?

⑤ 엉뚱하고 돌발적인 수업 상황을 맞이하더라도 상냥하고 부드러운 표정을 유지할 수 있는가?

⑥ 학생들의 수준과 실태를 파악하여 학생들의 실력을 높여 줄 수 있는가?

⑦ 단순히 교육과정과 교육내용을 전달하는 전달자로서가 아니라 투철한 교육관과 교육철학을 갖고 있는가?

⑧ 교직 및 수업에 대한 사명감과 애정을 갖고 열정적으로 수업에 임하고 있는가?

⑨ 활동적이고 활기찬 수업으로 감동적인 좋은 수업을 진행하고 있는가?

⑩ 학생들을 폭넓게 이해하기 위해 적극적이고 다각적으로 노력하며 끊임없는 인격적인 상호작용을 시도하는가?

⑪ 보다 허용적이고 자율적인 분위기를 조성하여 학습자의 적극적인 참여를 이끌어 내고 있는가?

⑫ 수업 준비에 많은 시간과 노력을 투입하며 학습에 대한 정신적, 물리적 환경을 제공하고 있는가?

⑬ 밝고 자신감 넘치는 교사의 표정을 유지하면서 수업 활동을 이끌어 가고 있는가?

⑭ 부단한 자기 연찬을 통한 전문성 신장을 도모하는 데 시간을 투자하는가?

⑮ 긍정적이고 허용적인 수업 분위기에서 학생들이 자유롭게 토의· 토론하는가?

⑯ 수업설계 전반에 걸쳐 학생들의 흥미와 경험이나 선행한 학습 기능 및 개념을 적극적으로 활용하는가?

⑰ 학생의 주의를 집중시킬 수 있는 참신한 동기유발이 이루어지는가?

⑱ 수업의 단계마다 학습 동기를 적절하게 유발하여 학생들의 지적 호기심을 충족시켜 주는가?

⑲ 학생들의 정서적인 즐거움과 지적 만족을 자극시킬 수 있는 역동적인 수업을 이끌었는가?

⑳ 교사와 학생 간의 활발한 상호작용, 창의적 발문으로 학생들의 다양한 사고를 유발하였는가?

다) 학생들이 생각하는 좋은 수업

수업 객체인 학생들이 생각하는 좋은 수업을 정리해 보면 다음과 같다(이귀학, 2009).

① 교사가 장황하게 설명하는 지루한 수업보다는 웃음과 유머가 넘치는 활발한 수업인가?

② 교사의 화술이 지시적이고 일방적이지 않고 비지시적이고 쌍방적인 의사소통으로 수업을 진행하였는가?

③ 학생들에게 전달하고자 하는 수업목표나 내용을 교사 자신의 신체를 통하여 구체적으로 보여 주는 퍼포먼스가 있는 수업을 하였는가?

④ 학습 목표 도달을 위한 엄격한 수업을 진행하되 때때로 딴 길로 빠지는 수업 상황이 존재하였는가?

⑤ 학생들의 긴장과 이완을 풀어 주면서 변화가 있는 수업을 진행하였는가?

⑥ 수업목표와 내용 구성이 흥미와 관심을 불러일으키는 데 충분하였는가?

⑦ 학생들이 좋아하는 선생님이 수업을 진행하였는가?

⑧ 학생들이 지적·정서적 만족감을 느꼈는가?

⑨ 학생들이 자유롭게 질문할 수 있는 수용적이고 허용적인 분위기가 조성되었는가?

⑩ 학생들이 능동적이고 자발적으로 참여하여 즐거움과 재미를 느낄 수 있었는가?

⑪ 학생들의 어떠한 행동과 반응에 대해서도 칭찬과 격려를 아끼지 않았는가?

⑫ 학생들의 배경지식을 자극하기 위한 끊임없는 동기유발이 이루어졌는가?

⑬ 학생들이 자신의 생각을 다양하게 표현하고 의욕적으로 수업에 참여하였는가?

⑭ 학생 개개인의 능력, 적성과 경험을 바탕으로 수준별 처치가 이루어졌는가?
⑮ 학생들이 자신의 신체를 많이 움직이면서 즐겁게 참여하였는가?
⑯ 교사는 항상 밝은 표정으로 학생들의 반응에 친절하게 대해 주었는가?
⑰ 학생의 질문에 대하여 해박한 지식을 갖고 응답해 주는가?
⑱ 학생에 대한 폭넓은 이해를 위한 교사의 노력이 이루어지는가?

라) 좋은 수업의 특징

앞에서 살펴본 내용을 바탕으로 좋은 수업의 특징을 정리해 보면 다음과 같다.

① 수업 전 교육과정 중심의 과제분석에 대한 준비와 계획이 치밀한 수업
② 전 학생이 교육과정 목표 중심의 단위 수업목표에 도달한 수업
③ 수업 객체인 학생들이 재미있고 흥미 있는 수업
④ 학생들이 자기주도적이고 적극적으로 참여하는 수업
⑤ 교사와 학생 간의 의사소통적 상호작용이 활발한 수업
⑥ 교사와 학생 간의 신뢰와 래포가 형성된 수업
⑦ 학생의 출발점 행동과 실태를 파악하여 이해하고 눈높이를 맞춘 수업
⑧ 수업 목표 실현을 위한 최적의 수업 모형 및 방법을 적용한 수업
⑨ 학습 활동의 효율성을 증진할 수업 자료, 학습 교구 등이 잘 갖추어진 수업
⑩ 진단평가, 형성평가, 총괄평가를 통하여 학생들의 이해와 흥미를 높이는 수업
⑪ 교실 수업 환경이 잘 정비되고 효과적으로 운영되는 수업
⑫ 교사가 반성하고 연구하는 자세로 피드백을 제공하는 수업
⑬ 학생이 앎의 기쁨을 경험하고 새로운 세상에 눈을 뜨게 하는 수업
⑭ 문제 해결을 위하여 학생들의 탐구심을 충족시켜 창의성을 계발할 수 있는 수업
⑮ 학생들의 창의적 사고력과 창의적인 아이디어를 창출하는 수업
⑯ 수용적이고 허용적인 수업 분위기 조성으로 끊임없이 의문을 유발하는 수업

⑰ 교사의 추론적, 확산적, 창의적 발문을 통하여 학생들의 사고력을 자극하는 수업
⑱ 교과 관련의 지식뿐 아니라 감성, 사회성, 신체적 발달까지 이끄는 수업
⑲ 수업 목표가 명확하고 학습 목표 도달 정도를 지속적으로 확인하는 수업
⑳ 교사와 학생의 언어적 상호작용, 쌍방적 의사소통으로 운영되는 수업

살펴본 바와 같이 좋은 수업이란 수업 주체인 교사가 수업 객체인 학생을 대상으로 교육과정 목표를 효과적으로 도달시키기 위해 수업의 왕도를 찾아가는 일련의 활동이라 할 수 있다.

첫째, 수업 운영의 핵심 주체인 교사는 용모를 단정히 하고 올바른 언어를 사용해야 하며, 학생 입장에서 이해하고 학급 운영 방법에 대한 부단한 연찬이 이루어져야 한다.

둘째, 학생에 대한 올바른 이해가 선행되어야 하며 학생의 기본 학습 훈련을 잘해야 한다.

셋째, 교육과정에 대한 올바른 이해와 교재 내용에 대한 심층적인 지식이 필요하며 수업에 대한 사전 준비를 철저하게 해야 한다.

넷째, 수업을 보다 조직적이고 단계적으로 운영하기 위해서는 수업설계의 이론적 틀과 학습모형에 대한 풍부한 지식을 갖추고 있어야 한다.

다섯째, 단위 수업에 대한 학습 목표 및 단계별 지도계획, 그 밖의 개인차를 고려한 학습 분량 및 학습 방법, 성취 수준에 대한 개괄적인 구상을 교수·학습 과정안에 나타내어야 한다.

여섯째, 수업의 기폭제 역할을 하는 동기 유발이 도입, 전개, 정리 단계까지 지속적으로 유지되어야 한다.

일곱째, 수업 운영의 핵심인 발문과 피드백을 통해 교사와 학생 간의 끊임없는 상호작용과 의사소통이 이루어져야 한다.

여덟째, 수업설계에 따라 달라지는 학습 자료의 배치나 책상 배열 및 공간 활용 등

수업목표 도달을 극대화할 수 있도록 학습 환경을 조성해야 한다.

아홉째, 효과적인 학습 자료의 제작과 활용을 위해 수업의 윤활유 역할을 하는 교수 학습 자료 및 매체 선정을 적절하게 해야 한다.

열째, 수업 내용을 잘 기억하기 위해서 판서나 시각화를 통하여 수업의 핵심 내용을 정리하고 되돌아보기, 학습평가가 필수적으로 이루어져야 할 것이다.

나. 수업설계 및 매체

1) 수업설계의 개념

학습 목표를 보다 효율적이고 효과적으로 도달하기 위해서는 먼저 수업을 하기 전에 체계적이고 조직적인 수업설계가 이루어져야 한다. 수업설계란 학습자의 요구, 교육과정 내용, 학습자 특성, 학습 환경 등의 분석 결과에 기초하여 설정된 교수・학습 목표를 고려하여 그 목표를 달성하기 위한 최적의 내용 구성 및 교수・학습 방법을 계획하고 구체화하는 활동이라고 할 수 있다. 성공적인 수업을 위해서는 구체적이고 세분화된 수업설계가 필요하며, 수업설계 없이는 수업의 효과성, 효율성, 매력성을 기대하기 어렵다. 즉, 수업설계는 해당 교과목에 대한 나침반과 같은 역할을 하는 중요한 지침이 되므로 수업 효과의 극대화를 위한 필수적인 활동이다.

따라서 수업설계란 특정 학습 집단이나 학습 목표, 학습 내용에 대하여 학습자의 지적・정서적・심동적 영역에서 기대되는 긍정적인 변화를 조장하기 위한 최적의 교수・학습 방법이 무엇인지를 결정하는 과정으로 교수・학습을 위한 실제적인 계획서를 작성하는 행위이다.

2) 수업설계 원리

보다 체계적이고 효율적인 수업을 설계하기 위해서 다음과 같은 원리를 명심해야 한다(조벽, 2012).

가) 교육과정 중심의 수업목표를 명확하게 제시하여 학생들이 단위 수업을 통해서 획득해야 할 목표를 분명히 인지해야 한다.

나) 수업시간 내내 부단한 학습에 대한 동기유발이 이루어져야 한다. 교수・학습 지도의 전・중・후 상황에서 주어진 학습과제를 학습하기 위해 주의를 집중하고 관심과 흥미를 갖게 하여 적극적으로 수업에 참여하게 한다.

다) 학생들의 학습 결손을 발견하고 처치해야 한다. 학생들이 새로운 학습과제를 성공적으로 학습하기 위해서는 학습에 필요한 선수학습 능력을 갖추고 있어야 하므로 학생들의 결손을 진단・발견하여 보완하는 일은 매우 중요하다.

라) 학습 내용을 어떻게 조직하여 제시할 것인지 고려해야 한다. 주어진 수업목표의 성취를 위해서 교사가 어떠한 학습 내용을 어떠한 방법으로 제시하며, 학생들이 그 학습에 어떻게 참여하느냐에 따라 학습효과가 달라진다.

마) 학생들이 학습하는 과정에서 수시로 형성평가를 실시해야 하며 그 결과는 수시로 피드백 하는 것이 좋다.

바) 학습한 것은 다양한 상황에서 널리 적용될 수 있어야 하며, 후속학습을 위해 높은 수준의 전이와 일반화를 도모해야 한다.

3) 수업설계의 핵심 내용

수업설계의 핵심내용을 정리해 보면 다음과 같다.

가) 수업에 대한 교사의 의도와 문제의식이 명확해야 한다.

나) 수업목표를 구체적으로 제시하고 교육과정 목표와 내용에 부합해야 한다.

다) 수업설계의 정교성과 적절성을 점검해야 한다.

라) 지도계획에 학생 수준의 반영 여부를 확인해야 한다.

마) 적절한 평가 계획을 수립하고 제시해야 한다.

바) 학습 목표의 효율적 도달을 위해 수업을 구조화해야 한다.

사) 자료 활용 계획을 적절하게 수립해야 한다.

아) 수업 결과를 반성하고 피드백의 계획을 세워 부단한 환류가 이루어져야 한다.

자) 학습자의 수준을 고려하여 개별 처치 계획을 세워야 한다.

차) 학습 목표 - 학습 활동 - 평가의 일관성을 유지하고 있는지 확인해야 한다.

4) 수입설계의 절차

가) 수업설계 전 유의사항

① 학생 실태, 출발점 행동 점검, 지적 · 정의적 · 심동적 수준을 파악한다.

② 학생들의 인지적 · 심리적 발달 단계에 맞는 수업 전략을 구상한다.

③ 수업목표나 내용에 적합한 수업방법은 무엇인지 분석하여 선택한다.

④ 동기유발 또는 주의집중을 위한 다양한 형태의 학습 활동에 대한 계획을 수립한다.

⑤ 학습자들의 수준에 맞는 효과적인 수업방법을 선택하고 적용한다.

⑥ 교사의 자질, 능력, 선호하는 수업방법 등을 고려한다.

⑦ 수업에 관련된 현실적인 여건을 고려한다.

나) 수업설계 모형

ADDIE 수업설계모형을 설명하면 다음과 같다[9].

① 분석(Analysis): 수업과 관련된 요인들을 분석하는 것으로 누구를 대상으로 어떤 환경에서 무슨 내용을 가르칠 것인지에 대한 요인들을 분석하는 단계이다. 학습자가 누구인지 현재 어느 수준인지 학습자의 특성을 파악하고, 학습자가 필요로 하는 것과 기대되는 것이 무엇인지 학습자의 요구를 분석한다. 수업의 실제에 사용할 수 있는 물적 자원과 학습공간의 물리적 환경을 분석하며, 교사는 목표

9) ADDIE모형을 세분화한 Dick & Carey나 Kemp의 교수설계 모형을 의미하고, ADDIE의 발전된 형태로 꼽히는 것은 래피드 프로토타이핑(RP: Rapid Prototyping)이다. 분석(Analysis), 설계(Design), 개발(Development), 실행(Implementation), 평가(Evaluation)의 5단계로 구성된다.

달성을 위하여 필요로 하는 지식, 기능, 태도 등을 파악하고 분석한다. 수업에 가르칠 내용을 교육과정 목표와 내용 중심으로 교과 목표, 단원 목표, 차시 목표와의 계통성과 계열성을 분석하여 무엇을 어떻게 학습할 것인지 과제를 결정하는 단계이다. 모든 과제는 더 세분화된 하위 과제로 쪼갤 수 있으며, 하위 과제들을 누적하여 익히면 목표로 하는 학습에 도달할 수 있다는 가정에 근거하여 과제분석을 실시한다.

㉮ 요구분석: 학습자 현재 수준과 미래의 요구 수준 사이의 차이를 분석한다.

㉯ 학습자 분석: 선수지식 정도, 동기 및 흥미 유발 정도, 학습자 경험, 학습자들이 선호하는 교육방법, 학습자의 관심 분야를 분석한다.

㉰ 환경 분석: 수업이 이루어질 물리적·공간적 환경을 분석한다.

㉱ 직무 및 과제분석: 교육과정 목표 및 내용, 교과 목표 및 내용, 단원 목표 및 내용 등 학습의 위계 분석 등 학습자가 수행해야 하는 과제를 더 단순한 하위 과제로 분석한다.

② 설계(Design): 분석 과정에서 나온 결과를 토대로 수업 제반 사항에 대해 설계하는 것이다. 수업목표 진술을 행동적인 용어로 명확히 하며, 그 목표가 제대로 이루어지는지 평가 도구를 선정한다. 학습자에게 효율적인 프로그램이 되도록 계열화하며 어떻게 가르칠 것인지 교수·학습 전략을 수립한다. 또한 학습 활동을 촉진시킬 수 있는 적절한 교수 매체를 선정한다. 가장 효과적이고 효율적인 방법으로 수업목표에 도달할 수 있는 교수·학습 방법이 무엇인지를 결정하는 단계이다.

㉮ 수행목표 명세화: 수업목표를 명료하게 행동적 용어로 진술한다.

㉯ 평가 도구 설계: 설정한 목표에 근거한 평가내용을 개발한다.

㉰ 수업 내용 계열화: 학습 내용의 제시 순서 결정, 활동 단계를 결정한다.

㉱ 교수 전략과 매체 선정: 수업 내용과 수업환경에 적합한 매체를 선정한다.

③ 개발(Development): 수업 설계도 또는 설계명세서에 수업 단계별로 사용될 교수·

학습 자료를 실제로 개발하고 제작한다. 개발 과정에는 먼저 교수・학습 자료의 초안 또는 시제품을 개발하여 파일럿 테스트와 형성평가를 실시하고 프로그램을 수정한 뒤에 마지막으로 최종 산출물, 즉 완제품을 제작하는 일이 포함된다. 분석과 설계 단계에서 결정한 수업목표를 달성하기 위한 자료를 개발하는 단계이다.

㉮ 교수 자료 개발: 수업 내용과 목표에 적합한 자료를 개발한다.

㉯ 파일럿 테스트 형성평가 및 수정: 예비 적용한 결과를 토대로 수정, 보완한다.

㉰ 제작: 수업에 투입할 교수・학습 자료를 개발한다.

④ 실행(Implementation): 실행단계에서는 설계되고 개발된 교수・학습 프로그램을 실제의 수업 현장에 사용하고 이를 학교교육과정 운영에 적용하며 계속적으로 유지・변화・ 관리하는 활동이다.

㉮ 설치 및 사용: 실제 교실 수업 현장에 적용, 수업 현장에 설치 및 사용한다.

㉯ 유지 및 관리: 계속적인 피드백, 수정・보완한다.

⑤ 평가(Evaluation): 수업 실행 과정에서의 모든 결과를 평가하는 것이다. 설계, 개발한 교수・학습 자료와 프로그램, 교수 매체의 적합성과 효율성, 그 과정을 계속 이어나가도 될지에 대한 지속성 여부, 문제점이 발생했다면 어떻게 수정해서 재적용할 것인지에 대한 수정 사항 등을 평가한다.

㉮ 교육 훈련: 부단한 수업자 연찬, 전문성 향상을 위해 노력한다.

㉯ 학습자 평가: 수업목표에 도달했는지 평가 도구를 활용하여 평가한다.

㉰ 수업 평가: 수업의 전체적인 측면 평가 및 피드백을 하여 환류한다.

다. 수업 단계

1) 수업구성 원리(주삼환, 2009)

가) 교육과정 목표 중심의 단위 수업목표 설정하기

나) 교육과정 내용 중심의 단위 수업내용 선정하기

다) 수업 일시, 지도 장소, 지도 대상, 지도 교사 확인하기

라) 본 차시와 관련 단원과 핵심 성취 기준 설정하기

마) 성취 기준 도달을 위한 학습주제 선정하기

바) 본시 수업 전략 설정하기

사) 학습이론과 수업 모형 적용하기

아) 학생 참여 활동을 통해 학습 내용 반복하기

자) 배경지식을 경험 기억으로 만들기

차) 학습 내용을 시각화하기

카) 유쾌한 수업으로 마무리하기

2) 수업구성 단계

수업 구성 사전 활동	• 단원의 개관(교재면, 지도면, 학생면) • 교육과정 목표 - 교과 목표 - 단원 목표 - 차시 목표 일관성 • 학생의 인지적 · 정의적 · 심동적 실태 분석 • 차시학습 내용의 계열성 • 학생의 흥미 · 관심 파악 • 단원의 평가내용 선정 • 본시 수업 전략 파악	 • 차시학습 내용의 계통성 • 단원의 평가 방향 설정 • 본시 수업의 특성 • 지도상 유의점 제시
도입	• 학습 목표 제시 • 학습자 동기유발 • 학습 문제 확인 • 전시 학습 상기 • 학생들의 경험 유도 • 배경지식 자극	

전개	• 명확한 설명 • 주기적으로 전달 내용 요약 • 적절한 속도 유지 • 활동 간의 유기적 연결 • 학습 순서 안내 • 수업 모형 적용 • 수업 전략 활용 • 다양한 활동 유도 • 긍정적 분위기 조성 • 학습 자료 투입	• 의미 있는 중요 내용 부각 • 학생들의 사고활동 자극 • 적합한 자료 제시 • 학습자 동기유발 유지 • 학습 내용 파악 • 발문 기법 적용 • 수업 단계 안내 • 생각과 느낌 공유 • 다양한 이이디어 생성하기 • 수업과정 평가
정리	• 확인 및 평가 • 형성 평가 • 학습 내용 정리 • 피드백 및 환류 • 과제 안내	• 본시 평가 계획 • 자료 활용 평가 • 적용 과제 제시 • 판서 계획 • 차시예고

라. 교수 · 학습 지도안 작성

1) 교수 · 학습 지도안 작성을 위한 Tips

가) 구체적인 학습 목표를 설정하고 행동적 목표 진술을 하였는가?

나) 교수활동과 학생활동을 쌍방적으로 상호작용할 수 있게 계획하였는가?

다) 수업 전략의 전개 요령과 유의사항을 명시하였는가?

라) 학습 자료의 사용 시기와 방법을 계획하였는가?

마) 이용 가능한 다양한 사례와 활동을 준비하였는가?

바) 단계별 수업 방법과 시간을 계획하였는가?

사) 교사의 발문과 배경지식 자극 자료를 준비하였는가?

아) 수업 전 과정에서 평가의 내용과 방법을 계획하였는가?

2) 교수·학습 지도안 작성 방법

가) 수업의 개요

<table>
<tr><td>학 교 명</td><td>○○중학교</td><td>대 상</td><td>○학년 ○반</td><td>교실 환경</td><td>일반 교실( ), 교과 교실( ), 특별 교실(√)</td></tr>
<tr><td>교 과</td><td>○○○</td><td>장 소</td><td>○○○</td><td>지도 교사</td><td>○○○</td></tr>
<tr><td>단 원</td><td></td><td>차시</td><td></td><td>시 간</td><td></td></tr>
<tr><td>학습 주제</td><td colspan="2"></td><td>학습 문제</td><td colspan="2"></td></tr>
<tr><td>성취 기준</td><td colspan="3"></td><td>주요 핵심 개념</td><td></td></tr>
<tr><td>학습 목표</td><td colspan="5"></td></tr>
<tr><td>교수·학습 자료</td><td colspan="2"></td><td>교수·학습 모형</td><td colspan="2"></td></tr>
<tr><td rowspan="2">수업 의도</td><td colspan="3" rowspan="2"></td><td>탐구 요소</td><td></td></tr>
<tr><td>창의·인성요소</td><td></td></tr>
</table>

나) 학습자 출발점 행동 및 성향 분석

<table>
<tr><th colspan="2">관 점</th><th>분 석 내 용</th></tr>
<tr><td rowspan="2">출발점
행동 - 선수학습</td><td>인지적 영역</td><td></td></tr>
<tr><td>기능적 영역</td><td></td></tr>
<tr><td rowspan="3">학습자 성향</td><td>인지적 영역</td><td></td></tr>
<tr><td>정의적 영역</td><td></td></tr>
<tr><td>심동적 영역</td><td></td></tr>
</table>

다) 수업방법의 구조

(1) 목표 구조

관 점	목 표
외재적 목표	□ 지식 목표 □ 기능 목표 □ 태도 목표
내재적 목표	□ 창의력 □ 문제해결능력 □ 의사결정능력 □ 의사소통능력 □ 가치관 □ 자신감 □ 자아효능감 □ 배려와 관심 □ 근면성 □ 기타

(2) 활동 구조

구 분	활 동
체험 활동	□ 조작 체험 □ 제작 체험 □ 관찰 체험 □ 정보 체험 □ 분류 체험 □ 현장 체험 □ 탐구 체험 □ 기타
이론 탐구	□ 계획하기 □ 탐구하기 □ 분석하기 □ 평가하기

(3) 교수·학습 방법 구조

관점 및 접근	모 형	
교수-학습 방법에 따라	□ 문제해결학습모형 □ 기억 모형 □ 귀납적 사고 모형 □ 인지발달 모형 □ 탐구학습 모형 □ 모의학습 모형 □ 논쟁 수업 모형 □ JIGSAW·JIGSAWⅡ·JIGSAWⅢ 모형 □ SQ3R(Survey, Question, Read, Recite, Review) □ 오류 수정 학습 모형 □ 의사결정 모형 □ 법리 모형 □ 구성주의 수업모형 □ 버즈(Buzz) 학습 □ 프로그램 학습 □ ICT활용 수업 모형 □ 공간 지각 훈련 전략 □ 감각 훈련 전략	□ 선행조직자 모형 □ 개념학습 모형 □ 발견학습 모형 □ 다중지능 모형 □ 역할놀이 모형 □ 상황 관리 모형 □ 직접 교수법 □ 보상중심 협동학습 모형(STAD/TGT) □ 상보적 교수법 □ 문제해결모형 □ 집단탐구 모형 □ STS(과학-기술-사회)수업모형 □ 순환 학습 모형 □ 구안 학습(Project Method) □ 시청각 학습 모형 □ PBL통합학습모형 등 □ 기억술 학습 전략 □ 동기 자극 훈련 전략

관점 및 접근	모 형
	□ 두뇌 자극 게임 전략 □ 두뇌 전환 훈련 전략 □ 마인드 맵핑 전략 □ 두뇌 기반 학습 전략 □ 브레인스토밍 전략 □ 상상력 훈련 전략 □ 감각 자극 자료 활용 전략 □ 신체 활용 및 움직임 □ 형태 인식력 향상 전략 □ 두뇌 자극 놀이 □ 프로젝트 학습 전략 □ 토론활동 학습 전략 □ 소프트웨어 활용 학습 전략 □ 웹모의실험활용 학습 전략 □ 디지털미디어활용 학습 전략
전달 방법에 따라	□ 강의식 수업 □ 학생 발표식 수업 □ 토의·토론식 수업 □ 기능 시범식 수업 □ 구성주의식 수업 □ 교사 시범 □ 학습자 주도 수업 □ 기타
교과 특성에 따라	□ 국어과: 직접교수모형, 문제해결학습모형, 창의성계발학습모형, 지식탐구학습모형, 반응중심학습모형, 토의·토론 학습모형 □ 사회과 예시: 탐구학습모형, 문제해결학습모형, 의사결정학습모형, 협동학습모형, 소집단토의학습모형, 직소우학습모형, 시뮬레이션학습모형 □ 수학과: 개념형성학습모형, 원리탐구학습모형, 문제해결학습모형 □ 과학: 발견학습모형, 탐구학습모형, STS수업모형, 프로젝트학습모형
학습 자료에 따라	□ 플래시 카드 □ CD 롬 □ 오디오 자료 □ 비디오 자료 □ 전자우편 □ 온라인대화 □ 웹, 인터넷 자료 □ 멀티미디어 자료 □ 응용 프로그램 □ 서책 및 텍스트 자료 □ 실물 자료 □ 갤럭시 탭 □ 기타
수업 유형에 따라	□ 정보탐색하기 □ 정보분석하기 □ 정보안내하기 □ 웹토론하기 □ 협력연구하기 □ 전문가교류하기 □ 웹펜팔하기 □ 정보만들기

(4) 수업 활동 장소

수업 장소	수업 차시
□ 일반 교실	1/4
□ 특별 교실	2/4
□ 교과 교실	
□ 멀티미디어실	
□ 모둠학습실	4/4
□ 멀티미디어실	
□ 실험실습실	3/4
□ 기타	

라) 과학과 교수 · 학습 지도안 예시

<table>
<tr><td>학 교 명</td><td>○○중학교</td><td>대 상</td><td>○학년 ○반</td><td>교실 환경</td><td>일반 교실( ), 교과 교실( ), 특별 교실(√)</td></tr>
<tr><td>교 과</td><td>과 학</td><td>장 소</td><td>과학실</td><td>지도 교사</td><td>○○○</td></tr>
<tr><td>단 원</td><td>1-1-3. 암석의 종류는 다양해</td><td>차시</td><td>1/4</td><td>시 간</td><td>45분</td></tr>
<tr><td>학습 주제</td><td colspan="2">여러 가지 종류의 암석을 탐색해 보기</td><td>학습 문제</td><td colspan="2">여러 종류의 암석을 탐색하여 내가 살 집을 구상하여 봅시다</td></tr>
<tr><td>성취 기준</td><td colspan="3">여러 가지 암석으로 내가 살고 싶은, 내가 짓고 싶은 건물을 구상한다</td><td>주요 핵심 개념</td><td>암석 종류,
건축 자재</td></tr>
<tr><td>학습 목표</td><td colspan="5">여러 가지 암석으로 내가 살고 싶은, 내가 짓고 싶은 건물을 구상할 수 있다</td></tr>
<tr><td>교수 · 학습 자료</td><td colspan="2">실물 자료, 사진 갤럭시 탭, ict</td><td>교수 · 학습 모형</td><td colspan="2">탐구 학습, 지식 구성 학습</td></tr>
<tr><td rowspan="2">수업 의도</td><td colspan="3" rowspan="2">○ 암석의 특징에 대하여 관찰 · 조사 · 탐색하여 분류한다.
○ 분류한 암석의 특징에 따라 용도와 쓰임새를 탐구한다.</td><td>탐구 요소</td><td>관찰, 조사, 분류</td></tr>
<tr><td>창의 · 인성요소</td><td>흥미, 호기심,
협력, 환경보호</td></tr>
</table>

단계	중심 요소	교수 - 학습 활동	시간 (분)	자료(○) 유의점(※)
도입	동기 유발	■ 동기 유발 □ 생각 꺼내기 △ 퀴즈: 사진이 무엇인지 알아보기 - 사암 그림 - 화강암, 사암, 역암, 이암, 석회암, 화산암, 대리석, 현무암 등 △ 산에서 주운 돌과 강에서 주운 돌 중 어느 곳에 돌이 더 단단할까? - 산의 돌, 강의 돌: 왜 그렇게 생각하는가?	5′	○실물화상기, 사진 ※암석에 대한 관심을 가지며, 서로의 의견을 나눈다
	탐색 및 문제 파악	■ 학습 문제 파악 □ 공부할 문제 생각하기 ■ 공부할 문제 여러 종류의 암석을 탐색하여 내가 살 집을 구상하여 봅시다		
전개	탐색 및 문제 파악	■ 학습 활동 안내 <활동1> 조사 계획 세우기 <활동2> 조사하고 탐구한 결과 기록하기 <활동3> 탐구하고 분류한 결과 토의하기	5′	○조사방법 동영상 ○PPT
	가설 설정	■ <활동1> 조사 계획 세우기 □ 조사 방법 및 순서 살펴보기 1. 여러 가지 종류의 암석의 실물을 준비하고, 산, 들, 강의 암석을 수집한다. 2. 여러 가지 암석을 같은 성질과 특징의 암석끼리 분류한다. 3. 동영상 자료를 보면서 암석의 단단하기, 색깔, 크기 등의 특징을 관찰한다. 4. 건물에 사용된 암석의 종류를 탐색해 본다.	15′	※관찰 도구를 조심스럽게 다루고 안전사고를 예방한다.
	조사 설계	□ 조사 결과 예상하기 △ 여러 종류의 암석은 각각 어떻게 만들어졌을까요? △ 암석의 종류에 따라 어떤 쓰임이 있을까요? △ 각각의 암석의 특징을 관찰 조사해 보았을 때 예상되는 것은 무엇일까? □ 관찰 · 조사 탐구할 때 주의할 점 이야기하기 △ 이 관찰 · 조사에서 같게 해 주어야 하는 것이 무엇일까? - 망치 크기, 암석의 종류, 암석의 량 △ 조심스럽게 안전에 유의하며 조사 · 탐구하기		○암석 표본 망치, 끌, 편광 현미경, 돋보기 등
	실험 하기	■ <활동2> 관찰 · 조사하기 □ 모둠을 만들어 역할 나누기 - 자료 확인하기/- 모둠원의 역할과 규칙 확인하기 □ 관찰 · 조사 순서에 따라 실험하기 - 관찰 · 조사에 따라 실험하기 - 관찰 · 조사 결과를 토의하기	5′	※모둠을 순회하며 토의 과정을 잘 관찰하고 돕는다.

단계	중심 요소	교수 - 학습 활동	시간 (분)	자료(○) 유의점(※)
	가설 검증	□ 결과 기록하기 - 관찰한 결과와 토의한 내용을 바탕으로 조사 결과를 그림이나 글로 나타내기 - 모둠별로 발표 준비하기		
	적용 및 문제 발견	▣ <활동3> 관찰 · 조사 · 분류 결과 토의하기 □ 모둠별 토의한 내용 발표하기 △ 암석의 종류에 따른 암석의 특징 발표하기 □ 여러 가지 암석의 종류 중 건축 자재로 사용할 수 있는 암석은 어떤 특징을 갖고 있는가? - 어느 암석이 건축물로 사용할 수 있을까? - 왜 그렇게 생각하는가?	8′	○실물 화상기 ○'광물' 동영상 ○사진 자료, 인터넷
정리	정리 및 평가	▣ 정리 및 평가 □ 배운 내용 정리하기(되짚어보기) - 암석은 종류에 따라 색깔, 크기, 단단하기, 용도 등이 다양합니다. □ 형성평가하기 △ 암석을 분류하기 위하여 같게 해야 할 조건은? △ 건축물에 어울리는 암석의 특징은? □ 상상해 보아요 △ 암석 자재를 사용한 미래의 나의 집 모습 △ 대리석과 화강암, 화산암과 현무암 등	7′	○PPT
	차시 예고	▣ 차시예고 □ '암석과 나의 집' 모둠별로 노래지어 부르기 -가사의 내용을 생각하며 율동과 함께 노래를 한다. -노래 가사의 의미를 생각하며 다음 차시 예고를 한다.		

평가 계획	판서 계획
1. 암석을 관찰 · 조사 · 분류하기 위하여 같게 해야 할 조건을 아는가? (형성평가) 2. 암석의 종류와 특징을 쓸 수 있는가? 3. 암석을 이용하여 미래의 나의 집을 구상할 수 있는가?	공부할 문제 <활동1> 관찰 · 조사 계획 세우기 <활동2> 관찰 · 조사 · 분류 계획 세우기 <활동3> 관찰 · 조사 · 분류 결과 발표하기

마. 수업 평가

수업을 설계하고 실행한 후 반드시 평가 과정을 거쳐야 한다(http://www.teacherville.co.kr).

1) 평가의 기본 방향 및 유형

평가의 방향은 수업의 방향을 결정한다고 해도 과언이 아니다. 학습 목표를 효과적으로 달성하기 위해 학생을 잘 가르치고 그들의 행동을 이해하며 잘못된 부분을 고쳐줄 뿐만 아니라 선발과 분류를 가능하게 만드는 것이 바로 평가 활동이다. 즉, 평가는 교사와 학생 간의 상호작용과 의사결정을 돕기 위해 정보를 수집하고, 해석하며, 활용하는 것이라고 이해될 수 있다. 교수·학습의 핵심 주체인 교사의 바람직한 평가관 확립이 성공적인 수업을 위하여 필수적인 과정이다.

가) 평가의 기능

평가는 학생들의 출발점 행동을 진단하고 수업의 각 단계에서 학습과 관련된 형성 평가와 교육과정 목표 및 교과 단원 목표 성취의 총괄 평가에 대한 중요한 정보를 제공하며 교육성취도의 향상과 교수·학습 과정에 대한 개선에 기여할 수 있어야 한다.

① 학생 개개인의 성취 수준 파악: 학습 주제와 관련된 지식이나 사고 과정에 대한 정보를 수집한다.

② 학습 집단 내에서의 상대적 위치 파악·확인: 개개인의 성취 수준이 그가 속한 집단에 비추어 볼 때 어느 정도의 위치를 차지하고 있는가에 대한 정보를 수집한다.

③ 수행 능력의 향상 정도 확인: 수업을 통하여 향상된 수행 능력의 정도를 확인한다.

④ 수업 참여에 대한 성실도 확인: 학생 자신이 갖춘 능력 수준에 비추어 얼마나 성실하게 수업에 임했는지에 대한 정보를 수집한다.

⑤ 상호작용 정도 및 역할 수행도 확인: 각 학생들이 다른 학생들과 협동하고 상호작

용을 유지하며 함께 일할 수 있는 능력 및 모둠의 구성원으로서 자신의 역할 수행을 얼마나 효과적으로 했는지에 대한 정보를 확인한다.

⑥ 학습에 대한 만족도 · 흥미 · 관심도 파악한다.

나) 평가 과정

교사는 평가에 앞서 평가의 목적을 설정하고, 학생에 대한 정보 수집 방법을 결정하며, 평가 결과를 해석 · 활용하는 평가의 과정을 거치게 된다. 평가가 제대로 수행되기 위해서 필요한 평가의 과정은 다음과 같다.

(1) 1단계: 학습목표 구체화

㉮ 학습 내용 분석: 무엇을 가르칠 것인가에 대한 교육과정 내용 중심의 과제 분석을 한다.

㉯ 목표 진술: 학생들이 행동 가능한 구체적인 용어로 목표를 진술한다.

㉰ 목표의 위계 조직 분석: 교육과정 목표 중심 - 교과 목표 - 단원 목표 - 단위 수업 목표와의 관련성과 계열성의 위계를 분석한다.

(2) 2단계: 평가 방법 및 도구의 상세화

㉮ 평가의 방법: 지필 평가, 수행 평가, 과정 평가, 체크리스트, 누가 기록 등 평가 방법을 정하고 평가 도구를 세분화한다.

㉯ 기준과 준거 선정: 학습 목표 도달 정도를 확인할 수 있는 평가 기준을 정하고 준거에 따라 평가를 한다.

(3) 3단계: 정보 해석의 단계

㉮ 평가의 신뢰도 및 타당도 확인: 목표 달성에 따른 내용 타당도, 구인 타당도를 확인하고 측정하고자 하는 것을 정확하게 제대로 평가하고 있는지 신뢰도를 확인한다.

㉯ 객관성, 실용성, 효율성 확인: 평가를 위한 평가가 아닌 평가를 실행함으로써 학습 목표 도달의 효율성을 높일 수 있도록 한다.

(4) 4단계: 평가 정보의 활용

㉮ 진단을 위한 활용: 학생들의 인지적·정의적·심동적 수준을 파악하고 수업을 설계할 수 있는 정보로 활용한다.

㉯ 등급 부여를 위한 활용: 학생들의 수준을 파악하여 수준별 맞춤형 수업을 설계할 수 있는 자료로 활용한다.

㉰ 수업 진행을 위한 활용: 평가와 피드백을 활용하여 원활한 수업 진행의 자료로 활용한다.

다) 평가의 유형[10)]

평가는 평가 영역, 목표 수준, 평가 기능, 평가 준거, 평가 주체, 평가 방법, 평가 관점에 따라 각기 다르게 구분할 수 있다. 수업의 단계에 적용되는 평가 기능 및 평가 관점에 초점을 맞추어 수업과 연계된 평가의 유형을 분류해 보면 다음과 같다.

(1) 평가 영역에 의한 분류

㉮ 지적 영역 평가: 교육 목표에 진술되어 있는 학습 내용을 기억, 이해, 추론 등과 같은 지적 사고 작용을 통하여 획득해야 하는 지식, 이해력, 적용력, 분석력, 종합력, 평가력 등 학습 목표 달성과 관련된 지적 능력을 측정하는 평가

㉯ 정의적 영역 평가: 정의적 영역의 학습 목표가 달성된 정도를 확인하는 평가

㉰ 심동적 영역 평가: 신체의 일부 또는 전부를 움직여서 성취할 수 있는 학습 목표의 달성 여부와 그 정도를 확인하는 평가

10) 네이버 용어 사전 https://terms.naver.com 참고.

(2) 목표 수준에 의한 분류

㉮ 최소 필수 학력 평가: 수업을 통하여 최소의, 그리고 필수적인 학습 목표가 성취된 정도를 확인하는 평가로서 그것의 도달 여부만을 확인하는 절대 평가의 방법

㉯ 최대 성취 학력 평가: 학생들의 학습 목표 중에서도 심화 발전 영역에 있어서의 성취 정도를 최대한 어디까지 달성했는지를 평가하는 것으로 학생 개인별로 획득한 최대의 성취도를 상대적으로 비교하는 상대평가의 방법

(3) 평가 기능에 의한 분류

㉮ 진단평가(diagnostic evaluation): 학습자의 수준이나 상태를 파악하고, 그에 맞는 수업 절차와 방법을 적용함으로써 수업의 효과를 극대화하기 위하여 실시하게 되는 수업 전 평가

㉯ 형성평가(formative evaluation): 학생의 학습을 증진시키고 교수 · 학습방법을 최적화시키는 데 필요한 정보를 수집하기 위하여 시행되는 수업과정에서의 평가

㉰ 총괄평가(summative evaluation): 형성평가를 통하여 수정, 보완될 학습과정을 거쳐 최종적으로 완성된 교육과정이나 프로그램의 종합적인 성과 및 효율성을 다각적으로 판정하기 위하여 실시되는 최종 종합평가로서 학습과제나 교과 학습이 끝난 이후에 실시되는 평가

(4) 평가 준거에 의한 분류

㉮ 규준지향평가(norm-referenced evaluation 상대평가)

일정한 형태의 평가에서 전체 학급 또는 학년의 학생들이 받은 점수의 평균이나 '수우미양가'처럼 사전에 할당해 놓은 평점 배당 비율을 지칭하는 규준에 비추어 성취도를 평가하는 방법

㉯ 준거지향평가(criterion-referenced evaluation 절대평가)

학습할 수 있는 충분한 시간이나 학습조건을 제공하였을 경우라면 누구나 주어진 학습 목표에 도달할 수 있고, 또 그것이 교육의 목적이라는 발달적 교육관에 기초를 두고, 학습목표를 평가기준으로 하여 목표달성 여부 또는 그 정도를 평가하는 방법

(5) 평가 주체에 의한 분류

㉮ 자기평가: 학습자를 수동적인 평가의 대상이 아닌 능동적인 평가 주체로 삼아 평가의 과정에 포함시키는 형태

㉯ 동료평가: 수업에 참여하는 학습 집단이나 동료 학생의 학습을 비판적으로 분석함으로써 자신의 지식과 기능에 대하여 재고할 수 있는 기회를 제공하는 평가 방법

㉰ 교사평가: 학교에서 가장 일반적으로 시행되는 방법으로 교사가 직접 학생을 인터뷰하거나 관찰하는 평가 형태

(6) 평가 방법에 의한 분류

㉮ 지필평가: 가장 일반적인 형태의 평가 방법으로써 종이와 연필을 이용하게 되며, 주관식과 객관식, 선택형과 서답형의 형태로 나뉜다.

㉯ 수행평가: 수업이 이루어지는 과정이나 그 결과를 보고, 학생이 가지고 있는 지식이나 기능, 태도 등에 관하여 전문적으로 판단하는 평가 방식으로써 서술형, 논술형, 구술, 토론, 실험・실습법, 면접법, 관찰법, 자기평가 보고서법, 동료평가 보고서법, 연구 보고서법, 프로젝트법, 포트폴리오법 등이 있다.

(7) 평가 관점에 의한 분류

㉮ 학습에 관한 평가(evaluation of learning): 학업성취도, 학습목표 달성도의 파악에 중점을 두며, 학습활동 이후의 총괄적 평가기능을 강조하는 평가

㉯ 학습을 위한 평가(evaluation for learning): 학습 개선 및 촉진에 초점을 둔 평가로서 학습과정의 형성적 평가 기능을 강조하고, 수업을 주도하는 교사의 수업관련 판단에 필요한 정보를 제공하는 기능을 중시하는 평가 형태

㉰ 학습으로서의 평가(evaluation as learning): 평가 활동이 곧 학습 활동으로서 학생 자신이 평가를 주도하며, 자율적 확인 점검 및 자체평가에 의한 학습 활동의 질적 수준 향상을 강조하는 평가 형태

2) 수업 단계별 평가

학습목표를 효과적으로 도달하기 위해 교사는 수업의 단계별로 발생하는 학습활동에 대한 정확한 평가 정보를 수집해야 한다. 수업 전・중・후 단계별 평가활동은 교사와 학생 간의 교육적 의사결정의 기반이 된다.

가) 수업 전 평가

분 류	평 가 내 용	평 가 정 보
수업 전 평가	• 학생들의 선행학습의 정도, 흥미와 적성, 언어적, 문화적 배경은 어떠한가?	• 학생들의 사전학습 성취 정도, 시험 점수, 배경지식, 언어 경험 등
	• 학생들의 수업 준비와 출발점 행동은 어떠한가?	• 수업에 대한 자발적 참여 의지, 관심, 학습 동기 등
	• 수업에 임하기 전에 어려움을 느끼는 학생은 없는가?	• 학생들의 학습누가기록, 특수교육 교사와의 협의, 체크리스트 등
	• 수업 활동을 어떻게 계획하여야 하는가?	• 학생들의 학습 요구, 학생 실태, 선수 학습 정도 등
	• 선행 과제로 제시할 수 있는 내용은 무엇인가?	• 학생들의 이해 정도 및 학습 진전 상태

나) 수업 중 평가

분 류	평 가 내 용	평 가 정 보
수업 중 평가	• 학생들에게 어떤 형태의 피드백을 제공해야 하는가?	• 학생 활동의 특징, 개인별 인성, 지적, 인지적 수준 정도 등
	• 어떤 형태의 발문을 해야 하는가?	• 학생들의 사고력, 경험, 배경지식 자극 등
	• 발문에 대한 학생들의 응답은 어떻게 이루어지는가?	• 사고를 유발하는 발문
	• 주의를 요하는 학생이 있는가?	• 과제 수행도, 교실 내에서의 학습태도 관찰
	• 주의 집중이 흐트러질 때, 교사는 어떻게 대응해야 하는가?	• 학생들의 참여도, 다른 학생들에게 미치는 영향, 학습 관련도 등
	• 수업의 마디와 매듭은 어떻게 정해야 하는가?	• 수업 집중도, 관심, 흥미도, 질문 등

다) 수업 후 평가

분류	평 가 내 용	평 가 정 보
수업 후 평가	• 학생들은 얼마나 잘 배웠는가?	• 학업 성취 결과, 수행 평가 결과
	• 후속학습이나 다음 단원을 배울 준비가 되어 있는가?	• 학생들이 이해한 결과에 대한 지식 분석, 적용력 등
	• 학생들에게 어떤 성적을 부여할 것인가?	• 시험, 퀴즈, 숙제, 수업 참여도에 대한 분석
	• 학부형들에게는 학생들의 학습활동 과정 및 결과에 대하여 어떤 코멘트를 할 것인가?	• 학생의 학습능력 향상 정도, 행동 및 태도
	• 수업 개선의 방향은 어떻게 설정할 것인가?	• 진단된 학습 결과, 학습 평가 결과와의 관련성 점검

3) 수업 단계별 평가에서 교사의 역할

수업의 과정은 평가의 과정이라고 해도 과언은 아니다. 수업 목표의 설정, 투입 행동의 진단, 평가 정보에 따른 수업 절차의 처방 및 전개, 학습 성과의 평가 등과 같은 절차는 곧 수업의 절차가 된다. 수업은 평가와 분리하여 생각할 수 없고 수업 전·중·후의 단계별 평가에서 교사의 역할을 알아보면 다음과 같다.

가) 수업 전 평가에서 교사의 역할

① 학생의 선행학습 수준, 학습에 대한 기초 능력 진단, 본시의 출발점 행동 선정 등 수준별 맞춤형 개별화 지도에 대한 계획을 수립해야 한다.

② 학습해야 할 과제에 대한 선수 학습 이해 정도, 학습 주제의 계열성을 분석해야 한다.

③ 수업 전 진단평가 실시, 학습의 시발점이 되는 학생 실태, 필요, 요구를 파악해야 한다.

④ 교사는 학생들의 문화적 배경과 특성, 흥미와 적성, 학습에의 준비도, 학습 동기 등을 파악하여 그 평가 정보를 바탕으로 그 결과를 분석해야 한다.

⑤ 학생들의 학습 결손을 미리 발견해서 이에 대한 보충과 교정 및 준비와 대비책을 세워 학습 지도에 임해야 한다.

나) 수업 중 평가에서 교사의 역할

① 교사는 수업 도중 학습 목표 성취 여부와 관련된 학생의 필요 및 학습상의 문제점을 파악하여 피드백을 주고 교수・학습 과정을 개선하기 위한 평가를 실시해야 한다.

② 학생들의 성장과 교수・학습의 개선을 위한 자료로 활용되는 수행 평가를 실시해 수업의 과정 평가로 학생들의 성취 수준을 파악해야 한다.

③ 진단평가를 통하여 파악한 학생의 수준에 대한 적절한 학습 활동 실행 과정을 평가하고 그 결과에 대한 피드백을 주어야 한다.

④ 수업을 구상할 때, 일반적으로는 특정한 평가 방법을 투입하기 보다는 발문을 통하여 학습내용에 대한 이해 정도를 파악하는 것이 좋다. 교수•학습 과정상의 발문뿐 아니라 주요 학습 요소를 모두 포함할 수 있는 수행평가나 과정 평가 등의 다양한 형태의 평가를 해야 한다.

⑤ 수업 목표에 기초하여 교사가 직접 제작한 5분 테스트, 퀴즈, 각종 쪽지시험 등

의 다양한 형태의 형성평가를 하고, 그에 따라 수집한 평가 정보에 대해 학생들에게 피드백해 줌으로써 학생의 학습과정은 물론 교사의 교수 · 학습 과정의 개선에도 영향을 미칠 수 있도록 계획하여야 한다.

다) 수업 후 평가에서 교사의 역할

① 학생의 학습목표의 성취여부와 학업성취도를 파악하고, 서열보다는 학생의 성장과 발달을 확인하기 위한 평가를 실시해야 한다.

② 학습 결과를 평가하는 총괄평가를 실시할 때, 교사는 다양한 방법을 활용하여 학생의 성취도를 정확하게 파악할 수 있도록 현실적인 평가 계획을 세워야 한다.

③ 평가 계획에 따라 평가 문항 혹은 평가 도구를 개발하고, 이를 적절히 활용하여 학생들의 학업 성취도를 파악하여야 한다.

④ 평가 관점을 학습목표 도달 여부를 평가하는 데에 강조점을 두고, 평가 정보를 학생들의 성장과 변화를 확인하는 데에 사용할 수 있도록 한다.

⑤ 학생의 성장과 변화를 확인하기 위해서는 학습을 시작할 때의 출발점 행동과 학습 후 학생 개개인이 성취한 수준 사이의 정도를 주기적으로 비교 분석해야 한다.

4) 피드백

가) 피드백의 개념

학습상황에서 학생들이 수행하게 되는 과정과 결과에 대하여 학생들에게 주어지게 되는 시험 결과나 과제나 보고서에 관한 논평, 학습한 내용에 대한 학생 개인이나 집단에 주어지는 논평 등의 의사소통이 바로 피드백이다. 부가적인 연습을 제공하거나 다양한 자료와 방법을 사용하여 자세하게 교과 내용을 재교육하는 교정적 피드백을 포함한다.

나) 피드백의 유형

① 내적 피드백: 과제를 수행하는 과정에서 학생이 스스로 얻게 되는 성취수준의 질에 관한 정보를 의미한다. 예를 들어, 문제를 해결하는 과정 중 풀이 과정에서 해법을 발견하며 '뭔가 잘못 푼 것 같은데', '틀린 것 같은데'와 같이 초인지적 점검을 하면서 피드백에 대한 내재적인 정보를 갖게 되는 경우이다.

② 외적 피드백: 학생의 과제 수행의 적절성이나 정확성에 관해서 교사나 다른 학생이 정보를 제공하는 것으로서 교사가 힌트를 제시하거나 학생들이 잘못을 확인하고 수정하도록 도와주는 부가적 설명이나 시범 등이 이에 해당된다.

다) 피드백의 올바른 방법

(1) 피드백의 적절한 시기

가) 학생들이 과제 수행에 대한 의지를 보일 때에는 즉시 피드백과 교정을 제공해야 한다.

나) 새로운 내용의 학습이나 난이도가 높은 문제를 다룰 때에는 피드백과 교정을 자주해 주어야 한다.

다) 피드백과 교정을 적절히 사용하고, 과제가 완성되면 가급적 신속하게 피드백과 교정을 투입해야 한다.

라) 필요시에는 언제든지 교사에게 피드백을 요청할 수 있는 환경과 분위기를 조성해야 한다.

(2) 피드백에 임하는 교사의 자세

가) 피드백과 교정을 구성하기 전에 과제를 분석해야 한다.

나) 과제수행에 대한 어려움 및 문제점에 대한 정확한 분석이 선행되도록 해야 한다.

다) 피드백을 제시할 때에는 내적 피드백이 강화될 수 있는 학습 자료를 제공해야 한다.

라) 피드백을 줄 때에는 양보다는 질적인 면을 고려해야 한다.

마) 학습과정과 전략 개발에 도움이 되는 피드백을 제공해야 한다.

바) 피드백과 교정은 학습자의 요구에 부합하여 다양하게 제공해야 한다.

사) 피드백은 분명하고 명백하게 제시해야 한다.

아) 정확한 피드백을 제시해야 한다.

5) 수업 과정 평가 예시

일련번호	관찰 항목	상	중	하
1	수업 시작 부분에 수업의 목표를 확실하게 제시했는가?			
2	학생의 동기 유발, 호기심, 흥미, 관심을 유도하는가?			
3	수업 과정이나 전달하고자 하는 내용을 명확하게 설명하였는가?			
4	학습 목표나 중요한 내용이 확실하게 부각되었는가?			
5	시간 안배와 진도가 적절하였는가?			
6	수업 과정에서 배운 내용을 요약하였는가?			
7	적용 및 끝맺음이 잘 이루어졌는가?			

6) 수업 조직면

일련번호	문 항	5	4	3	2	1	비고
1	수업 목표가 확실하게 전달되었는가?						
2	수업이 여러 단락으로 나눠져 있는가?						
3	한 가지 이상의 강의 방법을 사용하였는가?						
4	지난 수업 내용과의 연관성이 보이는가?						
5	가장 중요한 내용이 부각되었는가?						

7) 수업 평가표 예시

수업 평가표의 예시를 들어 보면 다음과 같다[11].

영역	평가 요소	평가 기준	평가척도		
			1-2	3-4	5
설계	학습목표 설정	교육과정 성취기준에 근거하고, 학습 내용 및 학생 실태 등을 고려한 학습목표를 설정하였는가?			
	교과 내용 이해	교과 역량, 일반화된 지식, 핵심 개념, 기능, 태도 등이 잘 반영되어 있는가?			
	평가의 설계	성취기준과 단위 차시의 학습목표에 부합하는 평가 기준과 방법을 적용한 평가 계획을 수립하였는가?			
	자기화(브랜드)	수업자 고유의 수업 철학과 교수법이 나타나 있는가?			
실행	학습 동기	학생들이 선행지식과 생활 속의 경험을 바탕으로 흥미롭게 학습에 몰입하는가?			
	학습 집단	학습목표 및 내용, 학급 상황(규모, 복식, 통합 등), 학생의 특성 및 요구에 따라 적절한 학습 집단을 조직・운영하는가?			
	자료 활용	학생들이 의미 있는 학습 경험을 가질 수 있도록 자료, 매체, 자원을 적절하게 활용하는가?			
	수업 전략	교과, 학습 내용, 구체적인 상황에 맞는 교수학적 변환 및 교수 기법을 활용하는가?			
	발문의 적절성	학생의 특성과 수준을 고려한 다양한 발문을 통하여 학생들의 이해와 사고를 촉진하는가?			
	공감적 지원	칭찬, 격려, 수용, 존중 등 정서적 공감을 통하여 학생들의 자발적 참여를 이끌어내는가?			
	수업의 유연성	학습 내용, 학생 실태, 수업 환경 등에 따라 발생할 수 있는 다양한 수업 속 상황에 적절히 대응하는가?			
	상호 작용	대화・토의・토론・질문 등으로 교사와 학생, 학생과 학생 간 상호작용이 활발하게 이루어지는가?			
	학생 참여	수업 과정에서 발표, 노작, 실험, 토의・토론 등 학생 주도의 참여가 이루어지는가?			
	수준별 학습	흥미, 능력, 동기, 학습형태 등 학생들의 개인차를 고려한 수준별 학습을 하는가?			
	과정중심 평가	수업 과정 속에서 학생의 성장과 발달, 향후 수업 개선을 위한 평가가 이루어지는가?			
	피드백 제공	학생들의 오개념, 이해 정도를 점검하고 학습을 증진시키기 위해 시의적절한 피드백을 제공하는가?			
	수업 전개 관리	수업의 전개 속도가 적절하며 전체적인 수업 흐름이 원활한가?			
성찰	평가와 반성	평소 자신의 수업에 대해 타인의 의견을 수용하고, 성찰하는 태도를 지녔는가?			
소통	수업협력	수업 전문성 신장을 위해 동료교사들과 적극적으로 공유 및 협력하는가?			
	교사윤리	교사로서 사명감을 지니고 민주적인 학교 문화 조성을 위해 노력하는가?			

11) 경상북도교육청 수업선도교사 연구수업 심사표 참고

discussion

토의 주제

01 좋은 수업의 특징을 설명하고, 자신이 교직 생활을 한다면 어떠한 수업을 할 것인지를 설명하고 토의해 보자.

02 수업설계의 개념 및 모형을 설명하고, 자신이 수업을 설계한다면 어떻게 할 것인지를 설명하고 토의해 보자.

03 자신이 담당하는 교과의 교수 · 학습 지도안을 1차시 작성하고, 지도안 작성 과정을 설명하고 토의해 보자.

04 자신이 수업하는 내용을 중심으로 수업평가표를 작성해 보고, 그 결과를 설명하고 토의해 보자.

08

생활지도 및 상담

1. 생활지도

가. 생활지도의 개념[12)]

생활지도란 아동 및 청소년들이 성장 과정에서 당면하게 되는 가정적 · 교육적 · 직업적 · 신체적 · 정서적 · 성격적인 여러 가지 문제를 자기의 힘으로 해결할 수 있도록 도와주는 봉사활동이라고 정의할 수 있다. 문제 학생뿐만 아니라 모든 학생들이 생활지도의 대상이 된다. 자기실현 또는 자아실현은 생활지도의 목표이며, 자기 자신의 능력이나 취미, 잠재적 가능성에 대한 정확한 이해, 지적 · 정서적 · 신체적 면에서의 조화 있는 전인적인 인간의 발달, 현명한 선택 능력, 정신적 건강 등이 포함된다. 생활지도는 하나의 과정이며, 하나의 조력이며 개인에 관심을 갖는다. 한편 생활지도의

12) 네이버 용어 사전 https://terms.naver.com 참고.

중핵 활동은 상담이고 상담의 중핵 활동은 따뜻한 인간관계, 즉 래포 형성이다.

따라서 생활지도는 학생이 일상생활에서 당면한 문제를 자력으로 해결함으로써 건전하게 성장·발달할 수 있도록 도와주는 봉사활동의 과정이고 자율적인 성장을 촉진하기 위한 학교의 조력 활동이라 할 수 있다.

1) 생활지도의 목적

가) 학생과 관련된 직접적 목적

(1) 자신의 올바른 이해: 자신을 정확하게 파악하도록 돕고 자신의 능력을 최대한 발휘할 수 있도록 돕는다.

(2) 잠재능력의 계발: 자신의 능력 발휘에 대한 방해인자를 없애고 최대한의 능력을 발휘할 수 있도록 돕는다.

(3) 자율적인 문제해결 능력의 신장: 자신의 문제를 스스로 점검하고 해결할 수 있는 문제해결 능력을 길러 준다.

(4) 현명한 선택과 적응: 자신이 처한 상황에서 합리적인 판단과 선택 능력을 길러 주며 적응력을 돕는다.

(5) 전인적 인간발달: 지적, 정의적, 인지적으로 조화된 인격의 발달을 돕고 통합적 인생을 즐길 수 있도록 돕는다.

(6) 민주시민 육성: 민주 시민으로서 살아갈 수 있는 자질과 태도를 길러 주며 사회에 공헌할 수 있도록 돕는다.

나) 간접적 목적

(1) 학교나 교사의 생활지도, 자료수집 활동을 돕는다.

(2) 교사의 학교생활에 필요한 자료를 획득한다.

(3) 개인뿐만 아니라 집단을 위한 유익한 정보를 제공한다.

(4) 궁극적으로 개개인의 자아실현을 돕는다.

2) 생활지도의 필요성

가) 사회의 급격한 변화로 도덕성 부재, 물질만능주의, 정보의 홍수화, 정보의 부정확성 등 가치관의 혼란으로 생활지도의 필요성이 부각된다.

나) 사회 평등성의 확산으로 학생을 완전한 한 인간으로 보는 민주시민 사회의 요구이다.

다) 인간을 인간으로서 이해하는 심리학의 발달적 관점에서 생활지도가 필요하다.

라) 가정, 학교, 사회에 처한 아동의 여러 가지 문제를 해결해야 할 개인의 요구가 있다.

3) 생활지도의 발달[13)]

가) 도입기: 초기의 생활지도는 직업 지도와 학업 지도의 개념에서 발달하였으며 Parsons가 1908년 보스톤 시에 직업 보도국을 개설하면서 시작되었다. 이곳은 청소년들에게 직업교육을 실시하고 직업상담 교사를 양성하는 기관이었다. 이듬해 파슨스는 『Choosing a Vocation』이라는 최초의 생활지도 교과서를 출간하였고 개인을 이해하기 위한 상담, 심리검사, 진로상담, 취업지도, 학생에 관한 기록의 작성과 보관, 학생에 관한 조사연구, 정보제공 등의 전문적 활동을 강조하고 있다. 우리나라에는 1945년에 도입되었고, 이를 생활지도로 명명하였다.

나) 전환기: 1929년 경제공황 이래 정신위생과 사회적 적응력을 강조하는 시기이다.

다) 발전기: 협동적인 인간상의 요구에 부응하기 위하여 집단지도를 중시한 시기이다.

라) 상담심리의 분리: 생활지도의 일반 기능으로부터 상담(Counseling) 활동을 분리한 시기이다.

13) 네이버 용어 사전 https://terms.naver.com 참고.

4) 생활지도의 기본 원리

가) 개인의 존엄과 수용의 원리: 생활지도는 기본적으로 개인의 존엄성을 인정하고, 모든 개인이 한 인간으로서 존중받아야 한다는 민주적 이념에서 출발해야 한다. 즉, 개인이 지적·정의적·사회적·도덕적 측면에서 성장 가능성이 풍부하다는 신념 아래서 성립될 수 있어야 한다.

나) 자율성 존중의 원리: 생활지도는 조력을 목적으로 하는 것이기 때문에 어떤 문제의 해결에 있어서 개인이 스스로 문제의 핵심을 파악하고 가능한 방안을 탐색하여 자신이 최종적으로 선택·결정을 하도록 하는 자율적 능력과 태도를 존중해야 한다.

다) 적응의 원리: 개인 생활에 적극적으로 적응하게 한다.

라) 인간관계의 원리: 사람과 사람과의 사이에 생기는 심리작용으로 언어의 작용을 기본적 조건으로 하는 의사소통에 의해 인간관계가 성립한다. 인간관계의 원리는 집단 내 공동목표의 수립과 동기(motivation)를 발전시키는 것이다.

마) 자아실현의 원리: 개인이 그가 고유한 인간으로 실현할 수 있는 잠재 가능성을 최대한으로 수용하고 표현한 상태에 도달해야 한다.

5) 생활지도의 원리

가) 계속 과정의 원리: 생활지도는 일차적 만남에서 끝나는 것이 아니라 입학에서부터 진급, 진학, 졸업 후까지 계속적으로 실시하며 추수활동을 해야 한다.

나) 통합성(전인적)의 원리: 생활지도는 전인적 입장에서 통합적이고 조화롭게 이루어져야 하며 인간의 전체적인 면을 다루어야 한다.

다) 균등의 원리: 생활지도는 문제아나 사건 처리뿐만 아니라 전체 학생들의 잠재적 가능성을 최대한 계발해야 하며 일반적인 모든 학생들을 대상으로 균등하게 적용해야 한다.

라) 과학적 기초의 원리: 생활지도는 구체적이고 객관적인 자료 수집을 기초에 두고 과학적으로 지도해야 한다.

마) 적극성의 원리: 생활지도는 소극적인 치료도 중요하지만 적극적인 예방 지도에 중점을 두어야 한다.

바) 협동성의 원리: 생활지도는 학교 전체의 협동은 물론 학교와 가정 또는 학교와 지역사회 등이 협동해서 지도해야 한다.

6) 생활지도 절차

가) 조사 활동: 학생 이해 활동의 초기 단계로 학생 간 개인의 존재를 인식하고 그것을 이해하기 위해 실시한다. 가정환경조사, 학부모 교우 면담, 자서전, 사례연구법, 투사법, 질문지법, 사회성측정법, 질적 연구 등을 활용하여 학생 이해를 위한 자료를 수집한다. 특히 사회성측정법은 학급의 집단따돌림 현상을 파악하는데 가장 효과적인 방법이다.

나) 정보 활동: 학생들에게 필요한 각종 정보 및 자료를 제공하여 개인적 발달과 현실 사회에 적응할 수 있도록 도와주는 활동으로서 학생들의 개인적 · 사회적 문제해결을 위한 각종 자료와 교육 · 직업 정보를 제공한다.

다) 상담 활동: 학생 스스로 자신을 이해하고 문제를 해결할 능력 배양과 자율적 성장을 돕는 활동으로서 대부분의 학교에서는 담임 교사와 전문상담교사가 학생들을 상담한다. 상담자와 내담자 간에 행해지는 극히 개별적인 문제해결과정이다.

라) 정치 활동: 상담활동 이후 학생의 소질, 능력, 적성에 따라 무엇인가를 선택할 수 있도록 하는 조직적 활동이다. 계열, 교과목, 동아리 활동 등 교육과정 상의 선택뿐만 아니라 개인 문제 선택도 포함한다. 개인 면담이나 오리엔테이션 등 집단지도가 수행되기도 한다. 즉, 개인적 발달과 적응 과정에서 적절한 다음 단계를 취하도록 계획된 교육적 활동이다.

마) 추수 활동: 상담, 정치활동 후에 계속 잘 적응하고 있는지 점검하는 활동이다. 상담을 통해 지도받은 학생이 얼마나 적응하고 있는가를 알아보는 활동으로서 전화, 면접, 관찰, 질문지, 체크리스트 등의 조사 방법이 있다.

7) 생활지도의 모형

생활지도를 보는 관점에 따라 살펴보면 다음과 같다(임규혁, 1999).

가) Parsons 모형

생활지도를 직업 지도와 유사한 개념으로 생각하여 개인의 진단과 사례 연구를 직무 분석에 적용하는 데 초점을 두었다.

나) 교육으로서의 생활지도

교육과 생활지도를 유사한 개념으로 간주한다. 교육이 학업을 포함한 기초적 정신 과정, 직업, 여가 활용, 성품 등에 긍정적인 변화를 기대한다.

다) 배치와 적응으로서의 생활지도

생활지도는 개인으로 하여금 학교생활과 일상에서 잘 적응하도록 도와주는 역할이라는 관점이다.

라) 임상적 과정으로서의 생활지도

생활지도 활동을 일련의 임상 과정으로 간주하는 모형이다. 개인차에 대한 내면적 심리 문제를 인간 외부에서 해결하려 하니 과학적인 자료 수집 과정을 필요로 한다.

마) 의사결정 과정으로서 생활지도

생활지도 과정에서 개인의 중요성을 강조함으로써 민주주의 사회에서의 개인의 의사결정에 초점을 두었다.

바) 절충주의와 일련의 봉사로서 생활지도

생활지도가 학교에서의 핵심적 활동이 되어야 한다고 주장하며 교사, 교육행정가,

생활지도 담당자 사이의 협동을 강조한다.

사) 발달적 과정으로서 생활지도

생활지도가 학생뿐만 아니라 인간의 전 생애를 걸쳐 진행되는 발달을 도와야 한다고 보는 모형이다. 개인의 직업, 교육, 개인적·사회적 경험이나 선택 등의 모든 분야에서 걸쳐 발달을 돕는다.

아) 사회적 조정자로서의 생활지도

상담자의 역할은 인간의 특성과 잠재적 능력에 기초하여 학생 개개인의 개성을 신장시킬 수 있도록 필요한 정보, 자극, 추천을 제공하는 것이다.

자) 심리교육으로서의 생활지도

생활지도는 심리교육을 통해 학생들의 전인적인 발달을 도모하고 개인의 자아개념의 긍정적 변화를 위한 교육, 인간관계의 향상을 위한 교육, 효율적 의사소통을 위한 교육을 한다는 관점이다.

8) 생활지도 형태

가) 인성 지도: 학생이 인격적 소질을 육성하도록 돕는다

나) 교육 지도: 학교 교육과 관련된 지도 활동으로서 교육 실시 전후 단계에서 수행된다.

다) 사회성 지도: 사회 생활을 잘 적응할 수 있도록 돕는다.

라) 건강 지도: 신체적인 면뿐만 아니라 정신적인 면에서 통합적인 지도가 요구된다.

마) 여가 지도: 교과활동 이외에 여가선용에 관한 지도 활동이다.

나. 상담 활동

생활지도는 예방활동에 주력해야 하므로 상담 활동이 주가 된다. 상담 활동의 이론과 실제를 살펴보면 다음과 같다(오만록, 2017).

1) 상담의 개념

상담이란 전문적인 훈련을 받은 상담자가 내담자의 자신과 주위환경에 대한 이해를 촉진시킴으로써, 적응과 발달을 할 수 있도록 행동의 변화를 가져오게 하는 상호작용의 학습과정이다. 상담 활동은 생활지도의 가장 핵심 활동으로 상담에 대한 전문적 지식을 가진 상담자와 문제를 가진 피상담자가 면 대 면으로 만나 문제를 해결해야 한다.

2) 상담의 형태

가) 위기 상담: 자살 기도, 약물 불안, 실연 등 위기에 처해 있을 때는 즉시 개인적으로 지지하고 직접 개입하거나 의료 기관, 전문기관에 의뢰한다.

나) 촉진 상담: 직업 정치 활동, 학업 정치 활동 등 개인의 발달을 촉진하는 상담으로 장기간 개인 상담, 유익한 정보제공, 해석, 직면, 행동 지시 등을 통하여 상담 활동을 한다.

다) 예방 상담: 성교육, 자아와 진로 인식, 약물 인식 등 일정 기간 정보를 제공함으로써 예방에 주력한다.

라) 발달 상담: 긍정적 자아개념 발달, 중년에서의 진로 변경 등에 대하여 발달 상담을 함으로써 가치관 명료화, 의사결정 검토 등 개인의 발달을 돕는다

3) 상담의 기술

가) 적극적 수용과 경청: 내담자를 무조건 이해하고 받아들이고, 어떠한 부대조건 없이 위로하고 적극적으로 수용한다. 피상담자의 진술을 적극적으로 수용하고 경

청한다.

나) 발언의 핵심에 대한 반응: 내담자가 이야기하는 도중 그 핵심을 파악하여 이에 적절히 반응한다.

다) 명료화: 산만하고 막연한 내용을 상담자가 분명하고 간결하게 정리해서 말해 준다.

라) 요약: 산만하게 진술한 말을 재조직하여 간결하게 줄여서 말해 준다.

마) 인도: 이야기를 촉진하거나 새로운 화제를 유도하는 데 사용한다.

바) 직면화: 내담자의 모순된, 혹은 자기기만적인 행동 형태를 인정하게 한다. 내담자의 내면에 지니고 있는 자신에 대한 그릇된 감정이나 현실의 경험과 일치되지 않은 감정이 자기기만적인 행동 형태임을 스스로 인정하게 하는 것으로, 특히 자신의 현실 경험과 느낌 또는 진술이 옳지 않음을 인식시킨다.

사) 해석: 내담자가 진술하지 않은 내용, 경험한 것, 진술된 것을 토대로 하여 추론하여 말해 준다.

4) 상담과 심리치료의 구별

가) 상담은 전체 생활지도 프로그램을 강조하고, 심리치료는 심각한 행동의 교정에 관심을 둔다.

나) 상담의 대상자는 정상적인 사람이고, 심리치료는 정신적 · 성격적 장애를 다룬다.

다) 상담의 장소는 학교이고 심리치료의 장소는 병원이다.

라) 상담은 주로 개인의 긍정적인 측면을 강조하고, 심리치료는 진단과 치료를 강조한다.

마) 심리치료는 상담보다 목표를 달성하는 데, 더 장기간이 소요된다.

바) 상담은 개인의 명확한 정체감을 갖도록 돕고, 심리치료는 개인의 내재적인 갈등을 다룬다.

사) 상담은 개인의 의식적인 세계를 다루고 심리치료는 무의식과 과거 경험을 다룬다.

5) 상담의 기본 원리

가) 개별화의 원리: 모든 상담은 개인에 초점을 맞추고 있으며 개인의 발달을 돕는다.

나) 의도적 감정 표현의 원리: 피상담자의 감정을 모두 털어 놓을 수 있도록 허용적인 분위기를 조성해야 한다.

다) 자기결정의 원리: 모든 판단과 선택은 피상담자 스스로 결정해야 한다.

라) 수용의 원리: 어떠한 피상담자의 장점과 단점, 호감적 · 비호감적 성질, 긍정적 · 부정적 감정, 건설적 · 파괴적 태도와 행동도 있는 그대로 수용하고 지각한다.

마) 통제된 정서관여의 원리: 상담자는 여러 감정을 억제 통제하여야 한다.

바) 비심판적 태도의 원리: 비지시적인 상담을 진행해야 하며 옳고 그름을 판단해 주어서는 안 된다.

사) 비밀 보장의 원리: 상담 내용은 철저하게 비밀이 보장되어야 하며 피상담자에 대한 신뢰를 심어 주어야 한다.

6) 상담의 기본 조건

가) Rapport 조성

(1) 상담의 기본 전제는 허용적이고 친근감 있는 분위기 조성이 최우선이다. Rapport가 형성되면 유쾌한 감정을 갖게 되고, 상호 간에 서로 신뢰하게 되며, 협동하여 문제를 해결하려고 하기 때문에 상담자와 피상담자 간에 진실한 대화가 이루어질 수 있다.

(2) Rapport를 형성하는 요인으로 상담자는 친절하고 부드러운 태도, 현실과 감정을 수용하는 태도, 허용적인 분위기 조성, 인간적으로 존중하는 태도, 비판하지 않는 태도가 필수적이다.

나) 수용

피상담자의 어떠한 상황도 무조건적으로 존중하고 긍정적으로 수용한다.

다) 공감적 이해

피상담자의 비언어적인 표현에 담겨진 의미와 감정까지도 이해해야 한다.

라) 일치성

상담자 자신의 감정 태도를 솔직히 인정하고 진솔성, 사실성, 개방성, 투명성, 현재성 등을 명료하게 표현한다.

7) 상담이론의 분류

상담이론은 인지적, 정의적, 행동적 영역으로 분류할 수 있다. 인지적 영역에서는 지시적 상담 이론(Williamson), 개인 구념 이론(Kelly), 합리적 정의이론(Ellis) 등이 있고, 정의적 영역에서는 정신분석 상담이론(Freud), 실존주의 상담이론(Binswanger), 인간주의 상담 이론(Rogers), 행동적 영역에서는 행동수정이론(Skinner), 상호제지이론(Wölpe) 등으로 나눌 수 있다.

8) 상담이론 소개

가) 지시적 상담

(1) 개념

상담자는 특히 지적인 문제나 직업 등에 관에 내담자에게 보다 객관적이고 긍정적인 정확한 정보를 줌으로써, 학생이 스스로 문제를 해결할 수 있도록 암시와 충고를 주는 방법이다.

(2) 상담 과정 단계

(가) 분석: 정확한 이해를 위한 자료 수집 단계

(나) 종합: 자료를 통해 내담자를 이해하고 파악하는 단계

(다) 진단: 내담자의 문제와 원인을 분석하는 단계

(라) 예진: 문제행동이 어떻게 전개되어 나갈지 예측하는 단계

(마) 상담: 상담자와 내담자의 1:1 관계에서 조력하는 단계

(바) 추수 지도: 상담을 재평가하고 새로운 문제 발생을 방지하는 단계

(3) 특징

(가) 지적인 적응문제를 중시한다.

(나) 문제행동의 원인을 정보의 부족과 문제해결 능력의 부족으로 본다.

(다) 상담의 주도적 역할은 상담자이다.

(라) 상담의 임무는 적극적인 지시나 정보 제공이다.

(마) 단점으로 내담자의 독립적 결정을 경시하게 된다.

(바) 인간 문제의 정의적 측면을 경시한다.

(사) 상담의 목표는 문제의 원인 해명과 치료에 있다.

(아) 객관적 자료에 지나치게 의존함으로 자료의 과용과 과신을 초래할 수 있다.

나) Kelly의 개인 구념 이론

(1) 개념

문제행동이나 심리적 장애란 그 개인이 지니고 있는 구념이 현실 세계에서 효과적으로 적용할 수 없는 비효율적, 비합리적, 비현실적인 구념을 계속적으로 사용하는 데에서 일어난다. 따라서 상담의 역할은 구념 체계를 더 효율적이고 합리적이며 현실적인 구념 체계로 발전시키는 것이다.

(2) 개인 구념 이론의 기초

(가) 구념적(건설적) 대안주의: 인간은 언제나 구념적 대안들을 가지고 있으며, 부단히 건설적 대안을 추구하는 존재이다.

(나) 과학자로서의 인간: 인간은 과학자와 같은 기능을 수행한다.

(3) 상담 기법

(가) 역할 실행: 단련된 여러 사람의 역할을 시연하는 것이다.

(나) 고정 역할 치료: 집중적이고 장기적인 노력을 통해서 구념 체계를 변화시키는 것이다.

다) Ellis의 합리적 정의 이론

(1) 의의

인간의 심리적 문제는 인지적 특성에 관련된 것이며, 심리적 부적응 행동은 비윤리적, 비현실적, 비합리적인 상념과 사고에 의해 생긴다. 따라서 상담의 역할은 그릇된 상념을 현실적이고 합리적으로 재교육하는 것이다. 상담의 적용은 개인과 집단상담 등이다.

(2) 상담 기법

(가) A(Activating Event): 인간의 정서를 유발하고 어떤 사건이나 현상을 가르치는 개념으로 보통 선행 사태 또는 촉발 사태라고 할 수 있다.

(나) B(Belief): 환경적 자극에 대하여 각 사람이 지닌 신념을 의미한다.

(다) C(Consequences): 선행 사건과 관련된 신념으로 인해 생긴 정서적 결과이다.

(라) D(Dispute): 비합리적 상념, 사고, 신념에 인해 생긴 정서적 결과이다.

(마) E(Effect): 논박으로 인해 나타난 긍정적 효과이다.

라) Rogers의 인간중심적 상담이론(= 비지시적 상담이론, 내담자 중심 상담이론)

(1) 인간관

인간은 사회적이고 미래지향적인 존재이며, 자아실현의 의지와 아울러 선한 마음을 갖고 태어난다고 본다.

(2) 상담 목적

학생의 정서적, 적응문제에 있어서 현실의 문제점을 스스로 찾아 적응하고 해결할 수 있도록 돕는 데 있다.

(3) 상담 기법

(가) 무조건적이고 긍정적인 수용: 내담자의 존재 그 자체, 인간의 제반 특성, 구체적 행동을 수용하고 행동의 잘잘못을 떠나 그러한 행동이 있었음을 있는 그대로 받아들이는 것이다.

(나) 일치성(순수성): 상담자와 내담자의 내면적 심리 체계의 경험과 그에 대한 인식과 관련된 표현 모두가 일치하는 것이다.

(다) 공감적 이해: 내담자의 입장이 되어서 그를 이해하는 것으로 인간의 심리적인 세계에서 피상담자의 내면적 동기를 이해해 주는 것이다.

(라) 의사소통: 언어적 상황, 비언어적 상황에서 항상 소통이 원만하게 이루어지도록 유도한다.

(마) 구체성: 언제 어디서 무엇을 어떻게 왜 일어났는지에 대하여 구체적인 사건에 대하여 명료화한다.

(바) 직면: 상담자가 내담자의 행동 속에서 불일치를 경험하고 그것을 표현한다.

(사) 자아실현: 개인의 잠재적 능력을 발휘할 수 있도록 최대한 돕는다.

(아) 즉시성: 서로가 관련된 현 상호작용에서 직접적 공개적으로 논의한다.

(4) 상담의 특징

(가) 상담은 내담자의 주도적 역할로 이루어지고 상담자는 허용적 분위기를 조성한다.

(나) 내담자의 정서적 상태에 중점을 둔다.

(다) 상담의 책임은 피상담자에게 있다.

(라) 정확한 상담 시간을 계약한다.

(마) 애정은 금물이다.

(바) 내담자의 해결 가능성을 믿는다.

마) Freud의 정신분석학적 상담

(1) 인간관

모든 심리적 문제는 원인이 있으며, 인간행동은 대부분의 경우 무의식에서 그 원인을 찾을 수 있다.

(2) 상담 목적

피상담자가 의식하지 못하고 있는 부적응의 원인을 분석함으로써, 그의 심리적 고통을 덜어 주고 증상을 변화시키거나 치료해 나가는 데 목적이 있다. 특히 자아(ego)의 기능을 강화하여 성격 구조의 조화로운 발달을 도모하는 데 있다.

(3) 상담 절차

(가) 진단: 내담자의 상태를 파악하고 확인하는 단계

(나) 자유연상: 내담자의 마음속에 떠오르는 생각, 감정, 기억들을 아무런 제재를 가하지 않고 자유롭게 이야기하도록 하는 기법

(다) 해석: 내담자의 연상이나 정신 작용 가운데 불명확한 부분에 대하여 상담자가 추리해서 내담자에게 설명해 주는 것이다.

(라) 전이: 내담자가 과거 중요한 대상에게 느낀 감정이나 욕구 등을 상담자와의 관계에서 반복하려고 하는 것이다.

(마) 통찰: 내담자가 자신의 무의식적 갈등, 저항, 전이 등을 깨닫는 것을 말한다. 지적 통찰과 정서적 통찰이 있다. 지적 통찰은 피상적이고 지적 수준이며 정서적 통찰은 지적 통찰보다 더 치료적이고 깊은 통찰이다.

(4) 상담의 특징

(가) 부적응 행동을 무의식과 억압의 증거로 본다.

(나) 임상적 관찰로부터 부적응의 원인을 이끌어낸다.

(다) 부적응 행동의 치료는 과거의 생활사적 기초에 입각한다.

(라) 치료는 근원적인 동기 즉, 무의식적인 것을 통제함으로써 가능하다.

(마) 자유연상, 꿈의 분석, 감정전이, 최면술 등이 중요한 치료 수단이다.

(바) 피상담자의 과거의 인간관계가 현재의 치료과정에 전이하는 현상은 부적응 행동의 치료에 중요한 요소이다.

(사) 피상담자가 과거의 연상을 계속하지 못하고 거부하는 현상도 치료에 포함한다.

바) 실존주의적 상담

(1) 의의

인간 불안의 주요 문제의 원인을 인간존재의 본질적인 시간적 제한과 죽음 또는 부존재에 대한 불안에서 찾으며, 문제의 해결방법을 인간존재의 의미를 찾는 데서 출발한다. 이 이론의 핵심은 자기책임, 자기 존재의 의미, 자기 자신의 결정이라는 가정에서 출발한다.

(2) 상담의 목적

내담자의 독특한 세계설계 안에서의 존재, 세계설계에 대응하는 자아 존재를 발견하는 데 있다.

(3) 상담의 원리

(가) 비도구성의 원리: 상담자는 경직되고 틀에 박힌 방식으로 행동하면 안된다.

(나) 자아 중심의 원리: 실존 상담의 초점은 내담자의 자아에 있다.

(다) 만남의 원리: 상담자와 내담자의 만남이 있어야 상담이 이루어진다.

(라) 치료할 수 없는 위기의 원리: 실존분석에서는 적응이나 치료가 주 관심사가 아니라, 인간성의 회복에 있다.

(4) 실존주의적 상담기법

(가) 의미요법(Frankl): 의미치료란 환자의 성격에서 무의식적이고 정신적인 요인을 자각하게 하는 것이고, 실존의 분석은 환자로 하여금 그의 책임감을 의식하게 하는 노력이다. 특히 의미치료는 내담자의 정신, 책임감, 자유를 강조한다.

(나) 현존분석: 현존분석은 환자의 내적 생활사를 밝히며, 그 세계 내에서의 존재의 구조, 세속적 존재를 분석하는 것이다.

사) 행동주의적 상담이론

(1) 특징

인간행동은 모든 학습의 원리에 습득된 것으로 보고, 바람직하지 않는 부적응 행동 내지 이상 심리는 행동수정, 즉 재조건화 내지는 재학습에 의해서 교정될 수 있다는 것이다.

(2) 상호제지에 의한 심리치료이론

웰퍼는 고양이에게 전기충격을 주어 심한 불안 반응을 하도록 조건화하였다. 고양이에게 습득된 실험적인 신경증은 음식을 먹는 행동에 의하여 제거된 것이다. 이와 같이 배고픈 고양이의 음식 먹는 행동이 불안 반응을 억제하는 것을 상호제지라 한다.

(3) 행동수정이론

(가) 의미

부적응 행동을 자극에 의하여 학습된 것으로 보고, 이 행동을 제거하기 위해서 그 원인에 대한 강화, 소멸 등의 원리를 사용하자는 것이다.

(나) 행동수정기법

① 행동 계약: 목표 행동, 목표 행동이 나타나는 상황, 강화를 받는 조건, 아동과 교사(부모)의 서명, 기간 등이 적힌 계약서

② 상표 제도(Token System): 바람직한 행동 목록을 작성한 후 그러한 행동이 이루어질 때 그에 상응하는 보상을 주는 방법

③ 혐오치료기법: 바람직하지 못한 행동에 혐오 자극을 제시하여 부적응 행동을 제거하는 방법

④ 모방학습(대리학습: Modeling): 관찰자가 모델의 사고, 태도, 외현적 행동을 모방하거나 순응하여 행동으로 나타내는 것

⑤ T. O. 기법(Time Out): 문제를 일으키는 자극 또는 강화물을 얻을 수 있는 기회로부터 제외시키는 기법

⑥ 심적 포화: 일정한 동작을 되풀이하거나 같은 장면에 대하여 적극적인 유의성을 소실하여 중성적인 또는 소극적인 유의성을 발생시키는 현상

⑦ 부적 연습: 원하지 않는 행동을 하지 않도록 하는 데 강화하는 원리

⑧ 차별 강화: 여러 행동 종목 중 어느 하나만을 선택적으로 강화

⑨ 간헐 강화: 불규칙적으로 표적 행동에 강화를 주는 것

⑩ 프리맥의 원리(Premack's Law): 빈도가 높거나 선호도가 높은 활동을 강화물로 이용해서 빈도가 낮은 활동을 증가시키는 원리

⑪ 상반 행동 강화: 표적 행동을 제거하고자 할 때 이에 상반되는 구체적인 행동을 명시하고 상반 행동에 대한 강화를 하여 표적 행동을 소거하는 것

아) 절충적 상담(Jones & Brammer)

지시적 상담과 비지시적 상담의 장단점을 절충한 방법으로 학생의 과거행동과 동기를 심리적으로 깊이 이해하려면 비지시적 방법을, 부적응을 치료하는 데는 지시적 방법을 사용해야 한다는 입장이다.

자) Adler의 개인 심리학적 상담이론

이 상담의 목적은 인간의 잘못된 생활목표를 변화시켜 새로운 생활양식을 구성하여 사회적 관심을 갖게 하는 데 있다. 아들러의 상담방법은 개인 상담은 물론 집단 상담, 가족 상담 및 교사 부모 교육에도 활발히 적용된다.

차) Perls의 형태주의적 상담

언제나 잘 통합되는 인간이 되도록 하기 위해, 개인적 각성의 향상과 'here and now'의 자신에게 진실되게 살아갈 수 있도록 돕는 데 상담의 목적이 있다.

상담의 방법에는 다양한 기술과 게임활동 등을 책임지고, 계획하고 모든 과정에서 내담자 자신이 책임을 지도록 하여 각성토록 하고, 자기문제에 직면하여 'here and now'와 '책임'과 '자기각성'에 초점을 맞추어 주는 것이다.

카) Berne의 의사 거래 분석적 상담(=상호교류 분석 상담)

(1) 의미

이 상담은 구조분석을 기초로 하여 한 개인이 다른 사람과의 의사거래 과정에서 각자의 어떤 자아가 관여, 작용하고 있는지, 또한 어떤 유형의 의사거래를 하고 있는가를 확인함으로써, 의사거래가 의사소통이나 인간관계의 과정에서 일으키고 있는 문제점이 무엇인가를 분석 확인하여, 그 문제의 해결을 돕고자 하는 것이다.

(2) 상담 목적

상담 목적은 자율성의 성취이다. 어버이 자아, 어른 자아, 그리고 어린이 자아 사이에 혼합과 배타가 없도록 자아상태를 바꾸어서 필요에 따라 모든 자아를 적절히 사용할 수 있는 능력, 특히 어른 자아를 충분히 활용할 수 있는 능력을 갖게 한다.

(3) 3가지 자아 상태

(가) 어버이 자아(Parent): 주로 부모를 통하여 모방 또는 학습하게 되는 태도 및 기타 지각 내용과 그 행동들로 구성된다.

(나) 어린이 자아(Child): 출생 후 5세까지의 주로 부모와 관련된 감정적 반응으로써 외적 사태에 대한 감정적 반응체제가 내면화된 것이다.

(다) 어른 자아: 객관적으로 현실을 파악하기 위해서, 다른 자아상태로부터 정보를 수집하여 저장하고 이용한다.

타) Glasser의 현실 치료적 상담

(1) 상담 목적: 개인적 자율성을 신장하는 것이며, 보다 구체적으로 내담자가 정체감을 갖도록 하고, 책임지도록 하며, 장단기에 걸쳐 자신의 구체적인 삶의 목적을 설정하도록 돕는 것이다.

(2) 이 접근은 소년원과 같은 수용시설에 있는 비행 청소년들에게 도움이 되며, 개인이나 집단상담에 적용된다.

파) 집단상담

집단상담의 목표는 개인으로 하여금 자기 이해와 대인관계 능력을 향상시키고 생활 환경에 보다 건전하게 적응할 수 있도록 하는 것이다.

집단상담은 사회성을 키워 주며 대인관계에 자신감을 갖게 하며, 개인 상담에 적극적으로 참가하게 된다.

하) 집단치료법

(1) 유희요법: 놀이가 어린이의 자기표현의 자연적인 매개라는 점에 착안하여, 놀이에 의해 그들의 감정과 생각을 표현하도록 기회를 주는 것이다. 그래서 신체적 발달을 촉진시키며, 의사소통을 조장하고, 억압한 정서를 발산시켜 욕구를 해소

해 학습의 기회를 제공하기 위한 놀이를 통한 치료법이다.

(2) 모레노(Moreno)의 심리극: 모레노에 의해 창안된 것으로, 심리극을 이용한 집단 치료 방법으로 환자의 자발성의 원리와 역할이론을 근거로 한다. 즉, 환자의 문제행동이나 심리적 갈등을 가상적으로 극화함으로써 정서적 문제를 해소하는 방법이다.

9) 진로지도

가) 개념

미래의 직업 세계에 성공적으로 종사할 수 있도록 진로를 인식, 탐색, 준비하여 이를 합리적으로 결정할 수 있게 하는 프로그램이다.

나) 필요성

정보와 기술의 급속한 변화, 여성의 역할 변화, 인력구조의 변화 등으로 인해 일에 대한 청소년의 가치관 정립이 필요하다.

다) 진로지도의 방향

진로지도는 학생들의 진로발달을 촉진하고 자기계발을 자극하기 위해 수행되는 활동으로 행복한 개인으로, 생산적인 사회구성원으로 성장할 수 있도록 도와준다.

(1) 유치원부터 성인까지 평생교육 차원에서 성장을 돕는다.

(2) 모든 교육과정에서 모든 학생을 대상으로 한다.

(3) 산학 협동 체제 속에서 지역사회의 자원을 최대한 활용한다.

(4) 진로의 정치 지도와 추수 지도를 포함한다.

(5) 의미 있는 삶의 내용과 경험을 풍부하게 제공한다.

라) 진로지도의 단계

(1) 진로 인식 단계(초등학교)

유치원부터 초등학교 6학년 단계 학생들을 대상으로 하여 진로에 대한 인식 교육을 해야 한다. 여러 가지 직업의 종류에 관해 인식하며 직업적 역할과 관련지어 자아 인식을 높인다. 일과 사회에 대한 건전한 태도를 함양하기 위해 기초를 마련하고 모든 분야의 직업인들에 대한 존경과 이해하는 태도를 기른다. 학교 수업을 통하여 직업군을 탐색함으로써 잠정적인 진로선택의 기회를 갖는다. 이 단계에서는 직업의 이해, 직업 관련 자아 인식 계발, 일과 사회에 대한 태도를 함양한다.

(2) 진로 탐색 단계(중학교)

주요 직접 영역을 탐색하여 자신의 흥미와 능력을 평가하고 직업에 대한 분류와 직업군에 익숙해지게 한다. 의사 결정에 관계되는 적절한 요인들을 인식하고 의미 있는 의사 결정을 경험한다. 잠정적으로 진로를 선택하고 직업 계획을 수립한다. 이 단계에서는 주요 직업 탐색, 직업의 분류 및 직업군 친숙, 잠정적 직업 계획을 세운다.

(3) 진로 준비 단계(고등학교)

자아 개념의 구체화, 기본 기능의 계속적인 숙달과 활용 및 응용력 강조, 진로 목표에 적합한 계획 수립, 일에 대한 가치 획득, 구체적인 진로 계획 수립과 졸업 후 환경에 대비하는 단계이다. 고용 수준에 도달할 정도의 지식과 기술 습득, 직업 훈련 계획을 수립해야 한다.

마) 진로지도 방법

(1) 진로 교과 시간에 체계적인 진로지도를 실시한다.

(2) 창의적 체험 활동을 통한 지도를 한다.

(3) 진로의 날 행사를 통해 각종 직업체험 활동을 실시한다.

(4) 학교 행사 및 동아리 활동을 통하여 진로지도를 실시한다.

10) 학교 폭력

가) 학교 폭력의 정의

학교 내외에서 학생 간에 발생한 상해, 폭행, 감금, 협박, 약취, 유인, 명예훼손, 모욕, 공갈, 강요, 성폭력, 따돌림, 정보통신망을 이용한 음란・폭력 정보 등에 의해 신체적・정신적 혹은 재산상의 피해를 수반하는 행위로 정의한다(경상북도교육청, 2019).

나) 학교 폭력의 특징

(1) 고등학생 → 중학생 → 초등학생으로 발생률이 점점 저연령화 되어 가는 추세이다.

(2) 최근에는 집단화, 조직화, 흉포화, 범죄화 되어 가는 경향을 보인다.

(3) 언어폭력, 따돌림이 빈번하게 발생하여 일반화 경향을 보이고 있다.

다) 학교 폭력의 원인

공격성, 충동성, 지배욕, 피해자에 대한 낮은 공감 등 개인적 원인, 가정 폭력 및 부모 간의 갈등 등 가정적인 원인, 입시 위주의 교육이나 교사의 소극적 지도 등 학교 환경적 원인, 대중매체 무차별적인 노출 등 지역사회 문화적인 원인 등이 있다.

라) 학교 폭력 예방

(1) 학교 폭력은 예방이 최우선이며 수시로 예방 교육을 실시한다.

(2) 「학교폭력예방법」 제15조 제1항에 의거 학급 단위로 학기별 1회 이상 실시한다.

(3) 처벌보다는 예방 교육을 전체 학생들을 대상으로 실시한다.

(4) 교직원과 학생을 분리하여 실시하며 학교 성교육 및 성폭력 예방 교육을 연간 10시간 이상 확보한다.

11) 청소년 비행 이론

가) 좌절, 공격이론

좌절은 공격 행동을 증가시키는 경향이 있고, 공격 행동은 좌절에 기인한다는 이론이다. 그러나 모든 공격 행동이 좌절과 연관되는 것이 아니고, 모든 좌절이 공격을 초래하는 것도 아니라고 설명하면서도 좌절과 공격의 연결 관계는 인정하고 있다.

나) 무의식적 충동이론

인간의 행동과 사고는 의식적이라기 보다는 오히려 무의식적이고 충동적이라고 본다. 인간을 본능적 충동과 그를 억압하려는 사회적 체제 사이에서 항상 고민하는 갈등적 존재로 보았다.

다) 사회과정 지향이론

(1) 중립화 이론(표류이론): 비행은 필요에 따라 자신들의 가치나 태도를 표류시킬 수 있는 기술을 배웠기 때문이라고 본다.

(2) 차별적 연합 이론: 비행은 사람들 상호 간의 교류 중에 학습되는데, 빈도, 지속기간, 우선성, 강도 등에 따라 다르게 나타난다.

(3) 통제 이론: 사회 통제력이 약화되면 비행이 증가한다.

(4) 봉쇄 이론: 봉쇄체제가 비행의 유혹이나 참여 권유로부터 그 청소년들을 차단시킨다.

라) 사회반응 이론

(1) 낙인이론

낙인이론은 사회화 과정으로 이해되며, 사회반응이론이라고도 한다. 범죄를 저지른 사람을 일탈자로 인정하고, 차별하며 평가하고 또 강조하면서 자의식을 심어주는지 연구하는 사회과정이론이다. 낙인이 찍힌 자는 사회와 기회로부터 격리, 소외당하며,

합법적인 기회의 제한을 받게 된다.

(2) 갈등이론

사회는 서로 다른 이해관계를 추구하는 개인과 집단으로 구성되어 있으며, 이들이 대립과 경쟁, 갈등과 변화의 관계에 있다고 주장하는 이론이다. 사회는 의견 대립과 갈등을 가지고 있어 항상 변화하며, 갈능은 사회발선에 기여한다는 건해이다. 불인과 갈등의 현상은 비정상적인 것이 아니라 보편적인 현상이라고 본다.

마) 아노미 이론

Emile Durkheim에 의해 최초로 주장된 이론으로 아노미는 한 사회를 지배하는 강력한 가치관이 세력이 약화되고, 한 가지 이상의 서로 다른 가치관이 동등한 세력을 가지면서 한 사회 내에서 공존하는 현상을 의미한다. 아노미 상태에서 살고 있는 개인들은 어떤 가치관을 따라야 할지와 같은 가치관의 혼란을 경험하게 되기 때문에 사회에서 지배적인 가치・규범에서 벗어난 행동인 일탈 행위를 할 가능성이 높아진다고 본다.

discussion

토의 주제

01 생활지도의 필요성, 원리 및 절차를 설명하고 토의해 보자.

02 생활지도의 형태 다섯 가지를 설명하고, 생활지도를 하는 데 있어서 추가적인 형태를 설명하고 토의해 보자.

03 상담의 기본 원리와 기본 조건을 설명하고 토의해 보자.

04 다양한 상담이론을 정리하여 설명하고, 본인이 상담을 진행한다면 어떠한 상담이론을 활용하여 상담할 것인지를 설명하고 토의해 보자.

교사의 업무와 사무 관리

이 장에서는 교사의 업무와 사무 관리 분야의 공문서 관리, 교육행정 정보시스템과 교무업무 시스템 관리에 대해서 살펴본다.

1. 교사의 업무

가. 교과학습 지도자의 업무

교사는 교과학습 지도자로서 교육과정 재구성, 교수 - 학습 과정 안에 따른 체계적인 지도를 하며, 흥미와 관심을 이끌어 낼 효과적인 학습동기 유발자이다.

그리고 창의적인 발문과 토론으로 주의집중과 학습사고를 자극하고, 실생활 연계 수업으로 인성 · 협동심 · 생명존중의식 함양교육을 수행하며, 학생들이 학습활동에 직접 참여할 수 있도록 기회를 제공한다. 또한 수준별 지도를 통하여 각자의 수준에 따른 목표 도달 여부 확인을 위해 매시간 학습목표도달도 점검과 다양한 장학활동으로 수업을 전개한다.

나. 생활지도자의 업무

생활지도는 학교 안의 모든 교사들이 공동의 책임의식을 갖고 실시하며, 학교 안의 모든 교사가 동일한 방향과 방법으로 일관성 있게 실시해야 한다.

그리고 생활지도는 학생 스스로 문제를 해결하도록 도와주는 활동이어야 하며, 학교의 연간교육계획에 의거하여 체계적이고 조직적으로 이루어져야 한다.

또한, 생활지도는 사후에 처벌하고 해결하는 식이 아닌 문제의 예방에 중점을 두어야 한다.

다. 학급경영자로서의 역할

학급경영목표는 학교교육목표와 연계하여 수립하며, 학급담임의 교직관과 교육 철학이 담겨 있어야 하고, 민주적인 방식에 의한 학급회 조직으로 학생들이 자발적이고 적극적으로 학급 활동에 참여할 수 있도록 한다.

그리고 안전하고 쾌적한 학급환경 조직으로 학생들이 친근감과 평안함을 느낄 수 있도록 하며, 합리적인 규칙과 규정의 적용으로 학급 내 질서를 확립하고, 존중과 배려 의식을 길러 주어야 한다. 또한, 약속을 지키고 신뢰하고 존중하는 학급운영으로 교사와 학생 간, 학생과 상호 간 인간애를 느낄 수 있도록 하며, 학년협의회나 학부모 등과의 상호협조를 통하여 학급운영에 관한 정보를 공유하고 운영의 효율성을 높인다. 아울러 집단의 조직 구성, 환경, 학부모 상담, 안전 업무, 학생 자치 업무, 급식지도 등 담임교사로서 스스로 결정하고 해결할 수 있도록 한다.

라. 학교 조직 구성원으로서의 업무

행정업무담당자로서의 행정업무는 합법성·합리성에 근거하여 공정하고 엄격하게 처리해야 하며, 공문서 업무는 기안과 처리 과정에 따라 신속하고 정확하게 처리한다. 그리고 각종 민원업무는 학교관리자는 물론, 부서 간, 학년 간 협조를 통하여 합리적으로 처리한다. 또한, 각 부서의 맡은 바 업무를 수행하며 교무 담당자, 학교경영, 각종 행사, 위원회 활동 등을 수행한다. 아울러 학교경영 참여자로서의 역할로 학교교육 계획수립, 조직구성 및 인사관리, 학교평가에 참여한다.

〈표 9-1〉 교사 업무의 유형과 내용

유 형	영 역	내 용
행정적 업무	학사 운영	학생의 선발, 졸업, 진급, 성적 등 학사관리 규칙 준수
	행정 규정	복무, 승진, 연수 징계 등 행정규정 준수
	사무 관리	학생생활기록부 기록 관리
전문적 업무	연구·연수	품성과 자질 및 직무 향상을 위한 연구·연수 활동
	수 업	다양한 수업 방법의 강구
	평 가	다양한 평가도구·방법·기준강구
	생활 지도	학생 징계 및 훈육, 특기적성 계발, 진로지도 등
도덕적 업무	자질, 품성 및 근태	성실, 친절공정, 비밀엄수, 청렴, 품위 유지 등의 의무 이행
서비스적 업무	교육 과정	학생의 특성과 요구 및 수준에 적합한 교육과정 편성 운영
	교재 선택	학생들의 필요·능력·적성에 적합한 교재 선택권 보장

출처: 이명자 외(2010). 재인용.

2. 교사의 사무관리

가. 공문서의 작성

1) 공문서의 개념

공문서란 행정기관 또는 회사 등에서 공무상 또는 업무상으로 작성하거나 시행하는 공식적인 문서로 도면·사진·디스크·테이프·필름·슬라이드·전자문서 등의 특수매체기록을 포함한 발송 수신 접수한 모든 문서를 말한다(행정 효율과 협업 촉진에 관한 규정 제3조 제1항).

2) 공문서의 필요성

공문서가 필요한 경우는 내용이 복잡하여 문서가 없이는 사무처리가 곤란할 경우, 업무처리에 대한 의사소통이 대화로 불충분하여 문서로 처리할 때이며, 행정기관의 의사 표시 내용을 증거로 남겨야 할 때, 그리고 업무처리의 형식상 또는 절차상 문서가 필요할 때와 업무처리 결과를 보존할 필요가 있을 때이다.

3) 공문서의 기능

첫째, 문서는 사람의 의사를 구체적으로 표현하는 기능을 가지며, 사람의 주관적 의사는 문자·숫자·기호 등을 활용하여 종이나 다른 매체에 표시하여 문서화하여 그 내용이 구체화 된다. 문서의 기안에서부터 결재까지 문서가 성립하는 과정에서 나타난다. 둘째, 공문서는 자기의 의사를 타인에게 전달하는 기능을 갖으며, 전화나 구두로 전달하는 것보다 좀 더 정확하고 변함없는 내용을 전달할 수 있다. 이것은 의사를 공간적으로 확산하는 기능으로 문서의 발송·도달 등 유통과정에서 나타난다. 셋째, 공문서는 의사를 오랫동안 보존하는 기능을 갖으며, 공문서로 전달된 의사는 지속적으로 보존할 수 있고, 역사자료로서 가치를 갖기도 한다. 이는 의사 표시를 시간적으로 확산 시키는 역할을 한다. 넷째, 보관 · 보존된 문서는 필요한 경우 언제든 참고자료 내지 증거자료로 제공되어 행정활동을 지원 · 촉진시킨다. 다섯째, 공문서의 기안 · 결재 및 협조 과정 등을 통해 조직 내외의 업무처리 및 정보 순환이 이루어져 업무의 연결 · 조정 기능을 수행하게 된다.

4) 공문서의 종류

가) 법규문서는 헌법 · 법률 · 대통령령 · 총리령 · 부령 · 조례 · 규칙(이하 '법령'이 라 한다)를 말한다.

나) 지시문서는 훈령 · 지시 · 예규 · 일일 명령 등 행정기관이 그 하급기관이나 소속 공무원에 대하여 일정한 사항을 지시하는 문서를 말하며, 지시문서의 종류는 다음의 〈표 9-2〉의 내용과 같다.

〈표 9-2〉 지시문서

구분	내용
훈 령	상급 기관이 하급 기관에 대하여 장기간에 걸쳐 그 권한의 행사를 일반적으로 지시하기 위하여 발하는 명령이다.
지시	상급 기관이 직권 또는 하급 기관의 문의에 의하여 하급 기관에 개별적 · 구체적으로 발하는 명령이다.
예 규	행정업무의 통일을 기하기 위하여 반복적인 행정업무의 처리 기준을 제시하는 문서로서 법규문서를 제외한 문서를 말한다.
일일명령	당직 · 출장 · 시간외 근무 · 휴가 등 일일 업무에 관한 명령이다.

다) 공고문서는 고시 · 공고 등 행정기관이 일정한 사항을 일반에게 알리는 문서를 말하며, 공고문서의 종류는 다음 〈표 9-3〉의 내용과 같다.

〈표 9-3〉 공고문서

구분	내용
고 시	법령이 정하는 바에 따라 일정한 사항을 일반에게 알리는 문서를 말한다.
공 고	일정한 사항을 일반에게 알리는 문서를 말한다.

라) 비치문서는 행정기관이 일정한 사항을 기록하여 행정기관 내부에 비치하면서 업무에 활용하는 대장, 카드 등의 문서를 말한다.

마) 민원문서는 민원인이 행정기관에 허가, 인가, 그 밖의 처분 등 특정한 행위를 요구하는 문서와 그에 대한 처리 문서를 말한다.

바) 일반문서는 제1호부터 제5호까지의 문서에 속하지 아니하는 모든 문서를 말하며, 다음 〈표 9-4〉의 내용과 같다.

〈표 9-4〉 일반문서

회 보	행정기관의 장이 소속 공무원 또는 하급기관에 업무연락 · 통보 등 일정한 사항을 알리기 위한 경우에 사용하는 문서를 말한다.
보고서	특정한 사안에 관한 현황 또는 연구 · 검토결과 등을 보고하거나 건의하고자 할 때 작성하는 문서를 말한다.

5) 문서의 전자적 처리(행정 효율과 협업 촉진에 관한 규정 제6조)

행정기관의 장(법령에 따라 행정권한을 위임받거나 위탁받은 자를 포함한다. 이하 같다)은 문서의 기안 · 검토 · 협조 · 결재 · 등록 · 시행 · 분류 · 편철 · 보관 · 보존 · 이관 · 접수 · 배부 · 공람 · 검색 · 활용 등 처리 절차를 전자문서 시스템 또는 업무 시스템 상에서 전자적으로 처리하도록 하여야 한다.

6) 문서의 성립 및 효력 발생(행정 효율과 협업 촉진에 관한 규정 제6조)

가) 문서성립은 결재권자가 해당 문서에 서명(전자 이미지 서명, 전자 문자 서명 및 행정전자서명을 포함한다)의 방식으로 결재함으로써 성립한다. 다른 법령에 규정이 있는 경우를 제외하고는 당해문서에 대한 결재권자(행정기관의 장, 결재권을 위임받은 자, 결재권자의 직무를 대리하는 자)의 결재가 있음으로써 성립한다(전자서명에 의한 결재도 포함).

나) 문서의 효력 발생은 상립된 문서가 수신자에게 도달(전자문서의 경우는 수신자가 관

리하거나 지정한 전자적 시스템 등에 입력되는 것을 말한다)됨으로써 발생한다(제2항).

다) 공고문서의 효력은 제2항에도 불구하고 공고문서는 그 문서에서 효력발생 시기를 구체적으로 밝히고 있지 않으면 그 고시 또는 공고 등이 있은 날부터 5일이 경과한 효력이 발생한다(단, 공고의 첫날은 산입하지 아니한다).

7) 공문서 작성의 일반원칙(행정효율과 협업촉진에 관한 규정 제7조, 시행규칙 제2조)

가) 문서는 국어기본법 제3조 제3호에 따른 어문규범에 맞게 한글로 작성하되, 뜻을 정확하게 전달하기 위하여 필요한 경우에는 괄호 안에 한자나 그 밖의 외국어를 함께 적을 수 있으며, 특별한 사유가 없으면 가로로 쓴다.

나) 문서의 내용은 간결하고 명확하게 표현하고 일반화되지 않은 약어와 전문용어 등의 사용을 피하여 이해하기 쉽게 작성하여야 한다.

다) 문서에는 음성정보나 영상정보 등이 수록되거나 연계된 바코드 등을 표기할 수 있다.

라) 문서에 쓰는 숫자는 특별한 사유가 없으면 아라비아 숫자를 쓴다.

마) 문서에 쓰는 날짜는 숫자로 표기하되, 연・월・일의 글자는 생략하고 그 자리에 온점을 찍어 표시하며, 시・분의 글자는 생략하고 그 사이에 쌍점을 찍어 구분한다. 다만, 특별한 사유가 있으면 다른 방법으로 표시할 수 있다.

바) 문서 작성에 사용하는 용지는 특별한 사유가 없으면 가로 210밀리미터, 세로 297밀리미터의 직사각형 용지로 한다.

사) 제1항부터 제6항까지에서 규정한 사항 외에 문서 작성에 필요한 사항은 행정자치부령으로 정한다.

① 공문서의 내용을 둘 이상의 항목으로 구분할 필요가 있으면 그 항목을 순서대로 표시하되, 상위 항목부터 하위 항목까지 1., 가., 1), 가), (1), (가), ①, ㉮의 형태로 표시한다.

② 문서에 금액을 표시할 때에는 「행정 효율과 협업 촉진에 관한 규정」 제7조 제4항에 따라 아라비아 숫자로 쓰되, 숫자 다음에 괄호를 하고 다음과 같이 한글로 적어야 한다. 예) 금113,560원(금 일십 일만 삼천 오백 육십 원)

8) 문서의 기안(행정 효율과 협업 촉진에 관한 규정 제8조)

가) 문서의 기안은 전자문서로 하는 것을 원칙으로 한다. 다만, 업무의 성질상 전자문서로 기안하기 곤란하거나 그 밖의 특별한 사정이 있으면 그러하지 아니 한다.

나) 기안자의 범위는 공무원이면 누구든지 기안자가 되며, 행정 효율과 협업 촉진에 관한 규정 제60조의 규정에 의하여 그 업무를 담당하는 자는 직급 등에 관계없이 기안할 수 있다. 결재권자는 접수문서의 처리 담당자를 따로 지정할 수 있으므로 지정된 자도 기안자가 된다.

다) 문서의 기안은 행정 자치부령으로 정하는 기안문으로 하여야 한다. 다만, 관계서식이 따로 있는 경우에는 그 내용을 관계 서식에 기입하는 방법으로 할 수 있다(2항).

라) 둘 이상의 행정기관의 장의 결재가 필요한 문서는 그 문서 처리를 주관하는 행정기관에서 기안하여야 한다.

마) 기안문에는 행정자치부령으로 정하는 바에 따라 발의자(기안하도록 지시하거나 스스로 기안한 사람을 말한다)와 보고자를 알 수 있도록 표시하여야 한다.

바) 문서는 어문규범을 준수하여 한글로 작성하되 특별한 사유가 없으면 이해하기 쉬운 용어를 사용한다.

① 문서는 국어 기본법 제3조 제3호에 따른 어문규범에 맞게 한글로 작성하며 뜻을 정확하게 전달하기 위하여 필요한 경우에는 괄호 안에 한자나 그 밖의 외국어를 함께 적을 수 있으며, 가로로 쓴다. ② 문서의 내용은 간결하고 명확하게 표현하고 일반화 되지 않은 약어와 전문용어 등의 사용을 피하여 이해하기 쉽게 작성하여야 하고, 국립어원 등에서 선정한 행정용어 순화어를

활용하여 쉬운 우리말을 사용할 수 있도록 한다.

9) 기안이 필요한 사안은 담당학급과 학생과 관련한 것, 교사의 복무에 관한 것, 학교업무에 관한 것에서 필요하다.

가) 학급관련 기안은 학생정보, 교육과정, 성적, 보건, 출석부 등은 'NEIS'의 교무업무지원시스템에 교사가 수시로 입력하고 저장하면 부장교사가 취합하여 기안을 올리는 형태로 되어 있으나 주간안내 등 수시로 결재를 득해야 하는 경우는 주마다 또는 필요에 따라서 별도로 결재를 득해야 한다.

나) 교사복무 관련 기안은 'NEIS'의 교육행정정보시스템에서 인사기록 및 출장, 휴가 등을 관리하며, 결재는 전자결재를 원칙으로 하고 있고 결재는 학교의 전결규정에 따른다. 조퇴 및 출장은 교감전결, 휴가는 교장까지 결재가 한 예인데, 학교마다 실정에 따라 다를 수 있다.

다) 담당업무 관련 기안은 학기 초 전체적인 부서별 계획의 큰 틀이 작성되어 있으므로, 그에 따라 본인이 맡은 부분의 업무 1년 계획을 기안하여 결재를 받는다. 계획에 따라 추진되는 행사는 행사에 즈음하여 세부 계획을 기안하고 결재를 받아 추진하고 예산과 관련한 사항은 학기 초 또는 그 전에 미리 협의하고 학교세출예산에 포함시켜야 한다. 업무를 추진하면서 외부에 보고 및 협조사항이 있을 경우에는 일반 기안문을 작성하여 결재 후 송부한다. 학교 자체에서 실시하는 업무계획들은 내부결재로 처리하며 학교 외 기관과 관련된 것은 외부로 보내는 일반 기안문을 작성하여 전자문서, 인편 또는 팩스로 보낸다.

라) 기안의 결재는 상급자와 최고결정권자에게 업무추진에 대한 허락을 득하는 과정이다. 결재는 확인의 과정임과 동시에 책임을 나타낸다. 결재를 얻지 않고 교사의 독단에 의하여 업무를 처리하면 그에 대한 책임은 가중될 수 밖에 없고 결재의 절차를 지켜서 업무를 빈틈없이 추진하는 것이 필요하다. 결재는 업무성격에 따라 담당자 - 부장교사 - 교감 - 교장의 절차를 따르며 협조란에는 협조

자들을 쓰고 결재와 함께 협조를 구한다. 결재는 이름을 쓰는 것으로 하며, 일의 상황을 잘 파악하고 결재를 해야 한다. 결재를 받을 때는 부장교사의 점검을 먼저 받고 교감, 교장 순서대로 결재를 받으며 추진사항을 이야기하면 된다.

마) 결재문서의 관리는 기록물 철에 순서대로 편철하고 보존기준에 따라 행정실에 이관하여 보관한다. 한 기록물 철에 여러명의 업무가 겹쳐 있는 경우도 있으므로 사본을 따로 본인 업무별로 보관하는 것이 업무 파악과 사후 처리에 도움이 된다. 전자문서시스템으로 등록한 문서는 컴퓨터상에 저장되어 있으므로 수시로 검색하여 다시 확인할 수 있으므로 편리하다.

10) 기안문의 구성

가) [그림 9-1]과 같이 별지 1호 서식으로 작성하는 기안문은 두문, 본문 및 결문으로 구성된다. ① 두문은 행정기관명, 수신 및 경유를 표시한다. 행정기관명에는 그 문서를 기안한 부서가 속하는 행정기관명을 표시하며, 다른 행정기관명과 동일한 경우에는 바로 위 상급기관명을 표시할 수 있다. 수신란에는 내부결재인 문서는 내부결재로 표시하고, 수신자가 있을 경우 수신자명을 표시한다. 수신자가 여럿일 경우 두문의 수신란에 수신자 참조라고 표시하고 결문의 발신명의 다음 줄에 수신자란을 따로 설치하여 수신자명을 표시할 수 있다. 경유의 표시는 경유기관이 없는 경우 아무것도 적지 않고 빈칸으로 두며, 하나인 경우는 이 문서의 경유기관의 장은 ○○이고 최종 수신기관의 장은 ○○○입니다라고 표시한다. ② 본론은 제목 내용 및 붙임을 표시한다. 제목은 전체의 내용을 한눈에 파악하여 상대에게 전달하고자 하는 핵심적인 사항을 알 수 있도록 글로 간단 명료하게 기재하며, 위촉, 요청, 개회, 조사, 의뢰, 신청, 회신 등 본문의 내용을 잘 드러내는 용어를 사용하여 수신자가 문성의 성격을 쉽게 파악할 수 있도록 한다. 상대방에게 전달하고자 하는 내용은 육하원칙에 따라 작성하고 기안의 근거를 밝히고 시작한다. ③ 결론은 발신 명의, 기안자・검토자・협

조자 · 결재권자 직위 또는 직급 및 서명과 생산등록번호와 시행일, 접수등록번호와 접수일, 우편번호 · 도로명 주소 · 홈페이지 주소 · 전화번호 · 팩스번호 · 공무원의 전자우편 주소 · 공개 구분을 표시한다.

나) 간이 기안문은 ① 보고서, 계획서, 검토서 등 발신할 필요가 없는 내부결재 문서에서만 사용하며, 시행문으로 변환하여 사용할 수 없다. ② 왼쪽 상단에 문서등록 표시, 오른쪽 상단에 결재란 표시, 그 아래에 제목 · 작성일 · 작성 기관을 표시한다.

다) 일괄 기안문은 관련성이 있는 2개 이상의 안건을 동시에 일괄하여 기안하는 것을 말하며, 기안 방법은 첫째, 기안하려는 여러 문서의 내용이 서로 관련성이 있을 때 각 문서의 내용을 하나의 기안문으로 일괄하여 기안하는 경우 특별한 사유가 없으면 각각 다른 생산등록번호를 사용하여 같은 날짜로 시행하여야 한다. 둘째, 둘 이상의 행정기관의 장의 결재가 필요한 문서는 영 제8조 제3항에 따라 그 문서 처리를 주관하는 행정기관의 장의 결재를 받은 후 관계 행정기관의 장의 결재를 받아 공동명의로 시행하여야 한다. 이 경우 발신 명의에 문서 처리를 주관하는 행정기관의 장의 명의를 맨 위에 표시하며, 관계 행정기관의 장의 명의는 바로 밑에 표시하고, 관계 행정기관의 장이 둘 이상인 경우로서 동일 직급인 경우에는 정부조직법에 따른 부 · 처 · 청의 순위대로 표시하고, 동일 직급이 아닌 경우에는 상위 직급의 행정기관의 장의 명의부터 표시한다. 셋째, 수신한 종이문서를 수정하여 기안하는 경우에는 수신한 문서와 색깔을 다른 글자로 수정하는 방법으로 할 수 있다.

행정기관명

수신 ( )
(경유)
제목

붙임

발신명의

기안자 (직위/직급) 서명 검토자 (직위/직급) 서명 결재권자 (직위/직급) 서명
협조자 (직위/직급) 서명

시행 처리과명-연도별 일련번호 (시행일) 접수 처리과명-연도별 일련번호 (접수일)

우 도로명주소 / 홈페이지 주소
전화번호 ( ) 팩스번호 ( ) / 공무원의 전자우편주소 / 공개 구분

[그림 9-1] 별지 1호 서식

3. 교육행정 정보 시스템(NEIS)

가. 개념

1) NEIS는 교육행정 전반의 효율성을 높이고, 교원의 업무환경 개선을 위해 2003년 당시 교육인적자원부가 구축한 전국단위의 교육행정 정보시스템이다.
2) 영문약자인 'NEIS'를 '나이스'라 부르며, 전국 초・중등학교, 17개 시・도 교육청 및 산하기관, 교육부를 인터넷으로 연결하는 전국 단위의 교육 행정정보시스템을 말한다.
3) 교육 관련 정보를 공동으로 이용하기 위해 전국 초・중・고교와 17개 시・도 교육청 및 산하기관, 교육부를 인터넷망으로 연결하여 교무・학사・인사・예산・회계 등 교육 관련 전체 업무를 상화 전자적으로 연계해 효율적으로 처리하는 정보 시스템이다.
4) 모든 교육 행정 기관과 초등학교, 중학교, 고등학교를 인터넷으로 연결하여 개별 학교와 교육청의 27개 분야 행정 업무를 통합 관리하는 체계이다.

나. 도입 목적

교육행정정보시스템은 교육정보화 기반 구축 사업과 연계하여 교육활동 외에 반복적으로 발생하는 초・중등 교원의 교무・학사, 행정 업무 등을 종합적이며 체계적으로 처리할 수 있는 시스템으로, 정보화를 통한 생산성 극대화 및 교사의 업무 경감, 교육행정 서비스의 획기적 개선을 통한 국민 만족도 제고, 일하는 방식의 개편 등을 목적으로 추진하고 있는 시스템으로 그 효과는 다음과 같다.

1) 교원업무 경감 차원에서

가) 학적 업무처리 간소화로 전출입시 학생 자료 송부에 따른 시간 단축 및 첨부자료 감축, 학생의 재입학 및 편·입학 시 재입력 과정이 필요 없다.

나) 성적처리의 간소화로 다양한 평가 기준에 의한 성적처리의 편리성, 학기말 처리 후 생활기록부 반영을 위한 별도 처리 단계가 필요 없으며, 성적에 의한 수준별 반편성이 용이하다.

다) 교육과정 편성·운영의 효율적 관리는 교과별 시수 관리의 자동화와 이동 수업 교육과정 편성·운영이 가능하며, 특기적성교육 관련 업무 처리의 자동화, 재량활동, 특별활동의 개인별 서술평가 반영이 용이하다.

라) 보고문서의 감축으로 보고문서 작성을 위한 단위학교에서의 자료수집이 필요 없으며, 정기보고 관련 통계 자료를 전산 처리할 수 있다.

2) 일반 행정의 효율성 재고

가) 업무처리의 연계성은 자료 공유를 통한 업무 처리 개선과 교무 행정과의 유기적 연계로 업무의 효과가 향상되었다.

나) 회계업무의 투명성은 자료 처리의 전산화로 오류가 방지되며, 필요시 실시간 자료 조회가 가능하여 투명성 효과가 향상되었다

다) 학생·학부모 만족도는 학부모 승인을 통한 학생 개인별 자료 제공과 민원서류의 처리, 각종 자료의 실시간 탑재, 다양한 학교 정보의 공개로 만족도와 학교 교육에 대한 신뢰성이 확보되었다.

다. 활용

1) NEIS는 개별 단위학교로 관리하던 학생생활기록부, 건강기록부 등의 학사기록을 한 곳에 모아 인터넷으로 통합 관리하고, 학생과 학부모, 교사들이 함께 이용

하도록 한 것이며, 각종 민원신청, 교육통계 현황, 교육정책, 학생정보 등을 조회할 수 있다.

2) 학부모는 인터넷으로 자녀의 학교 생활을 살필 수 있고, 교사는 여러 자료를 활용하여 효율 있고 체계 있게 학생을 지도할 수 있으며, 교육청을 비롯한 행정기관은 교육 정책을 수립하여 알리고, 교육 정책 시행 결과나 교육 통계를 분석할 수 있다. 2011년부터는 학생들도 접속할 수 있어 자신의 내신 성적과 학교생활 기록부, 체력 검사 결과 따위를 볼 수 있게 되었다.

3) 교육부는 인터넷을 이용해 교육정책을 수립 시달하고, 교육정책 시행 결과 및 교육통계를 분석할 수 있다.

4) 각급 학교는 인터넷을 통해 교무 · 학사 · 학교 회계 및 물품, 보건과 급식 업무 등을 처리할 수 있다. 학교생활 기록부 등 초등학교부터 고등학교까지 자료가 누적 관리되므로, 교사들은 효율적으로 학생 지도가 가능해진다. 전체적으로 자료 취합에 있어서 시간을 단축시키고, 자료를 실시간으로 제공하고 제공받는 편리함을 가져올 수 있다.

라. NEIS의 관련 영역

교무업무, 학교행정, 일반행정 및 대국민 서비스로 다음 〈표 9-5〉 내용과 같이 구성되어 있다.

〈표 9-5〉 NEIS **관련 영역**

업무 영역	단위 업무
교무업무	• 교무/학사 • 입 · 진학 • 보건
학교행정	• 장학 • 체육 • 급식 • 정보공시 • 교육복지

업무 영역	단위 업무
일반행정 및 대국민서비스	• 교원인사 • 지방공무원 인사 • 비공무원 인사 • 복무 • 국공립급여 • 사립급여 • 시설 • 민원 • 법인 • 직장민방위 • 통계지원 • 감사 • 검정고시 • 평생교육 • 시스템관리 • 시스템 환경관리 • 업무승인관리 • 대국민 서비스

출처: 한민석(2017).

마. 이용절차와 방법

교육행정 정보시스템은 학교별로 자율적으로 진행되기도 하지만 주로 다음의 절차와 방법으로 진행된다.

1) 인사시스템의 등록과 교육행정정보시스템 아이디 등록이 있어야 권한을 가질 수 있고, 전년도 권한은 권한 관리자로부터 권한을 받아 사용할 수 있다.
2) 사용자별로 페이지를 구성하여 사용할 수 있다.
3) 시스템 관리는 전체 시스템에서 공통으로 사용되어지는 코드, 조직, 사용자 등을 관리하는 업무로서 단위학교에서는 자료처리 권한에 대한 업무이다. 페이지 관리, 단위업무관리, 사용자 그룹관리, 사용자 권한 관리를 통해 사용자 개개인의 메인 메뉴를 구성하고 페이지 내에서의 자료를 처리할 수 있는 조직을 부여하여 사용자별로 각기 다른 업무를 처리하도록 구성한다.
4) 신규교사의 경우 정보 부장이 개인 정보를 취합하여 인증서를 배부한다.
5) 교사는 수행평가, 영역별 평가 기록, 종합행동 발달사항, 보건업무, 개인 정보 등을 기록하고 누가 기록된 사항을 확인할 수 있다.
6) 학부모서비스는 학부모가 여러 사항을 집에서 열람해 볼 수 있다.
7) 각 항목별 사항들은 NEIS 홈페이지에 기록되어 있으며, 'NEIS 119' 사이트 또는 'NEIS 지원서비스' 사이트에 들어가면 상황별 사례별로 각종 궁금증에 대한 질문에 답을 해 주고 있다.

4. 교무업무시스템 관리

가. 개념

1) 2003년 NEIS의 시행을 앞두고 학생 신상자료를 NEIS로 이관 통합 관리하는 것이 개인의 정보와 인권을 침해한다는 논란으로 2003년 5월 국가인권위원회는 NEIS의 27개 영역 중 3개 영역(교무, 학사, 보건, 입학, 진학)을 제외하고 DB 서버를 16개(현 17개) 시・도 교육청별로 두고 학교별 그룹별 독립 서버로 나누어 운영하는 방안을 확정하였다.
2) 2006년 3월부터 학생 개인의 정보・인권 보호를 위해 NEIS에서 교무, 학사, 보건, 입학, 진학 등 3개 영역의 DB를 분리한 새로운 정보시스템이 본격적으로 운영되었으며 교무업무시스템의 주요 내용은 〈표 9-6〉과 같이 구성되어 있다.

〈표 9-6〉 교무업무시스템의 주요 내용

영 역	세부내용	영 역	세부내용
학급 경영	• 봉사활동 현황 • 수상현황 • 자격증 현황 • 출결사항 현황 • 학적 변동 현황	학생부	• 학교생활기록부 • 정정대장 관리
학 적	• 기본학적관리 • 진급/ 반 편성 관리 • 출결관리	보 건	• 기초자료관리 • 건강기록부 관리 • 건강부 정정대장 관리 • 학생 건강 검사 관리

<table>
<tr><th>영 역</th><th>세부내용</th><th>영 역</th><th>세부내용</th></tr>
<tr><td>학생 생활</td><td>• 특별활동 관리
• 교외체험활동관리
• 창의적 체험활동 관리
• 진로지도관리
• 자격증 및 인증관리
• 수상관리
• 행동특성 및 종합의견
• 독서활동 상황
• 국가학업성취도</td><td rowspan="2">학부모 서비스</td><td rowspan="2">• 승인처리
• 신청현황
• 게시판
• 학부모 상담관리
• 가정통신문 · 회신 현황
• 심리검사
• 문자메시지 승인관리
• 문자메시지 가정통신</td></tr>
<tr><td>성 적</td><td>• 지필검사/통계
• 수행평가/조회/통계
• 성적처리/조회
• 학기말성적통계
• 성적자료분석조회
• 학업성취도</td></tr>
</table>

출처: 한민석(2017).

5. 학교 행정업무 시스템

국 · 공립 유치원과 사립 초 · 중 · 고교에서 현재 사용되고 있는 국가관리회계시스템으로, 2010년부터 시행됐다. 해당 교육기관들은 에듀파인에 예산과 결산의 상세 내용을 모두 입력해야 하며, 기록된 회계 내역은 교육당국이 실시간으로 확인할 수 있어 입력과정 등에서 발생할 수 있는 부정을 방지할 수 있다.

전국 초 · 중 · 고등학교와 국공립유치원에서 사용하고 있는 시스템으로 명칭은 교육(education)과 재정(finance)에서 따온 것이다. 물품구입비, 급식운영비, 학생복지비, 교과활동비, 체험활동비, 외부 강사료, 시설비 등 예산 소요와 관련된 모든 것을 기록하는 국가관리회계시스템이다. 사업별 예산제도와 발생주의 · 복식부기 회계제도에 의한 예산 편성 · 집행 · 결산의 재정 흐름 등을 한곳으로 모아 시스템으로 구축한 것으로 2009년 시범운영을 거쳐 2010년 전면 시행됐다.

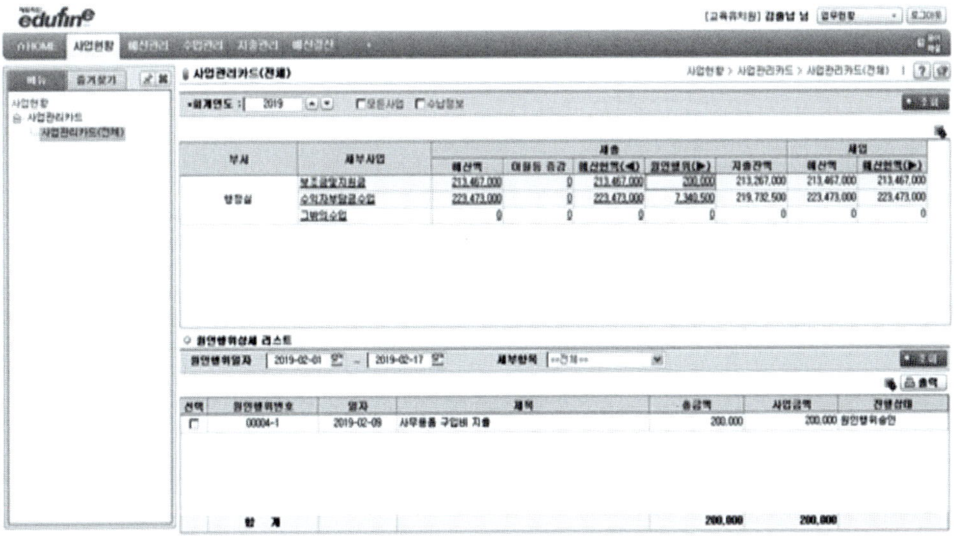

출처: 교육부(2019.2.19).

에듀파인에 따라 해당 교육기관들은 에듀파인에 예산과 결산의 상세 내용을 모두 입력해야 한다. 해당 기관들은 사적 은행거래 시스템을 사용하지 않고 에듀파인에 탑재된 'e교육금고' 제도로 금액 결제를 하게 된다. 이처럼 각 교육기관이 집행한 예산이 모두 에듀파인에 기록되고, 에듀파인에 기록된 회계 내역은 교육당국이 실시간으로 확인할 수 있어 입력과정 등에서 발생할 수 있는 부정을 방지할 수 있다.

전국 17개 시・도교육청과 국・공립 유치원, 초・중등학교 회계관리시스템인 에듀파인과 업무관리시스템이 통합된 'K-에듀파인'이 개통한 2일 서울시 종로구 서울시교육청에서 직원들이 관련 업무를 보고 있다. K-에듀파인은 전자고지서 출력과 전자수납이 가능한 '스마트스쿨뱅킹'을 새로 도입해 학부모가 교육비 고지 내역을 확인하고 결제할 수 있도록 했으며 사립유치원용은 3월에 개통한다.

discussion

토의 주제

01 교사의 업무의 유형과 내용을 알아보고 교사들이 현실적으로 겪고 있는 문제는 무엇이며, 개선해야 할 점은 무엇인지 설명하고 토의해 보자.

02 교육행정정보시스템(NEIS)의 관련 영역을 알아보고, 이용과 절차 방법에 대하여 설명하고 토의해 보자.

03 일반 기안문의 구성체제와 공문서 성립 및 효력 발생에 대하여 설명하고 토의해 보자.

04 교무업무시스템과 학교 행정업무 시스템의 주요 내용은 무엇이며, 이용 절차와 방법에 대하여 설명하고 토의해 보자.

part 03

학급경영 실무

contents

10 학급경영 및 학급경영자

1. 학급경영의 기초

가. 학급경영의 의미 및 목표

학급경영은 학급담임이 교육현장의 최전선인 학급에서 학생들과 관련된 일들을 계획하고 운영하고 관리하는 것들을 총괄하는 개념이다. 중등학교에서의 학교경영은 교육행정의 하위체제이며, 학급경영은 학교경영의 하위체제이다. 본 장에서는 학교경영의 큰 틀에서 학급경영의 의미가 무엇인지를 고찰하고자 한다.

학교경영(school management)은 단위학교에서 교육활동에 참여하는 구성원들이 교육목표를 달성하는 데 보다 효과적으로 일할 수 있도록 필요한 자원을 확보하고 여러 사람들의 노력과 자원을 조화롭게 결합해 나가는 활동이다(주삼환 외, 2015). 김윤태(2006)는 학교경영을 "교육목표를 효율적으로 달성하기 위해 교장과 교직원 집단이 협력하여 수행하는 조직적 활동이며 총괄적 작용"이라고 하였으며, 김종철 외(1991)는 "학교경영이란 학교단위, 특히 초·중등학교에 있어서 교육목표를 설정하고 그것을 달성하기 위한 프로그램 및 인적·물적, 기타 지원조건을 정비·확립하며, 목표달성을 위한 계획과 결정, 집행과 지도, 통제와 평가 등을 포함하는 일련의 봉사활동을 지칭하며, 학교조직 내에서의 집단적 협동행위를 위하여 효과적으로 지원하는 것을 본질로 하는 작용"이라고 정의하였다. 즉, 학교경영이란 단위학교에서 학교장의 자율적·창의적 관점 아래 교육목표를 설정하고 그 목표 달성을 위해 필요한 제반 조건을 정비 및 확립하고, 목표달성을 위한 활동을 지도 및 감독하는 일련의 봉사활동이다. 더 나아가, 학교의 정책 방향, 교육과정 운영 관리, 교육방법 및 공학적인 측면, 교사들의 수업활동, 각 부서의 연간계획, 학교 특색사업이나 노력중점 사업에 관한 것을 다룬다(안병환 외, 2012).

이러한 학교경영의 하위체제로서 학급경영(classroom management)은 학급을 조직하여 환경과 시설을 관리하고 학습지도, 생활지도, 건강지도, 여가선용, 교양지도, 진학지도, 직업지도 등에 관한 학급사무를 보다 계획적으로 변화시키는 것이며, 학급경영자로서 담임교사는 담당하는 학급의 특수성을 살리고 각 학급의 특수성에 입각해서 학급 학생들의 행동을 보다 계획적으로 변화시키도록 유도해야 한다(한공우, 2003). 주삼환 외(2015)에 의하면, 학급경영이란 교육활동 조직의 최종단계인 학급에서 담임교사가 교육목표의 달성을 위하여 교육활동을 계획하고 조직하여 실행하는 제 활동을 의미하며, 궁극적인 목적은 학년별 교육과정 목표 달성을 위한 생활지도와 교수·학습의 촉진이라 볼 수 있다. 윤정일 외(2008)는 학급경영이란 학급을 대상으로 교육목표 달성을 위한 교육계획 수립과 그 실행에 필요한 인적·물적 조건을 정비하고 학생을 지도하며, 교육활동을 평가하는 일련의 교육활동이라고 정의하였다. 또한, 교수·학습활동과 생활지도가 효율적으로 이루어질 수 있도록 도와주는 교육지원활동이라고 볼 수 있다.

중등학교의 학급은 교수·학습 활동을 통해 교육과정의 목표를 실현하는 가장 기본적인 단위이며, 학급의 학생들에게 인격형성과 지식 습득의 장인 동시에 교사에게는 교육실천의 장이라고 볼 수 있다. 중등학교 교육현장에서 학급 학생들은 일반적으로 비슷한 연령대와 환경에서 생활하면서 신체적 및 정신적으로 동일한 발달단계를 거치면서도 개인 차이가 있는 학생들로 구성이 되며, 학생들은 같은 학급에서 동일한 교육과정을 통해 교육을 받으면서 성장한다. 학교교육에서의 성공 여부는 학급에서의 다양한 교육활동을 통해서 가늠할 수 있으며, 학급 내에서의 실패 여부는 교육부, 시도교육청 및 지역교육지원청, 단위학교에서 시행되는 교육정책의 실패와 관련성이 높다고 볼 수 있다. 즉, 국가가 추구하는 교육정책들은 학교 및 학급의 교육활동을 통해서 실현되기 때문에 학급에서 이루어지는 교육 및 경영 활동은 그 무엇보다도 중요할 것이다.

이러한 관점에서 학급경영은 학급의 교육목표를 효율적으로 달성하기 위하여 인적, 물적, 교육적, 재정적 자원을 활용하여 계획, 조직, 지도, 실행, 평가하는 일련의 활동을 통해 학급을 운영하는 교육활동이며, 더 나아가 학급경영자인 담임교사가 학급의 특수성을 살려 학급 학생들의 다양한 행동을 보다 계획적으로 변화시키도록 유도해 나가는 총체적 활동이다.

학급경영의 관점에서 다양하고 구체적인 학급경영 목표를 가지며, 그 학급경영 목표는 교육활동을 통하여 어떠한 형태 내지는 인간을 만들어 낼 것인가에 초점을 두어야 할 것이다. 학급경영의 목표(강원근 외, 2008; 안병환 외, 2012; 한공우, 2003)로는 첫째, 학생 개인의 자아를 지각시켜 원대한 꿈과 자존감을 기르며, 자주성 및 자율성을 가진 원만한 인격적 향상을 도모하는 데 있다. 둘째, 학생과 교사의 아름다운 관계를 발달 유지하여 상호 이해로서 개인 지도, 집단 지도 등 학생들의 문제 해결을 위한 조언을 통해 학생으로 하여금 원만한 학급생활 내지는 학교생활을 영위할 터전을 마련하는 데 있다. 셋째, 협동정신과 봉사하는 태도를 기르고 생활지도와 훈련을 통하여 건전한 사회인이 될 자질을 길러 주는 데 있다. 넷째, 창의 및 창조성을 배양시켜 풍부한 정서 생활을 개발함과 동시에 보건 및 위생에 유의하게 하여 건전한 문화인이 되게 한다. 다섯째, 진로지도를 실시하고 개인의 흥미, 능력을 최대한으로 발달시켜 이 사회에 필요한 능력을 갖춘 생산인, 기술인 및 경제인이 되게 한다.

나. 학급경영의 원칙 및 영역

학급경영 활동은 자율적인 측면과 효율적인 측면을 고려하여 수행되어야 하며, 이러한 측면을 고려하기 위한 몇 가지 원칙들은 학급경영 활동 그 자체에 내재되어 학급경영 활동을 효율적 및 효과적으로 수행하기 위해 필요한 요건들이라 볼 수 있다(박병량, 2003).

첫째, 학급경영의 원칙은 교육적 학급경영으로서, 이는 학생 개개인의 흥미, 적성, 능력, 창의성을 신장시킬 수 있어야 한다는 것이다. 둘째, 학급경영의 원칙은 학생 이해의 학급경영으로서, 이는 학생 발달단계에 따른 인지적, 정서적, 신체적, 사회적 발달의 특징과 학습 능력, 준비도, 집단의 역할과 사회적 심리의 이해를 근거로 하여 학급이 운영되어야 한다는 점이다. 셋째, 학급경영의 원칙은 민주적 학급경영으로서, 이는 학급 구성원들의 인격이 존중되고 스스로 의사결정 할 수 있는 자유로운 학급 분위기를 조성해야 한다는 점이다. 넷째, 학급경영의 원칙은 효율적인 학급경영으로서, 이는 학급 자원의 효율적 사용으로 학급 구성원의 심리적 만족을 충족시키고 학급의 목표를 달성할 수 있도록 해야 한다는 점이다.

그 다음으로, 학급경영을 함에 있어서 학급경영에 포함되어야 할 영역으로는 다양하게 정의되고 있다. 학급경영의 영역에 대한 입장으로는 교실 내의 수업과 경영을 분리하여 학급경영을 파악하려는 입장, 학급에서 이루어지는 모든 활동을 학급경영으로 파악하여 수업활동을 학급경영에 포함시키려는 입장, 수업활동과 경영활동을 분리시키고 이들 두 활동 사이에서 중첩되는 경계영역 활동을 인정하는 입장으로 분류된다(주삼환 외, 2015).

수업과 경영을 분리하여 학급경영을 파악하려는 입장은 학급 내에서 생활지도와 같은 질서를 유지하는 활동과 학급 내 교수·학습활동을 지원하는 조건을 정비하는 활동을 별개의 차원으로 분류하는 입장이다. 이는 우리나라의 경우 중등학교의 학급경영이며, 중등학교에서의 학급경영은 담임교사의 수업과 다른 교과전담 교사의 수업을 위한 조건을 정비하고 유지하는 지원활동이라 볼 수 있다.

그 반면, 학급활동 전체를 학급경영으로 보는 관점은 학급에서 이루어지는 교수·학습 활동이 학급경영에 포함되는 활동으로 간주하는 입장이다. 이는 우리나라의 경우 초등학교의 학급경영 형태이며, 초등학교에서의 학급경영은 담임의 입장에서 교수학습활동과 밀접한 관계가 있다고 볼 수 있다.

이러한 관점에서 주삼환 외(2015)는 학급경영의 영역으로 교수·학습 영역, 특별활동 영역, 생활지도 영역, 교실환경 영역, 학급사무 영역, 대외관계 영역 등으로 제안하였으며, 이병환(2018)은 학급경영의 영역으로 학급경영 계획 영역, 집단조직 및 중점지도 영역, 창의적 체험활동 영역, 생활지도 영역, 환경 및 시설 관리 영역, 사무관리 영역, 학부모와의 관계 영역, 학급경영 평가 영역 등으로 제안하였다. 또한, 김희규 외(2018)는 학급경영의 영역으로 학급경영 계획의 수립, 집단조직 및 지도, 교과 학습, 특별활동, 생활지도, 환경·시설 관리, 사무 관리, 가정 및 지역사회와의 관계 관리 등으로 제안하였다. 이에 본 교재에서는 중등학교 교육현장에 적합한 영역을 설정하였으며, 학급경영의 영역으로는 학급경영 계획 영역, 학급조직 및 지도 영역, 교수·학습 영역, 특별활동 영역, 생활지도 영역, 환경 및 시설 관리 영역, 사무 관리 영역, 학부모 및 지역사회 관계 관리 영역, 학급경영 평가 영역 등으로 제안하였으며, 이에 대한 구체적인 내용을 정리하여 제시하면, 다음의 〈표 10-1〉과 같다.

〈표 10-1〉 학급경영의 영역

영역	주요 내용
학급경영 계획	학급경영 목표 설정 및 계획, 학생의 가정환경 및 지역사회의 특성 조사 및 분석 등
학급조직 및 지도	학급규칙의 설정, 학급운영 절차의 수립 및 시행, 소집단 편성 및 지도, 학급 분위기 조성 등
교수·학습	교과지도, 가정학습 지도, 특수아 지도, 학습지도안 작성 등
특별활동	학급활동, 자치활동, 클럽활동, 단체활동, 학교행사 조직 등
생활지도	인성 지도, 학업문제 지도, 진로·진학 지도, 건강 지도, 여가 지도, 출결석 지도 등
환경 및 시설 관리	물리적 환경 정비, 시설 관리, 비품 관리, 게시물 관리, 청소 관리 등
사무 관리	학사 관리, 학습지도에 관한 사무, 학생기록물 관리, 가정 연락물 관리, 각종 잡무관리 등
학부모 및 지역사회 관계 관리	가정과의 유대, 지역사회와의 유대, 교육 유관기관과의 유대, 지역사회 자원 활용, 봉사활동 등
학급경영 평가	학급경영 계획의 평가, 학급경영의 실천 평가, 평가결과의 피드백 등

2. 학급경영자의 역할과 직무

가. 학급경영자의 역할

담임교사로서 학급경영자는 학급 학생들의 인지적·정의적·신체적·사회적 영역을 골고루 갖춘 전인적 발달과 자신의 꿈을 실현하는 자아실현인이 될 수 있도록 돕는 역할이 그 무엇보다 중요할 것이다. 이러한 지도 및 조언 과정에서 학생들을 공평하게 대하는 공평성 내지는 공정성, 개개인이 가진 잠재가능성을 발현할 수 있도록 다양한 기회를 제공하는 일도 매우 중요하다. 학급경영자인 담임교사는 학생들의 학교생활 전반에 걸쳐 중요한 안내자이며, 담임교사의 교육관, 인생관 및 가치관은 학생들의 성장과 발달에 많은 영향을 미치기 때문에 담임교사의 역할은 교육활동의 성패에 지대한 영향을 미친다.

교육의 궁극적인 목적을 학생들의 전인적 발달과 자아실현이라고 보았을 때, 담임교사는 학생의 수업지도와 생활지도를 할 수 있도록 환경을 조성하여야 하며, 학급경영자의 역할은 그 무엇보다 중요하게 다루어져야 할 것이다. 즉, 학급경영을 효율적으로 잘 하기 위해서 담임교사는 보편타당한 자신의 교육이념과 철학을 지니고 있어야 하며, 교사로서의 자부심과 정체성 확립이 중요하다. 즉, 학급에서 담임교사가 수행하는 많은 활동들이 단순한 활동으로만 그치지 않고 보다 의미 있는 교육적 가치로 연결되어 학급경영이 효과적 및 효율적으로 수행되어야 한다는 점이다.

이러한 측면에서 학급경영자로서 담임교사의 역할을 제시하면, 첫째, 담임교사로서 역할을 자각하고 그에 따른 책임 수행에 노력해야 한다. 이는 담임교사가 교육자이면서 학교 조직의 구성원으로서 학급 전반에 대한 책무를 기꺼이 담당할 수 있어야 한다는 것이다. 둘째, 학급경영자는 학생을 깊이 이해하고 사랑해야 하며, 학생에 대한 이해는 객관적으로 공정하게 이루어져야 한다. 셋째, 담임교사로서 인격과 상식을 높이고 교육전문성 배양을 위한 노력에 힘써야 한다. 다양한 개성을 지닌 저마다의 학생을 이해하고 지도하기 위해서는 폭넓은 교양과 유연한 인간성을 가지는 것이 필요하다. 넷째, 학급경영자는 학생들에게 교육적으로 긍정적인 영향을 줄 수 있는 물리적 및 심리적 학급환경 조성에 힘써야 할 것이다(이병환, 2018).

이칭찬, 주상덕(2009)은 담임교사의 역할을 첫째, 교육과정을 계획하는 일, 둘째, 교수활동을 실천하는 일, 셋째, 생활지도를 담당하는 일, 넷째, 교육활동을 평가하는 일, 다섯째, 특수아를 지도하는 일, 여섯째, 학교・학급의 사무를 처리하는 일, 일곱째, 학교경영 및 학교행정에 참여하는 일, 여덟째, 지역사회와 협조하는 일, 아홉째, 학급의 환경을 정돈하는 일 등으로 제안하였다. 강경석 외(2011)는 학급경영자로서의 담임교사의 역할을 첫째, 담임교사는 학생과의 관계에서 중요한 역할을 담당한다. 둘째, 담임교사는 학급경영에서 중요한 역할을 담당한다. 셋째, 담임교사는 학부모와의 관계에서 중요한 역할을 담당한다는 것으로 제안하였다.

이상에서 볼 때, 담임교사로서의 학급경영자의 역할은 학생들의 전인적 성장과 발달을 돕는 역할, 학생들을 사랑하고 공정하게 대하는 역할, 학생들에게 긍정적인 영향을 줄 수 있도록 학급환경을 조성하는 일, 교육전문성을 발휘하여 학생들의 꿈 실현을 돕는 역할, 학습차원에서 학생들의 자기주도성을 함양할 수 있도록 돕는 일 등이라 볼 수 있다.

나. 학급경영자의 직무

학급경영자로서 담임교사는 다양하고 매우 광범위한 직무를 수행하고 있다. 보통 담임교사는 학급운영, 교육과정, 진로・진학지도, 학급관리, 생활지도, 창의적 체험활동 지도, 학급 사무관리 등의 광범위한 활동을 통해서 학생들을 교육하고 지도한다. 이러한 학교경영자로서 담임교사의 직무 내지는 업무를 제시하면, 다음과 같다(주철안 외, 2016).

첫째, 학급운영 관련 직무로서, 이는 급훈의 선정과 실천 지도, 학급경영 계획서 작성 및 운영, 조례・종례 지도, 학생 실태조사 분석 및 기록 유지, 학생 생활지도 내용의 기록과 활용, 가정환경 파악과 가정과의 유기적인 연계 등을 포함한다.

둘째, 교육과정 관련 직무로서, 이는 연간 교육과정 계획 및 운영, 학생들의 학습태도 분석 및 학습방법 지도, 독서 지도, 교육평가의 집계・통계, 통계지표 작성 및 관리 등을 포함한다.

셋째, 진로・진학지도 관련 직무로서, 이는 진로적성검사 실시 및 활용, 학업성취도평가 지도, 학력평가 지도, 희망직업조사 지도, 희망학과 및 희망대학 조사, 진로상담 활동 등을 포함한다.

넷째, 학급관리 관련 직무로서, 이는 환경미화 및 청소 지도, 교실비품 관리 지도, 학급정숙 지도, 학급문고 관리, 교육관계 지도, 학교일과 운영 지도, 중식 지도 등을 포함한다.

다섯째, 생활지도 관련 직무로서, 이는 학생안전 지도, 보건위생 지도, 용의 및 복장 지도, 학교폭력 예방 지도, 학생 인권보호 지도, 학생 개인정보 보호 지도 등을 포함한다.

여섯째, 창의적 체험활동 지도 관련 직무로서, 이는 학급회의 운영 지도, 학급임원 선출 지도, 자기계발 활동 지도, 자치활동 지도, 동아리 활동 지도, 봉사활동 지도, 학교행사 활동 지도 등을 포함한다.

일곱째, 학급 사무관리 관련 직무로서, 이는 학교생활기록부 기록 및 관리, 학급경영안, 건강기록부, 출석부, 학생환경조사서, 제 학생 통계표 관리 등을 포함한다.

또한, 담임교사가 처리해야 할 업무 내지는 직무로서 이병환(2018)은 학급운영, 교육과정, 학급관리, 생활지도 등의 측면과 내용을 제안하였다. 이렇게 제안한 내용을 정리하여 제시하면, 다음의 〈표 10-2〉와 같다.

〈표 10-2〉 학급경영자로서 담임의 직무

학급운영 측면	교육과정 측면
• 급훈의 선정과 실천지도 • 학급경영계획서 작성 및 활용 • 학급임원 선출지도 • 매일의 조례 및 종례 지도 • 학생 실태조사 분석 및 기록 유지 • 학생 생활지도 내용의 기록과 활용 • 가정환경 파악과 가정과의 연락 유지 • 출석 관리(결석, 지각, 조퇴, 인정 출석) • 전출·입학생 사무처리 및 관리	• 학습태도 분석 및 학습방법 지도 • 학교생활기록부 전산처리 및 관리 • 학교생활기록부 보조기록물 관리 (출석부, 봉사활동 누가기록부, 진단서 등) • 교육평가의 집계, 통계, 통지표 작성 • 창의적 체험활동(자율활동, 동아리활동, 봉사활동, 진로활동) 지도
학급관리 측면	**생활지도 측면**
• 환경 미화 지도 • 청소 지도 • 학급비품 관리 및 지도	• 상담을 통한 인성지도 • 진로직업체험 및 진로지도 • 보건위생, 안전생활지도 • 복장 및 예의지도

출처: 이병환(2018). 관련 내용을 수정·보완하였음.

학급경영자로서 담임교사의 하루 일과를 요약하여 제시하면, 다음의 [그림 10-1] 다음과 같다.

조회 전후	일과 중	종례 전후
▸교실 및 복도 정리 · 정돈 ▸출석 확인 및 지각학생 지도 ▸아침 자율학습 여건 조성 및 지도 ▸학생 건강 관찰 ▸당일 결 · 보강 교과 주지	▸외출, 조퇴 학생 관리 ▸각종 조사, 설문 통계 ▸증명서 발급 ▸학생안전 지도 ▸생활지도(상담) ▸급식지도 ▸청소지도	▸익일 결 · 보강 교과 주지 ▸훈화 및 귀가 시 안전지도 ▸잔류학생 지도 ▸교실정리 및 문단속 지도 ▸일일 출결 마감 관리 ▸생활지도(상담)

[그림 10-1] 학급경영자로서 담임교사의 하루 일과

출처: 이병환(2018). 관련 내용을 수정 · 보완하였음.

이상에서 볼 때, 학급경영자로서 담임교사의 직무는 다양하며, 광범위하게 구성되어 있다. 즉, 담임교사의 직무 내지는 업무는 학급운영, 교육과정, 진로 · 진학지도, 학급관리, 생활지도, 창의적 체험활동 지도, 학급 사무관리 등이 있으며, 좀 더 축약한다면 담임교사는 학급운영, 교육과정, 학급관리, 생활지도 등의 측면에서 많은 직무를 수행하고 있다고 볼 수 있다.

3. 학급경영의 실제

가. 학급경영계획의 수립

담임교사는 3월에 새로운 학급이 배정되면 학급의 효율적 및 합리적 경영을 위해 가장 먼저 학급경영계획을 수립해야 한다. 학급경영계획은 학급교육목표를 달성하기 위한 계획으로서, 1년간 학급을 효율적으로 운영하는 청사진이라 볼 수 있으며, 학급경영계획을 수립하는 절차에 따라 진행하고 있다. 이를 위해 담임교사는 기초자료를 수집하고 분석하여야 하며, 학급경영계획을 실천하고 평가하는 일들을 지속적으로 수행한다.

1) 기초조사 실시 및 분석

학급경영자인 담임교사는 먼저 학생 관련 실태 및 현황조사(가정환경 등), 지역사회에 대한 기초조사 등을 수행하여 분석하는 일부터 시작하게 된다. 기초조사는 일반적으로 객관적이고 과학적인 방법으로 수행되어야 하며, 학생 개개인의 개성과 적성 등을 포함하여 학급집단의 심리적인 특성이나 풍토 및 분위기, 지역사회의 특성 등 학급집단의 특성도 정확하게 파악되어야 한다. 기초조사를 실시한 다음에는 조사결과에 대한 체계적인 분석을 하여 학교경영계획을 수립하기 위한 시사점 및 특이점을 도출해야 한다.

학급의 특성을 파악하기 위한 각종 기초조사를 할 때, 다음과 같은 상항을 유의하여 시행되어야 할 것이다(이병환, 2018).

첫째, 학생이나 집단의 특성은 객관적이고 과학적인 방법을 활용하여 조사를 해야 하며, 둘째, 어느 한 종류의 조사나 검사에 의해서 얻어진 결과를 가지고 편향적 해석을 하거나 평가하는 오류를 범해서는 안 된다. 셋째, 학생이나 집단의 특성은 고정적이라기보다는 계속 변화하는 것이므로 기초조사는 학년 초에 한 번으로 그치는 것이 아니라 계속적인 교육활동 과정에서 수시로 자료를 수집하고 분석하는 것이 필요하다. 넷째, 학급경영의 효과를 높이기 위해서는 학급의 특성을 개인적인 측면과 집단적인 측면의 두 가지 차원에서 조사하고 분석하여야 할 것이다.

〈표 10-3〉 **학급경영계획 수립을 위한 기초조사의 내용 및 방법**

구분	내용	방법
교육목표	• 교육부 장학의 방향 • 시·도교육청과 교육지원청의 교육지표 및 주요 시책 • 학교교육 목표	• 문헌연구, 역사적 방법 • 역사적 고찰 방법 • 양적 연구법 • 질적 연구법
사회 환경	• 사회 구조 • 사회적 욕구	• 문헌연구, 역사적 방법 • 면접법, 양적 및 질적 연구법

구분	내용	방법
가정 환경	• 가족 상황 및 가족 문화 • 경제적 수준	• 질문지법 • 면접법
학생 특성	• 지능, 신체 상황, 성숙도 • 교우관계 • 흥미 및 적성	• 관찰법, 자서전법 • 검사: 신체검사, 성숙도검사, 지능검사, 흥미검사, 성격검사, 교육관계 조사 등

2) 학급경영계획의 수립 절차

학급경영계획을 수립하는 절차는 학급경영목표의 설정, 학급경영방침의 설정, 학급활동계획의 수립 등으로 구성된다. 구체적인 내용을 제시하면, 다음과 같다.

첫째 단계는 학급경영목표의 설정으로서, 학급경영목표는 학급경영의 운영을 통하여 학급이 달성하고자 의도하고 계획하는 목표를 의미한다. 학급경영목표는 학교교육목표를 근간으로 학급경영자의 교육철학 및 교육관, 인생관 및 가치관, 학생실태, 지역사회 요구 등을 체계적으로 반영하여 설정되어야 한다. 또한, 학급경영목표는 학교경영의 방향을 제시함으로써 학급경영을 계획하고 운영하며, 평가하는 지침이 된다고 볼 수 있다(권대훈, 2017). 이와 같이, 학급경영목표는 학급경영의 중요한 기준이 될 수 있기 때문에 구체적인 행동목표로 진술되어야 한다.

학급경영목표를 설정할 때의 중요한 고려 사항은 다음과 같다.

- 국가 · 사회의 시대적 요구 및 학교의 교육목표를 구체적으로 반영해야 한다.
- 학교 · 학년 경영목표의 하위개념으로 실천적이고 행동적인 목표가 될 수 있도록 설정하여야 한다.
- 학급의 전체적 특성과 학생들의 실태를 기반으로 하는 학생 중심의 학급경영계획 및 목표가 되도록 해야 한다.
- 학급경영자인 담임교사의 투철한 교육관과 시대적 요구를 토대로 도덕적이고 창의적이며, 건강한 인재 육성이 되도록 경영목표를 설정하여야 한다.

둘째 단계는 학급경영방침의 설정으로서, 학급경영목표를 설정한 다음에는 구체적이고 체계적인 학급경영방침이 설정되어야 한다. 이 방침은 이미 설정한 학급경영목표를 잘 달성하기 위한 기분준거 내지는 활동전략을 의미하며, 이러한 방침은 학교경영목표 달성을 위한 수단 내지는 방법이라 볼 수 있다. 따라서 학교경영방침은 학교경영목표의 내용들이 학교경영방침에 잘 표현되어서 보다 구체성을 띨 필요가 있다.

학급경영목표와 학급경영방침의 예시를 제시하면, 다음과 같다.

- [학급경영목표] 1. 나라의 고마움을 알고, 나라글을 사랑하는 마음을 갖게 한다.
- [학급경영방침] 1-1. 한국인의 긍지 찾기, 1-2. 올바른 통일관 함양, 1-3. 절약정신 배양
- [학급경영목표] 2. 서로 도우며 즐겁게 생활하도록 한다.
- [학급경영방침] 2-1. 기본생활 규범 갖추기 지도, 2-2. 역할 분담활동 지도, 2-3. 자신의 장점 만들기 지도
- [학급경영목표] 3. 학습방법을 익혀 즐겁게 공부하도록 한다.
- [학급경영방침] 3-1. 학습방법 익히기, 3-2. 기초학력의 정착, 3-3. 수업기술의 심화
- [학급경영목표] 4. 취미를 길러서 1인 1자랑을 갖게 한다.
- [학급경영방침] 4-1. 취미활동 권장, 4-2. 독서지도 충실, 4-3. 개인문집 제작
- [학급경영목표] 5. 용의를 단정히 하여 건강한 모습을 지니게 한다.
- [학급경영방침] 5-1. 위생습관 지도, 5-2. 건전놀이 지도, 5-3. 기초체력 단련

셋째 단계는 학급활동계획의 수립으로서, 그 다음과정으로 학급경영목표 및 방침에 근거하여 학급경영에 대한 계획을 구체적으로 수립하는 단계이다. 학급활동계획의 수립에서는 학급경영계획에서 가장 핵심이 되는 부분이며, 이 단계에서는 1년 동안 학급을 어떤 절차로 경영할 것인지에 대한 세부 활동계획을 제시해야 한다. 세부 활동계획에는 교육과정 운영 계획, 학급조직 계획, 생활지도 계획, 학급환경 관리계획, 학급특색 활동계획 등이 반드시 포함되어야 한다. 이상과 같은 내용을 바탕으로 하여 학급경영 활동계획으로서 연간 계획의 예시를 제시하면, 다음의 〈표 10-4〉와 같다.

〈표 10-4〉 학급활동계획의 수립을 통한 학급경영 연간 계획(예시)

월	주제	학급 활동
2월	담임 준비	• 연간 교육과정, 교과서 살펴보기 • 학급 생활 운영 계획 • 책걸상, 사물함, 신발장 배치 확인 • 교실 환경 정리 및 정돈
3월	학급 구성 및 학급분위기 조성	• 연간 교육과정, 교과서 살펴보기 • 급훈 설정 및 실천 지도 • 자리 배치, 청소 및 1인 1역 배정 • 학급회 운영 지도, 학급환경 조성, 학급비품 준비 • 학생 및 학부모 상담, 학생 비상연락망 조직 • 학습태도 및 실내정숙 지도 • 학부모 총회 개최
4월	면학 분위기 조성 및 소속감 심어 주기	• 식목일 지도 및 과학의 달 행사 • 교실 환경 꾸미기 완료 • 현장체험학습 및 모둠 단합대회
5월	은혜를 생각하는 마음	• 학교 운동회, 자연보호 활동 • 어린이의 날, 어버이의 날, 성년의 날, 스승의 날 관련 행사 • 중간고사
6월	나라와 민족을 생각하는 달	• 현충일 행사, 6·25 계기 교육 • 호국 보훈의 달 행사
7월	한 학기 마무리 점검 및 2학기 계획	• 기말고사 및 결과 처리 • 학생평가 누가기록 정리, 통지표 작성 • 방학 중 생활계획표 작성 지도 • 제헌절 훈화 지도, 광복절 행사 • 1학기 학급운영 반성 및 2학기 계획
8월	여름방학	• 이메일, 학급홈페이지 활용 글쓰기 • 개별 및 모둠별 봉사활동 • 방학 중 생활지도
9월	면학 분위기 조성 및 공동체의식 심어 주기	• 개학에 따른 생활지도, 면학 분위기 조성 • 2학기 모둠 재구성 및 모둠 단합대회 • 청소지도 및 기초 질서 지도, 교실환경 구성
10월	실력을 다지는 달	• 개천절 및 한글날 훈화 지도 • 체육대회, 현장체험학습 • 모둠 활동 성과 정리

월	주제	학급 활동
11월	인권을 생각하는 달	• 동계 화기 단속 지도, 화재 예방 지도 • 개인 상담 및 집단 상담 • 학급 및 학교 문화 예술 행사
12월	끝맺음 지도 및 방학 계획	• 기말고사 및 결과 처리 • 학년말 성적 처리 및 통지표 작성 • 취미와 소질에 맞는 특기 계발 지도
1월	겨울방학	• 이메일, 학급홈페이지 활용 글쓰기 • 방학 중 교외 생활지도 • 학력 미달학생 보충수업
2월	다시 태어나는 우리	• 종업식 및 졸업식 준비 • 학년말 생활지도 강화 • 학급경영 평가 및 생활지도 반성

나. 학급조직

학급경영자인 담임교사는 1년 동안 운영할 학급을 조직하는 일은 중요하며, 학급조직에는 학급회, 운영위원회, 학급 부서, 분단 편성 등이 있다. 학급은 학교교육을 실천하는 가장 기본적인 단위조직이며, 학급 조직의 구성은 1년간의 학급생활에서 중요한 의미를 가진다. 학급 내에서 교육활동의 효과적인 운영을 위해서는 학급 구성원들의 자발적이고 적극적인 참여를 이끌어 내는 것이 중요하며, 학생 개개인의 의견을 충분히 수렴하여 학급조직을 구성해야 한다.

학급조직에는 학급회, 운영위원회, 각 부서 및 부서별 활동 조직, 분단 편성 등이 있을 수 있다. 반장과 부반장 선출을 학기별로 할 것인지 아니면 1년으로 할 것인지, 선출방법 방법 절차 등은 다양한 의견을 반영하여 올바른 민주시민의식을 함양하는 데 중요한 의의가 있을 수 있다. 또한, 학급운영의 조직 구조는 학급의 상황과 학교의 학칙 등에 따라 여러 가지 제한요소가 있다. 따라서 본 장에서는 학급경영을 효율적 및 효과적으로 운영한다는 차원에서 다양한 방법을 제안하고자 한다.

1) 학급회

학급회는 반장이 의장이 되고, 부반장은 부의장이 된다. 학급 구성원 모두가 참여할 수 있도록 학급회를 구성하는 것이 중요하며, 학급의 중요한 일들은 학급회를 통해 결정된다.

2) 운영위원회

운영위원회는 의장, 부의장, 각 부서 부장 및 자발적 지원자 1~2명으로 구성할 수 있다. 이 위원회에서는 각 부서로 모아진 의견을 논의하고 결정하는 역할을 수행하며, 학급 전체와 관련된 중요한 사항은 학급회에 상정하여 논의한다. 이 위원회에서 결정된 사항은 담임에게 통보하여 조언을 받은 후 결정사항을 학급 전체에 공표한다.

3) 학급 부서

학급 부서는 학급 내에서 이루어지는 여러 활동을 영역별로 나누어 부서를 정하고 부서원을 배치한다. 각 부서는 담당하는 행사나 활동을 주도적으로 수행한다. 학급 부서는 보통 기획부, 문예부, 환경부, 체육부, 도서부, 학습부, 생활부 등이며, 이러한 부서별로 추진되는 활동내용을 주도적으로 수행하기 위해 학생들의 요구를 반영하여 구성하는 것이 바람직할 것이다. 부서에서 수행되는 내용을 정리하여 제시하면, 다음의 〈표 10-5〉와 같다.

〈표 10-5〉 학급 부서별 활동 내용(예시)

부서	활동 내용
기획부	• 출석부 관리 및 출석 점검 • 학급의 각종 회의와 협의회 내용의 기록 및 관리 • 학급물품 관리
학습부	• 학급의 학습 분위기 조성 • 공부가 어려운 학생들 도와주기 • 학습에 도움에 되는 자료 공유 및 게시

부서	활동 내용
생활부	• 교실 내외의 각종 기본 생활지도 담당 • 급우와 관련된 경조사 관련 업무의 추진 • 바른말 및 고운말 사용의 지도 • 학교 및 학급의 규칙 준수 유도
문예부	• 각종 글짓기, 표어, 포스터 관련 작품에 대한 업무 • 학급 문집 편찬 • 문예, 학예행사 관련 업무 추진
환경부	• 교실 환경 미화 주관, 환경 게시물 관리 및 보수 • 청결 유지 점검 • 학급 비품 및 쓰레기 분리수거 담당
체육부	• 학급의 건강증진과 안전사고 예방의 담당 • 학교의 체육대회에 참여할 준비 수행 • 체육시간에 필요한 교구 준비 등 수업 준비 • 소풍 및 극기훈련 등에서 오락의 담당
도서부	• 학급의 도서 실태 파악 • 학생생활에 도움이 되는 도서목록 작성 및 소개 • 학급문고 관리 및 대출업무 • 도서관 이용을 독려하고 독후감 노트 제출 대장 작성

4) 분단 편성

학급에서의 분단 편성은 교육활동의 효과를 극대화한다는 차원에서 이루어져야 하며, 학급을 하위조직으로 구성한다는 것이다. 학급의 분단 편성 시 고려되어야 할 사항을 몇 가지 제시하면, 다음과 같다(권대훈, 2017).

첫째, 교육목표 측면에서 분단은 교육목표를 효과적으로 달성할 수 있도록 편성해야 하며, 교육목표에 따라 분단편성은 다양하게 이루어질 수 있다. 또한, 학급의 상황에 따라 분단을 신축성 있게 구성할 수 있으며, 학습에서도 어떤 영역에 초점을 두느냐에 따라서도 다양하게 편성될 수도 있다.

둘째, 학생들의 능력 측면에서 분단의 편성은 일반적으로 능력별 이질집단으로 편성하는 것이 주류를 이루지만, 상황에 따라서 능력별 동질집단으로 편성할 수도 있다. 능력별 분단 편성에서는 우월감이나 열등감을 조장하지 않는 범위 내에서 시행해야 할 것이다.

셋째, 학생들의 요구 측면에서 분단은 학생들의 요구나 희망을 최대한 고려하여 편성하는 것이 바람직할 것이다. 이미 앞에서 학급경영계획 수립을 위한 기초조사 시 학생들의 요구를 조사하여 분석한 결과를 반영하는 것도 좋은 방법일 것이다.

넷째, 편성인원 측면에서 분단은 적정한 인원을 추정하여 편성해야 할 것이다. 분단의 인원은 교과내용이나 여건에 따라 적절히 신축성 있게 편성하는 것이 좋으며, 상호 간의 의사소통을 촉진하려면 5~8명 정도가 적당하다고 볼 수 있다. 분단의 인원이 너무 많으면 분단에서 팀프로젝트 학습과 같은 방법은 활용하기에 다소 어려움이 있으며, 그 반대로 분단 인원이 너무 적으면 상호작용의 효과가 없고 수업의 역동성을 가지기에는 다소 어려움이 따를 수 있다.

다섯째, 지속기간 측면에서의 분단은 일반적으로 1년 단위로 편성을 하지만, 학습의 내용과 특성을 고려하여 1~2개월 정도가 적당할 수도 있다.

여섯째, 분단장의 측면에서 특정 학생이 분단장의 일을 처음부터 끝까지 하게 하는 방법도 있지만, 교육적 효과성 차원에서 모든 학생들이 경험을 공유한다고 판단되면 교대로 분단장을 맡는 방법도 좋을 것이다.

다. 학급규칙의 설정

학급에서의 규칙은 소속 학생들이 학급 내에서 어떻게 행동해야 하는 가를 정해 놓는 지침 내지는 기준이다. 학급을 원활하게 운영하려면 합리적이고 체계적인 학급규칙을 설정한 후 그 규칙을 모든 학생들이 지키도록 지도하는 것이 필요하다. 학급규칙을 정할 때에는 담임교사가 일방적으로 결정하기 보다는 모든 학생들의 요구를 반영하여 결정하는 것이 그 무엇보다 중요할 것이다. 따라서 학생들이 생각하는 규칙을 학급회의에 상정하여 정하는 것이 보다 합리적일 것이다. 한 번 정해진 학급규칙은 영구불변하는 것이 아니라, 학생의 의견을 수렴하여 수정하거나 추가할 수도 있을 것이다.

라. 급훈의 설정

급훈의 설정을 보면, 급훈은 담임교사의 교육관과 가치관, 학생들의 의견을 동시에 고려하는 학급 전체가 지향해야 할 방향을 제시하는 덕목이다. 이에 급훈은 학급 구성원들이 공동으로 추구해야 할 가치나 덕목을 포함하는 것이 매우 중요하다. 급훈을 정하는 방법으로 첫째, 담임교사가 자신의 교육철학과 인간관, 가치관 등을 바탕으로 적절하게 결정하는 방법, 둘째, 담임교사가 몇 가지 안을 제시하고 학생들이 선택하는 방법, 셋째, 학생들에게 공모를 통해서 담임교사가 그 중에서 하나를 선택하는 방법, 넷째, 공모된 결과를 학급회의에서 학생들이 결정하는 방법 등을 들 수 있다. 결론적으로, 학급의 급훈은 담임교사의 교육관이나 가치관, 학생들의 의견 수렴 과정을 통해서 민주적 방식으로 설정하는 것이 바람직할 것이다.

마. 학급환경의 구성

학급환경은 학급의 분위기 내지는 풍토를 결정하는 중요한 요인이 되며, 학생들의 학습동기와 태도에 큰 영향을 미치기 때문에 학급경영자인 담임교사는 보다 바람직한 학급환경을 조성해야 할 것이다. 학급환경은 학생들의 학습에 많은 영향을 미치는 것임에도 불구하고 교사들의 관심은 상대적으로 교수・학습이나 생활지도에 비해 낮은 편이다.

학급의 좋은 학습 환경을 구성한다는 차원에서 담임교사들이 몇 가지 알아야 할 유의점을 제안하면, 다음과 같다(전국교직원노동조합 편, 1990).

- 환경정리에 참여하는 학생들이 일부 임원을 포함하여 수행하는 경우가 많지만, 학급환경 구성 시 학급의 모든 학생들이 참여할 수 있도록 유도하는 것이 바람직하다.
- 게시판이 학년 초에 한번 만들어진 후에 거의 변화가 없는 것이 지금의 현실이다. 게시판은 항상 학생들의 기대와 흥미를 가질 수 있도록 변화해야 하며, 생동

감이 있어야 할 것이다.

- 교실환경에 있어서 즉흥적 · 단기적인 계획으로 교실을 꾸미는 것이 아니라, 반드시 연간계획에 따라 계절 및 행사에 알맞게 교실을 꾸며야 할 것이다.
- 교실 꾸미기가 단순히 환경심사의 대상으로서가 아니라, 학급 구성원들의 표현의 장이 될 수 있도록 해야 할 것이다.
- 학급게시판의 내용이나 형태는 되도록 학급자치회에서 함께 결정하는 것이 좋을 것이다.
- 교실 꾸미기에 드는 비용은 교육활동에 필수 비용이므로, 학교의 예산에 반영하여 집행하는 것이 바람직하다.

바. 학급사무 관리

학급경영자로서 담임교사가 교수 · 학습이나 생활지도 이외에 상당히 많은 시간을 할애하는 것이 학급사무 관리이다. 우리가 보통 잡무라고 표현하는 것이지만, 실제로 사무관리는 교육활동을 전개하는 데 중요한 일들 중에 하나이다. 담임교사가 흔히 수행하는 학급사무 관리에는 각종 학급경영계획 수립, 행사 계획하기, 보고서 및 공문서 작성하기, 학급사무 처리하기 등이 있다(강원근 외, 2008).

먼저, 학생기초조사로서, 담임교사는 학생실태조사서를 중심으로 한 학생기초조사의 내용을 1년 동안 매우 자주 활용한다. 학생기초조사 시에 가장 먼저 수행하는 것은 학급 비상연락망을 작성하는 것이다. 비상연락망에는 학생의 사진과 주소, 연락처 등을 기재하며, 담임교사가 수시로 학생기초조사의 내용을 활용하여 업무를 처리하기 위해서는 학생의 생일, 주소, 연락처, 선택과목 사항 등을 기재하여 관리하는 사무 업무를 수행한다.

학급 구성원인 학생의 기초조사(연락처, 부모 관련 내용, 주소, 장 · 단점 등) 서식의 예를 제시하면, 다음의 〈표 10-6〉 및 〈표 10-7〉과 같다.

〈표 10-6〉 중학교 학생 가정환경조사서(예시)

가 정 환 경 조 사 서

( )학교 ( )학년 ( )반 ( )번 성명 ( )

본 가정환경조사서는 학생의 학교교육을 위한 기초자료로 활용될 예정이오며, 그 외의 목적으로는 절대 사용되지 않음을 알려드리니 구체적이고 사실적인 지재를 부탁드립니다.

20 . 3. .

담임교사 ○○○

주민등록번호		전화번호		성별	
성명	(한자):	휴대폰		졸업학교	
보호자 성명		관계	학생의 부, 모, 조부, 조모, 기타( ) 해당되는 곳에 ○표하기		

가족사항	부		모	
	성명		성명	
	나이		나이	
	직업		직업	
	학력		학력	
	종교		종교	
	전화번호		전화번호	
	휴대전화		휴대전화	

가족사항	그 외 가 족				
	관계	이름	나이	직업 및 학교	본교재학 유무(학년반)
	함께 사는 조부				
	함께 사는 조모				
	형(오빠)				
	누나(언니)				
	남(여)동생				

(가족관계의 특이 사항): 부모님 이혼, 부모님 사별, 기초수급 가정, 한부모 가정, 소년가장, 조손가정

(경제적 지원 요청): 학교운영비 감면 요청, 학교급식대금 감면 요청 <해당란에 ○표하기>

학생 취미	학생 특기	학생의 장애희망(직업)	학생	보호자
건강 사항	※ 주의해야 할 질병이나 신체상 특이점:			

(담임교사에게 당부의 말씀):

〈표 10-7〉 학생 기초조사 서식(예시)

구분	학생 기초조사		
나의 연락처			
부모님 성함		연락처	
집 주소			
나의 장점			
나의 단점			
좋아하는 과목	1.	2.	3.
싫어하는 과목	1.	2.	3.
작년 수업시간에 나의 수업태도는?			
올해 수업시간에 나는 어떻게 할 것인가?			
공부하면서 가장 힘든 점은?			
내가 좋아하는 선생님의 스타일은?			
부모님과 사이는 어떠한가?			
나의 친한 친구들은? 나는 어떤 친구인가?			
작년 학교생활에서 힘들었던 점은?			
올해 목표가 있다면?			
내가 바라보는 우리 반의 모습은?			

▣ 선생님께 편지를 써 봅시다. 선생님을 만난 기분도 좋으며, 앞으로 어떻게 지냈으면 좋겠다는 부탁도 좋습니다.

그 다음으로, 담임교사가 수행해야 할 각종 행정업무에는 학급의 일반적인 행정업무, 전·입학 처리, 학부모회 조직, 지역사회 연계 기관 관리, 저소득층 학생 지원, 수익자 부담경비 관련 업무 처리 등이 있다. 최근에는 외부 교육정책 사업인 자유학기제, 교과교실제, 학점은행제 등으로 인하여 다양한 행정업무들이 늘어나고 있는 실정이다. 또한, 교육행정정보시스템(나이스) 사용하기 업무로서, 나이스는 학생생활기록부를 작성하기 위한 모든 자료를 입력하는 교육정보시스템이며, 학생생활기록부는 법정 장부로서 반드시 작성해야 하는 문서이다. 이 자료는 학생을 이해하기 위한 자료이며, 학생의 교수·학습지도와 상급 학교 진학, 취업지도 등의 자료로 활용한다. 이와 같이, 담임교사는 다양한 행정적 업무를 수행하고 있으며, 이러한 행정적 업무로 인하여 교수·학습 과정의 본질을 흐려서는 안 될 것이다.

사. 학급경영평가

학급경영평가는 궁극적으로 학급경영의 목표 달성 여부를 확인하여 학급경영을 개선하는 데 그 목적이 있으며, 담임교사는 학급경영 과정에서 투입, 과정 및 산출에 대한 평가결과를 분석하여 학급경영 체제를 개선하고 향후 학급경영에 반영하여야 한다. 이러한 학급경영평가에서는 학급경영 목표의 달성도를 확인하고, 학급경영의 문제점을 진단하여 학급경영 개선을 위한 정보를 제공하며, 학급경영에 대한 의사결정에 도움을 주기 위해 실시된다. 학급경영평가의 영역과 내용은 다음과 같다.

1) 투입요인에 대한 평가

학급경영에 투입된 요인들을 평가하는 것을 의미하며, 투입요인으로는 교사 특성, 학생 특성, 시설과 환경, 교육과정 등이 포함된다.

2) 과정요인에 대한 평가

학급경영의 영역별 활동에 대한 평가를 의미하며, 과정요인으로는 학습지도, 생활지도, 특별활동지도, 환경정비, 사무관리, 학부모 및 지역사회 관계 등이 포함된다.

3) 산출요인에 대한 평가

학교경영의 목표 달성도에 대한 평가를 의미하며, 산출요인으로는 학생의 인지적, 정의적, 심동적(신체적) 행동 변화, 진학률, 중도탈락률, 문제 학생 수 등이 포함된다.

학급경영평가의 요목은 학교의 교육목표를 구현하기 위한 교육방침 및 실천사항이어야 하며, 학교의 교육목표가 구체화된 학급 교육목표 및 방침의 구현 사항을 평가하기 때문에 학교 교육목표와 일관성을 유지해야 한다. 일반적으로 활용되는 학급경영평가에 적용할 수 있는 평가영역 및 평가요목을 제시하면, 다음의 〈표 10-8〉과 같다.

〈표 10-8〉 학급경영평가의 평가영역 및 평가요목(예시)

평가영역	평가요목	
학급경영의 기본 사항	• 학급의 독자적 특성	• 학급경영에 학생의 참여
학급경영계획	• 학급경영계획의 수정·보완	
학습지도	• 기본 학습습관 형성 • 가정학습지도	• 학생의 학습 개별상담 지도 • 학습기자재의 확보 및 정비
생활지도	• 기본생활 습관 지도 • 요선도 학생지도	• 예절 생활지도
창의적 체험 활동	• 학생자치 활동	• 역할분담 활동
기타	• 학급 게시물 및 학급환경 관리	• 학급사무 처리

학급경영평가표를 제시하면, 다음의 〈표 10-9〉와 같다.

〈표 10-9〉 학급경영평가표(예시)

평가영역	평가 관점	평가척도					평가결과			
		5	4	3	2	1	1/4	2/4	3/4	4/4
1. 기본 관점 (10점)	① 학급의 독자성이 조성되고 있는가?									
	② 학급의 일에 전 학생이 참여하고 있는가?									
2. 학급경영 계획 (10점)	① 학급경영계획은 학교의 교육계획과 일관성을 가지고 있는가?									
	② 학급경영계획은 부단히 재구성·보완되고 있는가?									
3. 교과학습 지도 (25점)	① 기본학습습관이 잘 이루어졌는가?									
	② 학생의 학습상담 활동이 잘 되고 있는가?									
	③ 부진학생지도가 잘 이루어졌는가?									
	④ 가정과 연계한 가정학습지도가 잘 이루어졌는가?									
	⑤ 학습기자재는 잘 정비되어 교수·학습에 효과적으로 쓰일 수 있는가?									
4. 생활지도 (30점)	① 기본생활습관지도가 잘 이루어지고 있는가?									
	② 예절생활지도는 잘 이루어지고 있는가?									
	③ 요선도 학생지도는 잘 이루어지고 있는가?									
	④ 교외생활지도는 잘 이루어지고 있는가?									
	⑤ 안전생활에 대한 지도가 잘 이루어졌는가?									
	⑥ 건전한 소비생활 교육은 잘 이루어지고 있는가?									
5. 창의적 체험활동 (15점)	① 학생 자치활동과 역할분담 활동은 효과적으로 운영되고 있는가?									
	② 4대 영역이 균형 있게 이루어지고 있는가?									
	③ 동아리 활동 시간이 창의적이고 다양하게 이루어지고 있는가?									
6. 기타 (10점)	① 게시물과 학급비품은 잘 정비되어 있는가?									
	② 학급사무 및 분장사무는 신속 정확하게 처리되고 있는가?									
계(100점)										

discussion

토의 주제

01 담임교사가 학급을 운영하면서 가장 중요하게 다루어야 할 학급경영자의 역할은 무엇인지 설명하고 토의해 보자.

02 학급경영자인 담임교사의 직무(업무)는 무엇이며, 그 직무 중 특히 중요한 업무는 무엇인지 설명하고 토의해 보자.

03 학급경영계획의 수립 절차를 설명하고, 그 수립 절차에서 기초조사 실시 및 분석 방법에 대하여 설명하고 토의해 보자.

04 만약에 예비교사로서 학급의 급훈을 설정한다고 가정하자. 급훈 설정의 방법 및 내용이 무엇인지 설명하고 토의해 보자.

11 학생문화와 학생활동

1. 학생문화의 이해

가. 학생문화의 의미 및 특징

우리 중등학교 학생들은 학생이라는 범위의 측면에서 청소년이라는 호칭을 혼용하여 사용한다. 우리나라에서 청소년 문화 내지는 학생문화에 대한 관심을 갖기 시작한 것은 초기의 청소년 문제라는 관점에서 '청소년문화'로 바뀌면서부터이다. 즉, 청소년 문화는 청소년기에 있는 젊은 세대들이 그들 나름의 행동방식과 생활양식을 모태로 하여 형성한 독특한 문화로서, 전체 사회 문화나 주류 문화에 대하여 하나의 부분을 이루기 때문에 부분문화 또는 하위문화를 형성한다.

청소년의 하위문화는 청소년들에게 특이하게 존재한다고 생각되는 가치관 및 태도 등을 의미하는 것으로서 외부적으로 관찰할 수 있는 언어, 복장, 행동 등의 여러 가지 외부적인 문화가 있는가 하면, 정신세계의 방향을 제시해 주는 이념적이고 이상적인 문화가 존재한다. 일반적으로 청소년 문화는 처지와 상황이 비슷한 성장과정에 있는 청소년들이 자신들의 정체감을 찾으려는 데 많은 영향이 있으며, 청소년들이 처한 과도기적인 상황하에서 청소년들의 자아정체성 확립과 관련된 불안과 혼란 및 동요를 또래집단에의 귀속 의식을 통한 안정감을 바탕으로 하여 보상적으로 회복하고자 하는 노력의 결정체라고 볼 수 있다(권이종, 김용구, 2007). 즉, 청소년 문화는 구성원들이 유행, 취향, 믿음, 가치관, 여가, 취미, 언어 및 의식 등을 공유하며, 집단 내에서는 연대의식을 가지며, 타 집단과는 다른 문화적 양식을 가짐으로써 자신들만의 독특한 문화적 양식을 나타내는 것을 의미한다. 특히, 우리나라에서는 청소년문화, 또래문화, 학생문화 등이 거의 비슷한 개념으로 사용되고 있으며, 우리나라의 높은 교육열로 인하여 대입과 비교적 가까이에 있으면서 중등교육을 받고 있는 학생들의 또래문화가 항상 교육적 및 사회적 관심의 대상이 되어 오고 있는 실정이다.

이러한 학생 또래문화의 특징은 과도한 입시경쟁 문화, 유예된 성인기와 장기간 학업에 머물러 있는 청소년기로 인해 발생되는 무력감, 욕구 불만, 상대적 박탈감을 가지는 소외문화, 전통적인 이성 중심의 사고에 대한 반항으로써 나타나는 감각 지향적 문화, 컴퓨터 및 인터넷 발달과 확산으로 인하여 형성된 디지털 문화(N세대 문화), 대중매체 편식문화, 맞춤법 무시 및 언어 축약 사용과 같은 은어와 축약형 언어들의 조어문화, 과소비나 불필요한 지출과 같은 소비성 문화, 개별적 취향과 개성에 따른 욕구충족의 다양화 및 개별화를 특성을 나타내고 있는 자기표현주의 문화, 인생의 목표를 사회에 대한 기여보다는 자신의 즐거움과 만족에 두는 개인주의 문화 등이라 볼 수 있다(주철안 외, 2016).

청소년문화 내지는 학생문화의 특징을 대별하여 제시하면(김희규 외, 2018), 첫째, 과도한 입시경쟁 문화로서, 청소년기 대부분의 시간을 상위 학교에 진학하기 위한 입시공부에 매달리게 만드는 입시경쟁 문화는 시험과 성적의 압박으로 인해 당사자인 학생뿐만 아니라 학부모 및 학교교육 전체가 파행적으로 수행되도록 만들고 있다. 우리

교육의 본질인 학생 개개인의 성장과 발달이 중요시되어야 함에도 불구하고 너무 인지적 영역에만 초점을 두고 교육활동이 전개되고 있다는 점이다. 따라서 대학입학을 위한 입시정책의 개선이 요구되며, 학생문화의 측면에서 학생들이 스스로 자신의 꿈을 설정한 후 학생의 자기주도적 학습이 그 무엇보다 중요할 것이다.

둘째, 학생문화는 소외문화로서, 청소년기에 경험하는 사회적 및 심리적 불안한 심리상태에서 비롯되는 소외감은 방치할 경우 자살과 같은 극단적인 방법을 취할 수 있으며, 같은 또래들에게 영향을 미칠 뿐만 아니라 사회적 병리현상을 유발하는 원인 중의 하나가 될 수 있다. 학생문화의 개선책으로 학생들 간에 소외현상을 줄이려는 교육적 노력이 필요하며, 실제 수업에서 학생들 간에 존중하고 배려하는 방법을 함양할 수 있도록 다양한 교육적 지원이 필요할 것이다.

셋째, 학생문화는 감각지향적인 문화로서, 이는 이성의 우월성을 강조하는 전통적인 관념을 비판하며, 즉흥적이고 감각적인 것만을 추구하는 문화를 의미한다. 이러한 문화는 학생문화이기 이전에 사회 전반에 흐르는 감각지향적인 문화가 그대로 청소년기의 또래문화로 유입 및 흡수된 상태를 말한다. 또한, 청소년기의 또래집단들 사이에서 일어나는 성범죄 및 학교폭력은 해마다 급속히 늘어나고 있는 추세라는 점에서 학생문화를 넓은 시각에서 접근하고 예방할 필요가 있을 것이다. 즉, 감각지향적인 문화의 개선 차원에서 학생문화를 어떠한 방식으로 건전하고 건강하게 만들어 갈 것인가에 대한 심도 있는 고민이 필요할 것이다.

넷째, 학생문화는 소비성 문화로서, 청소년의 소비 지향적 특성은 기성세대보다 물질적인 풍요 속에서 성장하였다는 점, 부모의 양육태도가 허용적이라는 점, 신체적 변화와 성장에 따라 성인기로 가는 과도적인 측면에서 나타나는 급격한 심리적 변화라는 점 등에서 그 원인을 찾을 수 있다. 미래사회를 살아갈 학생들이 대중문화의 다양성에서 올바른 인격 형성의 기회를 얻을 수 있도록 지원해 주는 일이 그 무엇보다 중요하며, 미래사회를 위해 학교가 담당해야 할 일들 중에서 중요하게 다루어져야 한다. 따라서 학생문화에 대한 이해는 학교조직에서 학생들의 행동과 사회와의 관계를 이해하기 위한 교사의 교육적 행동에 대한 방향을 제시한다는 점에서 학생문화는 중요하게 다루어져야 한다.

다섯째, 학생문화는 N세대 디지털 문화로서, 이러한 N세대 문화 또는 디지털 문화는 인터넷으로 대표되는 전자 네트워크를 삶의 중요한 측면으로 여기며, 컴퓨터와 인터넷을 통해 또래집단과 지속적인 대화를 하면서 그들만의 연대의식을 기르는 문화를 의미한다. 하지만, 이러한 또래집단의 연대의식이 통로를 달리한 왕따 문화의 한 형식이 되고 있다는 점에서 교육적 및 사회적 관심이 필요하다.

> N세대(Net generation)란 1977년부터 1997년 사이에 태어난 세대로 디지털 기술과 함께 성장해서 디지털 기기를 능숙하게 다룰 줄 아는 디지털 문명 세대를 의미한다(네이버 지식백과). 이 N세대는 친구들과 함께 어울리기 보다는 디지털 시대의 새로운 미디어인 인터넷을 활용해 일방향이 아닌 쌍방향의 의사소통을 한다. 이들은 가상공간에서 노는 것을 좋아하며, 자신들의 신조어로 대화하는 것을 즐기며, 온라인 채팅을 즐기며, 익명성 아래 다양한 사람들과 접촉하면서 공간과 시간을 넘어 자유로운 대화를 즐긴다. 또한, 이 세대는 휴대폰의 문자 메시지를 통해 의사전달을 하거나 인터넷 게임을 통해 경쟁하는 놀이를 즐긴다. 즉, 인터넷 및 디지털 기기를 이용한 상호작용은 이제 N세대의 대표적인 문화로 자리잡고 있다.

이상과 같이, 학생문화는 청소년기에 학생들이 느끼고, 사고하고, 생활하는 것과 관련된 가치관 및 태도 등이 포함된 청소년들만의 독특한 문화적 양식이며, 이러한 문화에는 청소년들의 유행, 취향, 믿음, 가치관, 여가, 취미, 언어 및 의식 등이 포함된다. 또한, 청소년 문화 내지는 학생문화의 특징은 과도한 입시경쟁 문화, 소외문화, 감각지향적인 문화, 소비성 문화, N세대 디지털 문화 등이며, 이러한 문화들은 성인기의 문화와 연장선상에 있다고 볼 수 있다. 따라서 우리 교사들은 학교교육을 통해서 학생들의 성장과 발달에 많은 영향을 미칠 수 있도록 학생문화를 개선하고 선도할 필요가 있을 것이다.

나. 바람직한 학생문화 형성

청소년기 학생들의 바람직한 발달과 성장을 기대하는 학교교육에서는 그 무엇보다도 학교, 학생, 교사, 학부모가 하나의 공동체의식을 가지고 생활하도록 교육하고 지원해야 할 것이다.

맥밀런과 차비스(McMillan & Chavis, 1986)는 학교공동체의식으로 주인의식, 영향력, 욕구충족, 유대감 등의 네 가지 요소를 제안하였다. 이러한 학교공동체의식의 요소를 제시하면, 다음의 〈표 11-1〉과 같다.

〈표 11-1〉 **학교공동체의식의 구성요소 및 내용**

구성요소	개념 및 내용
주인의식	학교교육이 곧 내일이 된다는 의식을 바탕으로 모두가 학교를 중심으로 소속감 및 개인적 헌신, 울타리 의식을 가지는 것
영향력	학교와 개인 혹은 집단은 서로 영향을 주고 영향을 받는 관계이기 때문에 이런 관련성을 인식하는 것
욕구충족	학교와 학교교육 관련자 및 기관들이 서로 유사한 욕구와 가치관을 가지고 그 욕구와 가치관을 충족하게 되어 응집력을 가지는 것
유대감	모든 구성원이 긍정적인 방식으로 상호작용하고, 중요 사건을 공유하며, 사건을 해결할 긍정적인 수단을 제공하고, 구성원들을 존중할 기회를 가지면서 공생관계를 형성하는 것

청소년들은 현재 다양한 문제에 직면해 있으며, 그 직면한 문제들을 해결하기 위해 노력하고 있지만 자신들 스스로 역부족을 느끼고 있는 실정이다. 이에 학교교육을 통해 청소년들이 공동체의식을 함양할 수 있도록 주인의식 고취, 긍정적인 영향력, 다양한 욕구충족, 학교에서의 유대감 강화 등에 대한 가치관 확립 및 태도 변화를 적극 유도할 필요가 있을 것이다.

특히, 다변화하는 지금 시점에서 진정한 교육이란 다원주의가 근간을 이루어야 할 것이며, 학교교육은 서로 다른 성장배경, 문화규범을 가진 학생들이 모여 올바른 사회구성원으로서의 삶을 준비해 가는 데 초점을 둔다. 이에 학생 개개인이 가진 서로 다른 문화를 수용하고 인정해야 하며, 교사와 학생은 각자의 고유성을 인정하고 받아들이면서 상호교류의 폭을 넓혀 가야 할 것이다. 또한, 학교교육에서 교사가 주체가 되어 학생들의 잠재가능성을 최대한 발휘할 수 있도록 공평한 기회부여, 다양한 가치의 인정 및 공유, 개별화 맞춤형 지도 등에 초점을 두고, 학생문화가 바람직한 방향으로 나아갈 수 있도록 학교 구성원들의 공동 노력이 요구된다.

2. 학생활동

일반적으로 중등학교에서 수행되는 학생활동으로는 학생자치 활동, 학생 동아리활동, 학생봉사 활동, 진로교육 활동 등이 있으며, 여기서는 이 네 가지 활동에 대한 의의 및 실제 중심으로 제시하고자 한다.

가. 학생자치 활동

「초·중등교육법」 제17조에 의하면, 중등학교 학생의 자치활동은 권장·보호되며, 그 조직과 운영에 관한 기본적인 사항은 학칙으로 정한다. 또한, 학교의 장은 「초·중등교육법」에 의거하여 학생들의 자치활동을 권장하고 보호하기 위하여 필요한 사항을 지원하여야 한다. 이러한 학생자치 활동은 학생들이 주체가 되어 운영하는 집단활동으로서, 민주시민의 기본 자질과 태도를 함양하는 활동이다. 또한, 학생이 집단에 소속감을 가지고, 집단의 공통 관심사를 협의하여 협의된 바를 실천하기 위해 역할을 분담하고, 여러 가지 문제에 대해 다양한 방식으로 대화하고 토론하여 해결방안을 도출해 내는 활동이다.

중등학교에서 시행되는 학생자치 활동의 특성을 제시하면, 다음과 같다.

첫째, 자치활동은 기본적으로 학생들에게 집단활동의 성격을 지니는 동시에 개인의 자율성, 창의성 및 사회성을 함양하게 하는 활동이다. 이 활동은 집단생활 과정에서 학생 각자의 의견이 자유롭게 개진될 수 있도록 장려하고 지원하는 교육활동이라 볼 수 있다.

둘째, 자치활동은 학생들에게 활발한 자기표현의 기회를 제공하며, 타인에 대한 배려의 마음을 직접 실천하도록 하는 활동이다. 이 활동은 본질적으로 학생들이 자신의 의견을 활발하게 표현하고 상호 작용하는 데에 초점을 둔다. 이러한 다양한 경험을 통해 학생들의 표현 능력을 신장하고, 다른 학생들과 의견을 교환하는 가운데 서로 간의 입장을 이해하고 배려하는 마음을 갖게 한다.

셋째, 학생들의 자치활동은 학생의 자주적, 자율적, 실천적 능력을 중요시하며, 학생들 스스로 활동계획을 준비하고 실천하도록 한다. 보통 저학년은 학생들이 성숙되지 못하여 교사의 직접적인 지도가 많이 요구된다. 하지만, 교사의 지도는 학생들의 자율적 활동을 지원하는 차원에서 이루어져야 한다.

학생 자치활동의 목표는 학생자치와 관련해 중등학교에 다니는 동안 이수하여 달성되어야 할 교육목표의 체계이며, 그 구체적인 목표는 다음과 같다.

[자치활동의 목표]

학생이 학급 구성원으로서의 역할을 분담하여 수행하며, 자치활동에 적극 참여함으로써 민주시민의 기본 자질과 태도를 함양한다.

[자치활동의 구체적 목표]

목표 1: 학교와 학급에서 일어나는 문제에 대해 적극적으로 참여하고, 협의 및 실천하는 과정에서 자주성과 사회성을 기른다.

목표 2: 다양한 실천과 협의 경험을 통해 문제를 합리적으로 해결할 수 있으며, 민주적인 의사결정의 기본원리를 익힌다.

목표 3: 역할 수행을 통해 일에 대한 기쁨을 맛보고, 학교 및 학급 일에 적극적으로 참여하는 태도를 기른다.

그 다음으로, 학생의 자치활동에 대한 내용으로서, 자치활동의 내용은 국가차원에서 영역 정도를 구획하여 제시하고 있으며, 구체적인 내용은 학교차원에서 실태에 적합하도록 선정해야 한다. 국가차원에서 예시차원으로 제시한 내용을 보면, 다음과 같다.

[국가차원에서 자치활동의 내용(예시)]

① 협의활동: 학급학생회 조직과 운영, 학급 전반에 필요한 사항의 협의, 학생회 조직 및 운영, 학교생활에 필요한 사항의 협의 등의 활동

② 역할분담 활동: 일인일역 활동, 학급부서 활동, 운영위원 활동 등

③ 민주시민 활동: 애향반 활동, 모의의회, 토론회, 대화의 광장 등의 활동

자치활동의 지도방법으로서, 자치활동은 자주성과 자율성을 중심으로 운영하며, 저학년의 경우에는 자주성과 자율성이 단계적으로 실현되도록 하여야 한다. 학생들의 성숙도에 적절하게 운영하도록 지원하여야 한다. 구체적인 자치활동의 지도방법은 다음과 같다.

[자치활동의 지도방법]

① 자치활동의 내용과 방법에서 학생들의 발달수준을 충분히 고려한다. 저학년은 단순한 능력이나 태도를 요구하는 활동을 수행하고, 고학년은 학생들이 조직화 및 체계화된 자치활동을 운영하도록 지도하고 조력한다.

② 저학년의 자치활동은 주로 학급단위의 협의나 역할분담을 통하여 이루어지는 반면, 고학년의 경우 학교나 지역사회 단위의 활동에 참여할 수 있다. 저학년은 준비단계이고 자치활동에 필요한 기본적 능력과 태도의 함양에 초점을 둔다. 고학년은 학급차원을 넘어 학교 및 지역사회 차원에서 이루어질 수 있다.

③ 협의활동의 지도에서 학생들로 하여금 의견을 민주적으로 수렴하고, 결정된 사항은 자발적으로 실천하도록 지도한다.

나. 학생 동아리활동

교육부에서는 학생 동아리활동을 '특기, 적성, 취미, 소질 등 공통의 관심사나 목표를 가진 학생들의 모임으로서 자발적인 참여와 운영으로 학생 자신의 능력을 창의적으로 표출하는 자치활동'으로 정의하고 있다(경상북도교육청, 2019). 실제 중등학교에서 운영되고 있는 학생 동아리활동의 종류를 제시하면, 다음의 〈표 11-2〉와 같다.

〈표 11-2〉 학생 동아리활동의 종류 및 활동별 내용

활 동 명	활동별 내용
학술 활동	외국어 회화, 과학, 컴퓨터, 사회조사, 다문화 탐구, 신문 활용, 발명, 인터넷 등과 관련된 활동
문화예술 활동	문예, 창작, 회화, 조각, 서예, 전통예술, 현대예술, 성악, 기악, 뮤지컬, 오페라, 연극, 영화, 방송, 사진, 도서 등과 관련된 활동
스포츠 활동	구기운동, 육상, 수영, 체조, 배드민턴, 인라인 스케이트, 하이킹, 야영 등과 관련된 활동
실습노작 활동	요리, 수예, 재봉, 꽃꽂이, 사육, 재배, 조경, 설계, 목공, 로봇 제작 등과 관련된 활동
청소년단체 활동	스카우트 연맹, 걸스카우트 연맹, 청소년 연맹, 청소년 적십자, 우주소년단, 해양소년단 등과 관련된 활동

이와 같이, 학생 동아리활동은 최근에 와서 중요하게 다루어지고 있다. 이러한 동아리활동을 통해 학생들의 흥미, 소질, 취미, 적성, 특기 등이 비슷한 학생들로 구성된 활동부서에 자발적으로 참여하여 창의성과 협동심을 기르고 원만한 인간관계를 형성하는 데 그 의의가 있다.

학생 동아리활동의 목표는 학생동아리와 관련해 중등학교에 다니는 동안 이수하여 달성되어야 할 교육목표의 체계이며, 그 구체적인 목표는 다음과 같다.

[동아리활동의 목표]

학생이 동아리활동의 의미를 이해하고 자신과 관련된 해당 동아리에 참여하여 창의성과 협동심을 기르고 원만한 인간관계를 형성하도록 하는 것을 목표로 한다.

[동아리활동의 구체적 목표]

목표 1: 학생들이 다양한 동아리활동에 참여하여 자신의 잠재능력을 창의적으로 개발・신장하도록 한다.

목표 2: 학생 개인의 자아실현의 기초를 닦게 하며, 여가를 선용하는 생활습관을 형성케 한다.

목표 3: 지역 내 학교 간 각종 동아리 경연대회를 통해 우의를 다지며, 협력과 공정한 경쟁을 익히도록 한다.

그 다음으로, 학생의 동아리활동에 대한 내용을 제시하면, 다음과 같다.

[동아리활동의 내용]

① 정규교육과정 내에서 운영되는 동아리활동

② 정규교육과정의 동아리활동을 교육과정 외의 시간까지 연장하여 운영되는 동아리활동

③ 정규교육과정과 관련 없이 학생 자율로 조직・운영되고 있는 자율 상설동아리활동

동아리활동 활동의 구체적인 내용을 보면, 첫째, 정규교육과정 내 동아리활동으로서, 교육부에서는 2009년 12월 고시된 '초・중등학교 교육과정 총론' 교육과정 구성의 방침 및 학교급별 편제에서 "배려와 나눔을 실천하는 창의적인 인재를 기를 수 있도록 구성하고" 이의 실천을 위해 "창의적 체험활동을 신설"하며, "창의적 체험활동은 자율활동, 동아리활동, 봉사활동, 진로활동으로 한다."고 제시하였다. 또한, 학교에서의 동아리활동은 국어, 영어, 수학 등의 교과수업에서 담지 못하는 다양한 문화, 예술, 체육, 체험활동을 담을 수 있는 장이며, 학생들에게 특기와 적성을 살릴 수 있는 기회를 제공한다.

둘째, 정규교육과정을 연장한 상설동아리활동으로서, 이 활동은 정규교육과정으로

운영되고 있는 동아리 중 일부는 활동시간을 방과 후 및 주말로 연장하여 상설동아리로 운영되기도 한다. 주로 방송동아리, 밴드동아리, 독서동아리, 토론동아리 등 정규교육과정 내의 활동만으로는 동아리활동의 목적을 모두 이루기 어려운 경우에 지도교사와 학생들이 의견을 모아 상설적으로 활동하며, 학교에 따라서는 상설동아리로 등록하면 동아리 활동비를 지원해 주는 경우도 있다.

셋째, 자율동아리 활동으로서, 이 활동은 교육과정과는 관계없이 학생들이 자율적으로 동아리를 조직하고 지도교사를 초빙하여 운영하는 형태이다. 대표적인 동아리는 2011학년도부터 운영되기 시작한 학교스포츠클럽이다. 이러한 학교스포츠클럽 외에도 학생들이 자율적으로 동아리를 조직하여 활동하도록 권장하고 있다. 자율동아리 활동의 조직과정은 먼저 학생들이 동일한 취미를 가진 학생들을 모아서 동아리를 조직하고 자신의 동아리 지도교사로 모시고 싶은 선생님을 찾아 동아리 지도를 요청한다. 그 다음으로 교사가 허락하면 동아리 조직 신청서를 작성하여 학교에 제출하고 활동을 시작한다. 동아리 조직 신청서에는 동아리활동 학생들의 명단, 지도교사, 활동일시 등을 기록하며, 동아리 대표를 맡은 학생은 동아리활동 상황을 일지에 기록하여 지도교사의 지도를 받는다. 활동일지는 생활기록부에 동아리활동에 대한 기록의 기초자료가 된다.

학생의 동아리활동에 대한 지도 및 지원방안을 보면, 첫째, 교과교육과정 필수이수시간을 축소하여 교과학습에 대한 부담을 완화시킬 필요가 있을 것이다. 둘째, 교사중심의 동아리활동이 아닌 학생의 욕구를 반영한 동아리활동을 실시해야 한다. 이를 위해서는 동아리활동에 대한 지도책임을 교사에게 부담시킬 것이 아니라 전문가들이 학생들을 지도할 수 있도록 행・재정적 지원을 강화할 필요가 있을 것이다. 셋째, 동아리활동을 통해서 학생들의 다양한 욕구를 수용할 수 있도록 지역사회 전문가와 사회단체 및 청소년활동 기관들이 서로 협력해야 할 것이다. 즉, 교육부 차원에서 지역사회기관과 사회단체들에게 학교교육에 협력을 의무화하여야 하며, 사회시설의 지역적 편차를 해소할 수 있는 방안도 모색해야 할 필요가 있다.

이상과 같이, 학생의 동아리활동은 학생들이 관심있는 분야의 활동에 자율적으로 참여하는 과정에서 사회성, 타인에 대한 배려 등의 민주시민의식을 기르고 학교생활과 사회생활의 필수적 요소인 긍정적 자아존중감을 형성하게 하는 교육과정이며, 학생 스스로 운영하는 동아리활동을 활성화하는 것이 그 무엇보다도 중요할 것이다. 이에 동아리활동을 활성화하기 위해서는 정부 및 교육부, 학교, 지역사회 등이 서로 협력하여 적극적인 지원이 요구된다.

다. 학생 봉사활동

학생의 봉사활동은 자발적인 의도에서 개인이나 집단이 다른 사람을 돕거나 사회에 기여하는 무보수의 계획적이고 지속적인 활동이며, 이 활동은 자원봉사라고 하여 자발성을 중요시하고 있다. 하지만, 학생의 봉사활동은 보통의 자원봉사와는 달리 봉사활동을 교육적으로 지도하고 훈련하는 활동으로서 봉사 학습이라는 개념에 가깝다. 또한, 봉사활동은 의무감이나 타인의 강요나 명령이 아닌 자신의 자발적 의지에 따라 생각하고 판단하는 주체적인 활동이며, 금전적이고 물질적인 보상이나 대가를 목적으로 하지 않으며, 타인이나 사회를 위한 공공의 복지증진을 위해 자신의 시간과 노력을 베푸는 활동이다. 이러한 봉사활동의 영역과 유형 및 활동 내용을 정리하여 제시하면, 다음의 〈표 11-3〉과 같다.

〈표 11-3〉 봉사활동 유형 및 활동 내용

활동 영역	활동 유형	활동 내용
교내 봉사활동	지도 활동	• 학습 부진 친구 돕기 • 장애인, 병약자, 다문화가정 학생 돕기
지역사회 봉사활동	일손 돕기 활동	• 복지시설 · 공공시설 · 병원 · 농어촌 등에서의 일손 돕기
	위문 활동	• 불우이웃 돕기 • 고아원 · 양로원 · 병원 · 군부대에서의 위문 활동
	자선구호 활동	• 재해 구호 • 국제 협력과 난민 구호
자연환경 보호활동	환경시설 보존 활동	• 깨끗한 환경 만들기 • 자연보호 • 식목 활동 • 저탄소 생활 습관화
	지역사회 개발 활동	• 공공시설물 보호 • 문화재 보호
캠페인 활동	캠페인 활동	• 공익활동 이해 및 참여 확대 • 각종 편견 극복
기타	• 봉사활동 기본교육 및 평가 • 위 네 가지 영역으로 분류하기 어려운 봉사활동	

출처: 송기창 외(2015).

중등학교에서 시행되는 학생의 봉사활동의 특성을 제시하면, 다음과 같다.

첫째, 봉사활동은 자발성으로서, 자발적으로 하는 활동이라는 점이다. 이는 다른 사람과 사회의 발전에 기여하려는 동기에서 스스로 하는 활동이다. 즉, 다른 사람이 강제로 시켜서 하는 활동은 봉사활동이 아니며, 봉사라는 용어 자체가 자발 및 자주의 의지를 의미한다.

둘째, 봉사활동은 공익성으로서, 타인이나 사회를 위한 활동이라는 점이다. 즉, 봉사활동은 남을 위한 활동, 지역사회의 발전을 위한 활동, 국가의 발전을 위한 활동, 인류의 번영을 위한 활동이다.

셋째, 봉사활동은 지속성으로서, 계획에 의해 일정기간 동안 지속하는 활동이라는 점이다. 또한, 우연적이거나 일시적인 선행과는 달리 계획성과 지속성을 가지는 활동이다.

넷째, 봉사활동은 무상성으로서, 보수나 대가를 바라지 않고 자신의 시간과 노력을 들여 베푸는 활동이라는 점이다. 즉, 봉사활동은 물질적인 대가나 보상을 기대하는 활동이 아니며, 남을 돕는다는 정신적인 보람과 만족을 기대하는 활동이라 볼 수 있다.

학생 봉사활동의 목표는 학생봉사와 관련해 중등학교에 다니는 동안 이수하여 달성되어야 할 교육목표의 체계이며, 그 구체적인 목표는 다음과 같다.

[봉사활동의 목표]

학생이 봉사활동의 의미를 이해하고 타인을 돕는 일에 적극 참여하여 공동체의식을 함양하고, 삶의 보람과 자신의 가치를 느끼는 것이다.

[봉사활동의 구체적 목표]

목표 1: 지역사회의 일들에 관심을 가지고 참여함으로써 사회적 책임을 분담하고 호혜정신을 기른다.

목표 2: 다양한 봉사활동의 실천으로 서로 협력하는 태도를 기르며, 지역사회의 발전에 이바지하는 태도를 가진다.

목표 3: 타인을 배려하는 너그러운 마음과 더불어 사는 공동체의식을 가진다.

그 다음으로, 학생의 봉사활동에 대한 내용으로서, 봉사활동의 내용은 학생들의 발달단계에 적절한 것이어야 하며, 전체적으로 유기적인 관련을 맺으면서 발달단계에 따라 그 내용과 방법을 달리해야 할 것이다. 봉사활동에 대한 내용을 구체적으로 제시하면, 다음과 같다.

[봉사활동의 내용]

① 일손 돕기 활동: 학교 내 일손 돕기, 복지시설 일손 돕기, 공공시설 일손 돕기, 병원 일손 돕기, 농어촌 일손 돕기 등의 활동

② 위문 활동: 고아원 위문, 양로원 위문, 장애인 위문, 병약자 위문, 자매부대 위문 등의 활동

③ 캠페인 활동: 공공질서 확립 캠페인, 교통안전 캠페인, 학교주변의 정화 캠페인, 환경보전 캠페인 등이 활동

④ 자선구호 활동: 재해구호 활동, 불우이웃돕기, 국제협력과 난민구호 등의 활동

⑤ 환경시설보전 활동: 깨끗한 환경 만들기, 자연보호, 문화재 보호 등의 활동

⑥ 지역사회의 문화 · 예술 활동: 지역사회의 문화재 보호 활동, 지역사회의 문화예술제 참여 등의 활동

봉사활동의 지도방법으로서, 봉사활동은 학생들에게 봉사활동의 참된 의미와 가치를 인식시키고, 자발적으로 참여할 수 있도록 지도하여야 한다. 교사는 봉사활동을 학생들의 자발성을 육성하는 차원에서 지도하여야 한다. 구체적인 봉사활동의 지도방법은 다음과 같다.

[봉사활동의 지도방법]

① 학생들에게 효율적이고 진정한 봉사활동이 될 수 있도록 사전 교육을 실시하며, 충분한 정보를 수집하고 면밀한 계획을 세워 추진하여야 한다. 또한, 학생들이 봉사자로서 바람직한 태도를 가지고 봉사하는 기관에 피해를 주지 않도록 지도하여야 한다.

② 봉사활동의 전 과정이 교육적 의미를 가질 수 있도록 활동의 과정 및 결과에 대한 사후 평가를 실시하고 이를 반영하여야 한다. 평가는 봉사활동이 수행되는 중에도 실시하며, 종료된 후에도 실시하여 봉사활동의 효과성을 극대화하여

야 한다.

③ 지역사회의 유관 기관 및 봉사단체와의 긴밀한 협조체제를 유지하여 효과적이고 효율적인 봉사활동이 이루어지도록 지도해야 한다.

④ 봉사활동을 할 때에는 학생들의 안전에 각별히 유의하여야 하며, 불의의 사고에 대비하여야 한다.

라. 진로교육 활동

학생의 진로교육 활동은 미래의 삶을 설계하거나 전망하는 활동이며, 학생의 학습 기회 결정과 앞으로의 삶, 미래의 일을 생각하고 준비하도록 하는 활동이다. 또한, 진로 교육활동은 학생 자신의 직업, 삶의 변화에 대한 이해와 대응 등의 다양한 측면을 지원하는 활동이라 볼 수 있다. 이러한 진로활동을 통해 학생들은 자신의 진로에 대해 합리적으로 인식하고 선택하게 되며, 사회적으로는 유능한 인재를 양성하여 적재적소에 배치할 수 있는 기반을 마련하는 인간교육으로 이어진다. 이에 향후 미래사회에 잘 적응해 나갈 수 있도록 중등교육 현장에서는 학생들의 성장과 발달단계에 적합한 진로활동 내용을 선정하여 적용해야 할 것이다(김희규 외, 2018).

한편, 교육부에서 발표한 제2차 '진로교육 5개년 기본계획(2016~2020)'에서는 자유학기제와 연계하여 학생들에게 꿈과 끼를 찾는 진로탐색 기회를 제공하고, 학교급별로 체계적인 진로교육 및 활동을 실시하기 위한 중장기 발전방안을 제안하였다. 이 계획에서는 초등에서 대학까지 꿈과 끼를 살리는 행복한 진로설계를 실현한다는 취지에서 4개 영역, 8개 추진과제, 20개 세부과제를 제시하였으며, 개개인의 특성을 감안한 맞춤형 진로개발 역량신장과 국가진로교육센터 지정 등 범사회적 진로교육체계 구축을 통해 미래형 창의적 융합인재를 양성하는 데 주안점을 두었다. 이러한 내용을 토대로 교육부가 제안한 직업세계의 변화요인을 제시하면, 다음의 [그림 11-1]과 같다.

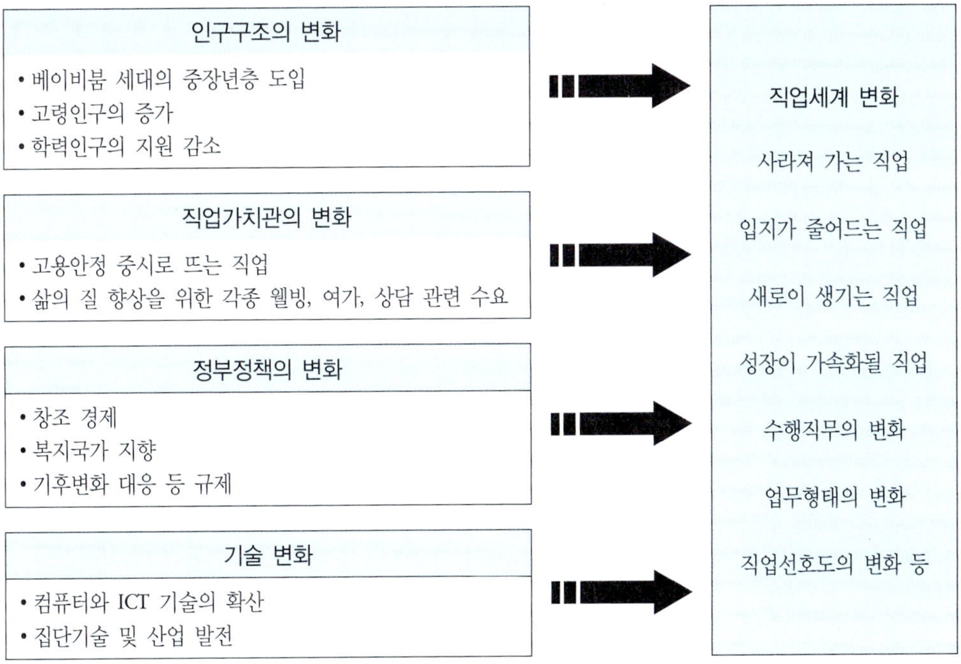

[그림 11-1] 직업세계의 변화 요인

출처: 한국고용정보원 사이버진로센터(2015). 중등교사 진로특강 6차 자료를 참조하였음.

학생의 진로활동의 목표는 학생진로와 관련해 중등학교에 다니는 동안 이수하여 달성되어야 할 교육목표의 체계이며, 그 구체적인 목표는 다음과 같다.

[진로활동의 목표]

학생 자신의 진로를 창의적으로 개발하고 지속적으로 발전시켜 성숙한 민주시민으로서 행복한 삶을 살아갈 수 있는 역량을 기른다.

[진로활동의 구체적 목표]

목표 1: 긍정적 자아개념을 형성하고 소질과 적성에 대하여 정확하고 객관적으로 이해하며, 타인과 적절하게 관계를 맺고 소통할 수 있는 역량을 기른다.

목표 2: 일과 직업의 중요성과 가치, 직업세계의 다양성과 변화를 이해하고, 건강한 직업의식을 배양한다.

목표 3: 자신의 진로와 관련된 교육기회 및 직업정보를 적극적이고 체계적으로 탐색하고 체험하며 활용하는 역량을 기른다.

목표 4: 자기이해와 다양한 진로탐색을 바탕으로 자신의 진로를 창의적으로 설계하고, 적절한 계획을 수립하고 준비하는 역량을 기른다.

이에 따른 초등학교에서 대학교에 이어지는 진로교육체계를 제시하면, 다음의 [그림 11-2]와 같다.

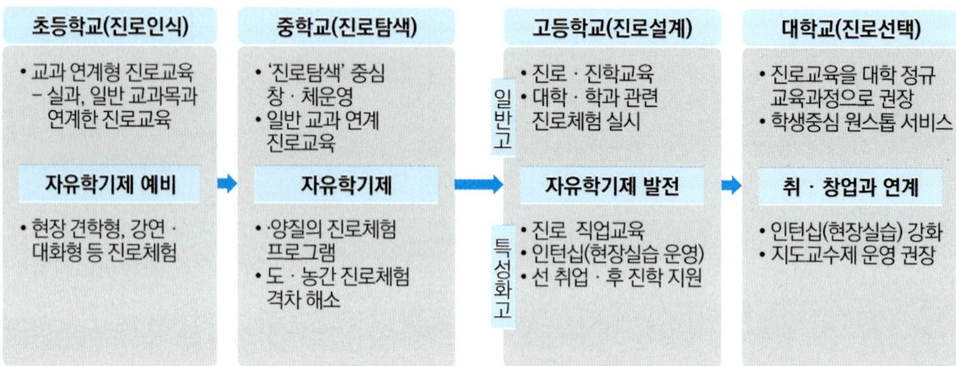

[그림 11-2] **학교급별 진로교육체계**

출처: 교육부(2016). 제2차 진로교육 5개년(2016~2020) 기본계획을 참조하였음.

그 다음으로, 중학교의 진로교육 및 활동에 대한 영역과 내용을 제시하면, 다음의 〈표 11-4〉와 같다.

〈표 11-4〉 중학교의 진로교육 영역과 내용

영역	1학년	2학년	3학년
직업적 역할과 자아인식	• 자신의 특성 확인 • 일에 대한 긍정적 태도 함양	• 자신의 능력과 한계 • 자신의 소질, 흥미, 적성의 발견 • 청소년기 과제 인식	• 흥미, 소질, 적성과 일과의 관계 인식 • 일에 관련한 자신의 가치 이해
일의 세계에 대한 인식	• 직업의 종류와 특성 이해 • 제품이 되어 나오기까지의 관련 직종 알아보기 • 직업군별 직종 학습	• 직업의 발달과 변모 이해 • 기업의 융성과 쇠망의 관계 • 직업의 의미학습	• 직업과 관련한 개인적·환경적 요인 조사 • 다양한 직종과 적성의 관계 인식 • 직업 가치의 탐색
일에 대한 적극적·긍정적 태도 습득	• 일과 학교와 사회의 연관성 • 하고 싶은 일 설정 • 일의 가치와 역할 조사	• 일의 소중함 인식 • 세계적인 명성을 가진 직업활동 알아보기	• 진로동기 유발 • 특정 직업 활동을 희망하는 이유 알아보기
의사결정 능력의 함양	• 직업 선정의 중요성 토의 • 책임과 융통성 있는 진로계획 수립	• 직업 선정과 기준 • 진로정보 활동	• 고교 진학의 실제에 대한 교사, 부모 상담 • 생애설계 활동 • 의사결정 및 수정에 대한 학습
일과 직업의 경제적 측면 이해	• 부모에의 의존과 독립의 관계 알아보기 • 아버지의 보수와 생계유지의 관계 알아보기	• 생산과 일과 보수의 관계 알아보기 • 우리나라 수출과 수입, GDP의 관계 알아보기	• 사회 경제 변화와 직업의 변화 인식 • 기본적인 경제조직과 산업구조 변이 학습
교육과 직업세계와의 관계 인식	• 교육의 연속성 이해	• 다양화되어 가는 직업추이와 그에 따른 다양한 교육 준비 인식	• 학교교육, 평생교육, 성인학교 인식 • 일과 학력, 기능과 보수의 관계 이해

그 다음으로, 고등학교의 진로교육 및 활동에 대한 영역과 내용을 제시하면, 다음의 〈표 11-5〉와 같다.

〈표 11-5〉 고등학교의 진로교육 영역과 내용

영역	내용
자아 이해	• 직업수행에 필요한 인성과 사회적 대응 기술 • 작업 습관과 태도 이해 • 긍정적 자아개념, 진로선택에 영향을 끼치는 요인 이해 • 자신의 여건에 맞는 진로선택의 결심, 상담
진학 및 취업정보의 활용	• 직업의 종류 파악 • 진로, 취업정보 탐색과 활용 • 직종별 직무 근로조건, 우리나라 직업 전망 탐색 • 대학의 종류와 특성, 각종 학내 장치와 특색, 전공학과와 직종
진로 계획	• 진로계획의 기본원리 이해 • 인생계획의 필요성과 생애 설계
진로결정의 조건	• 적성요인, 직업적 흥미, 인성요인, 신체적 조건의 객관적 적용 능력 • 학력, 경제적 여건, 신체적 특성, 기술·자격 등에 대한 자기검토와 수용
직업 및 직장 윤리	• 직업, 직장 윤리의 필요성 • 직장에서 지켜야 할 기본 예의 • 직무수행의 기본 태도
일과 직업의 경제적 측면 이해	• 직업이 요구하는 생활양식과 보수의 관계 • 직업의 장래성과 사내훈련, 승진의 관계 • 직업의 보수에 대한 수입과 지출의 균형 문제
일과 직업의 교육적 측면 이해	• 진로가 요구하는 교육, 훈련의 조건 • 진로가 요구하는 제 능력, 기술훈련과 그 전략 수립

현행 중학교 및 고등학교에서 진행하는 진로교육 활동의 방법을 제시하면, 다음과 같다.

[중학교 진로교육 활동 방법]

• 진로교육 연간 계획 수립
  - 직업 탐색, 진로정보실 운영, 학급활동 시간의 활용, 진로교육 프로그램 운영, 진로의 날 행사, 진로교육을 위한 행정적·재정적 지원 등의 연간계획을 수립한다.

- 교과 지도
  - 교과 내용과 관련지어 직업에 관한 내용을 탐색한다.
- 진로상담 시간의 활용
  - 진로상담은 진로결정 프로그램 운영, 자아영역과 직업영역 탐색을 통한 합리적 의사결정 능력의 신장을 위해 활용할 수 있다.
- 진로의 날 운영
  - 진로의 날은 관심을 가진 직업과 관련된 선배와의 대화, 다양한 직업세계를 접해 보기 위한 자원인사와의 만남, 직업현장 견학 등의 활동으로 구성한다.
- 진로정보실 운영
  - 각종 진로정보 및 취업정보 자료를 비치하고, 내용검색이 가능한 시스템을 갖추어 놓아 학생들이 호기심이 생길 때마다 스스로 검색하거나 진학 및 진로상담도 진행할 수 있는 분위기를 조성해 둔다.
- 자유학기제의 활용
  - 자유학기제의 진로탐색 활동 내용으로 선정하여 활동할 수 있다.
  - 자유학기 진로탐색 활동의 구성: 진로학습, 진로검사·상담, 진로체험, 진로포트폴리오 등

[고등학교 진로교육 활동 방법]

- 교과 지도
  - 교과 내용과 관련지어 직업에 관한 내용을 탐색한다.
- 진로정보실 운영
  - 각종 진학정보 및 취업정보 자료를 비치하고, 진학 및 진로상담을 한다.
- 진로상담
  - 개인 상담 또는 취향이나 관심이 비슷한 학생들의 집단 상담을 실시한다.

• 학교선택에 관한 프로그램 운영
 - 대학 진학의 필요성과 자신의 성향 재확인
 - 진학 학과 관련 정보수집 및 탐색
 - 자신에 대한 이해와 합리적 판단에 의한 진로 수정
• 직업선택에 관한 프로그램 운영
 - 자신의 성향과 능력, 환경에 대한 취업정보 수집 및 탐색

3. 학교공동체와 학생문화 만들기

현재의 학교교육 현장에서는 교사와 학부모 간의 불신, 전통적 생활공동체의 붕괴, 협동보다는 경쟁을 강조하는 분위기, 인간을 존중하는 공동체의식의 약화 등으로 인하여 학교구성원 간의 갈등과 긴장이 점점 더 증가하고 있는 실정이다. 이에 구성원 간의 상호 신뢰와 협동을 통한 결속력이 그 어느 때보다도 크게 요구되고 있다(김태준 외, 2003; 임연기 외, 2018).

학교공동체는 교육에 대한 공유된 가치와 신념을 지닌 구성원들이 신뢰와 협동을 통한 결속과 연대를 바탕으로 상호 의존하면서 학교교육의 목표를 달성하기 위하여 공동의 노력을 기울이는 공동체이다(김영화, 2001). 이러한 공동체의 출발은 인간존중과 평등한 참여이며, 학교공동체를 건설하기 위해서는 학교구성원의 교사 및 학생문화를 개선하고 새롭게 형성하여 학교와 구성원 간의 협동관계를 만들어 가야 할 것이다.

또한, 학급 및 학교 공동체 속에서 학생들이 즐겁게 학교생활을 하기 위해서는 보다 바람직한 학생문화를 형성해 나가야 할 것이다. 이를 위한 구체적인 실행 방안을 제안하면 다음과 같다.

첫째, 학교문화의 중요한 영역 중의 하나는 학생문화이며, 안전한 학교를 만들고 즐거운 학교를 만들기 위해서 중요한 교육활동은 학생 관련 '규범의 내면화'일 것이다. 규범이란 윤리적 판단이 작용하는 기준으로서, 인간이 행동하거나 판단할 때에

마땅히 따르고 지켜야 할 가치판단의 기준을 의미한다. 학생들에게 규범이 내면화되지 않는 이유는 무엇일까? 규범이 내면화되지 않는 이유를 몇 가지 제시하면 다음과 같다(임연기 외, 2018).

- 학교, 학년, 교과 담당 교사, 담임교사 등의 서로 다른 생활지도 방법
- 단발적이고 처벌 위주의 생활지도
- 관계 맺기 과정 없이 잔소리만 반복
- 자율을 가장한 방임, 관심을 가장한 억압
- 일방적으로 만들어진 규정이나 지나친 통제

이러한 규범이 내면화되지 않는 원인을 해결하기 위한 방안은 무엇일까? 이에 대한 대답으로 몇 가지 방안을 제안하면 다음과 같다.

- 학생을 규범의 주체로 인식하고 학생들 스스로 규범 제정에 참여하게 하며, 교과수업과도 적극적으로 연계하여 규범을 경험하도록 해야 할 것이다.
- 규범의 지속성과 일관성을 담보하기 위해서는 모든 교사가 일관되게 생활지도의 기준을 적용하고, 지속적인 관심을 기울이는 생활교육을 실천해야 한다.
- 일상적 자치, 즉 학급 및 학교의 다양한 모임을 통해 자신의 생활을 돌아보고 문제 상황을 스스로 및 함께 해결하는 경험을 해야 한다.
- 교사의 솔선수범이다. 솔선수범하는 교사의 행동이야말로 학생들의 규범 내면화에 가장 큰 영향력을 미치는 만큼, 보다 적극적인 자세로 규범을 실천해야 할 것이다.

둘째, 신뢰와 존중하는 학생문화 만들기로서, 학생들에게 학급은 가정보다 더 오랜 시간 머무는 곳이며, 하루 대부분의 시간을 선생님 및 친구들과 함께 보낸다. 교실에서 관계의 출발은 교사와 학생에서 비롯되며, 교사의 학생에 대한 존중은 배움의 좌절과 두려움을 극복하게 하고 새로운 도전으로 학생을 성장시킨다. 더 아나가 학생과

학생 간의 공감적 소통의 바탕이 되며, 소통을 통한 배려와 존중의 씨앗이 될 것이다. 여기서 학생문화를 개선하기 위한 몇 가지 제안할 내용은 다음과 같다.

① 교사는 친절과 엄격의 경계를 명확히 해야 한다.

② 학생들에게 학생자치를 통해 스스로 참여할 수 있는 기회를 많이 제공해야 할 것이다.

③ 관계적 신뢰를 높일 수 있는 방안에 대해 고민하고 만들어 가야 한다. 관계적 신뢰의 형성은 학생들의 자존감을 높이고 행복한 학교생활을 영위하는 데 도움을 준다.

④ 어떤 부분보다 중요한 것이 바로 교사의 모범적 태도이다. 즉, 교실에서 따뜻한 관계 맺기가 이루어져 신뢰가 쌓이고 존중과 배려의 학급문화가 만들어진다면 학생들의 생활교육은 어려운 문제가 아닐 것이며, 학생과 교사 모두가 행복한 학교공동체 내지는 학생문화가 개선될 것이다.

셋째, 평화로운 교실 만들기로서, 학교는 평화로운 학교이어야 하며, 평화는 전쟁이나 갈등이 없는 상태를 의미한다. 학교나 학급이 평화롭다는 것은 갈등이나 분쟁이 없다는 뜻이 아니라, 갈등이나 분쟁을 잘 해결해 나간다는 의미일 것이다(임연기 외, 2018). 또한, 학교공동체를 위해 응보적 생활지도를 인권 친화적 생활교육으로 전환해야 하며, 억압, 통제, 감시, 상벌점제 등과 같은 외적 보상과 변별기제에 의존하기 보다는 사회생활에 필요한 질서와 규칙을 배우고 실천하는 시민교육으로의 전환이 절실히 필요할 것이다. 즉, 규범이 내면화되고 인권 친화적 생활교육이 실행될 때 비로소 학교는 존중과 존경이 흐르는 평화로운 공간으로 거듭날 것이며, 이는 학교공동체 속에서 학생문화의 개선 및 정착이 가속화될 것이다.

discussion

토의 주제

01 실제 중등학교에서의 학생문화에 대한 실제 사례를 조사하여 소개하고, 학생문화의 발전방안에 대해서 설명하고 토의해 보자.

02 중등학교 학생자치 활동 및 동아리 활동의 실제 사례를 조사하여 소개하고, 해당 사례의 특징 및 장단점, 발전방안 등에 대해서 설명하고 토의해 보자.

03 중등학교 학생 동아리활동의 실제 사례를 조사하여 소개하고, 해당 사례의 특징 및 장단점, 발전방안 등에 대해서 설명하고 토의해 보자.

04 중학교 및 고등학교 진로교육 활동의 실제 사례를 조사하여 소개하고, 해당 사례의 특징 및 장단점, 발전방안 등에 대해서 설명하고 토의해 보자.

05 학생문화 만들기 관련 실제 사례를 조사하여 소개하고, 해당 사례의 특징 및 장단점, 개선방안 등에 대해서 설명하고 토의해 보자.

12 학생평가 및 생활기록부

1. 학생의 평가

가. 학생평가의 의의

학생평가는 과학적이고 체계적인 학생 조력활동을 위해 학생 개개인에 대한 객관적인 자료와 정보를 수집하는 활동이다. 일반적으로 교실 상황에서 교사의 학생평가는 학습목표를 설정하고, 그 기준을 추정하기에 적합한 평가방법을 선정하여 실시하고, 평가결과를 해석하여 학생의 수행에 대한 피드백을 전달하는 일련의 과정으로 평가목적 설정, 평가방법 선택 및 실시, 평가결과 해석, 평가결과 활용 등으로 구성된다.

1) 학생평가의 기능

교사가 실시하는 학생평가의 기능은 교사의 의사결정의 보조 수단으로서의 기능과

학교 교육의 책무성 강화와 학교교육의 내실화 등과 같은 시대적인 요청을 반영한 기능이 추가되고 있다.

2) 학생평가의 다양한 방법

수업장면에서 교사가 학생을 평가하기 위하여 사용할 수 있는 평가 방법은 그 기준에 따라 다양하게 분류할 수 있다

가) 학생의 응답유형에 따라 선택형, 구성형, 관찰법, 자기평가 방법 등

나) 채점하는 방식에 따라 채점자의 주관성이 어느 정도 포함되는 주관식, 짧은 응답을 요구하는 단답형이나 완성형 문항

다) 구성형 반응을 요구하는 평가 도구는 단순 구성형, 수행과제, 논술형, 구두 질문 문항 등

라) 수행평가는 산출물과 활동을 요구하는 경우로 구분되며, 에세이 유형에서는 응답의 내용과 성격을 제한하는 제한형과 보다 자유로운 응답을 요구하는 확장형으로 분류된다.

마) 그 외 표준화 검사와 비표준화 도구의 활용과 검사의 실시, 채점 해석에 있어서 동일한 절차와 조건을 갖추고 있고 규준이 있어서 동일한 조건에 있는 사람들과 상대적인 비교를 할 수 있는 측정도구로 지능검사, 적성 검사, 성취 검사, 국가수준 학업성취도 평가, 흥미검사, 객관적 성격검사, MBTI 등이 있다.

나. 성적관리

1) 학업성적의 평가기본방침

가) 국가의 교육목표에 합당하고 지역사회와 학교 수준에 적합한 교육과정 목표를 반영하여 평가한다.

나) 평가내용은 학교에서 가르친 내용과 기능을 중심으로 평가한다.

다) 교내 학교장을 위원장으로 하는 학업성적 관리위원회를 설치하여 운영한다.

라) 학업성적 관리위원회의 주요 심의내용: ① 학교 학업성적관리 규정 제・개정과 각 교과 협의회에서 제출된 지필 및 수행평가의 영역・방법・횟수・기준・반영 비율 등과 성적처리 방법 및 결과의 활용 ② 재량활동 상황의 평가 기준 및 방법, 특별활동 상황의 평가 기준 및 방법, 행동발달 상황의 평가 덕목 및 방법 ③ 학업성적 평가 및 관리의 객관성・공정성・투명성과 신뢰도 제고 방안(평가의 기준・방법・결과의 공개 및 홍보 등) ④ 기타 학교 학업성적관리 관련 업무

2) 교과 학습 발달의 평가

가) 평가문제의 출제로, 지필과 수행평가 횟수는 학기별로 1회 이상 실시한다.

① 출제의 정당성으로 타당도, 신뢰도, 객관도를 바탕으로 변별도가 높은 문항으로 출제하며, 동일 교과 담당교사 간 협의를 통해 공동출제 한다.

② 출제의 난이도는 가급적 100점 만점으로 출제하고 평가의 변별력을 높이기 위한 난이도를 조절한다.

③ 이원목적 분류표의 작성 방법으로, 고사 원안 제출 시에는 정답, 문항별 배점 및 채점기준, 평가의 영역내용 등을 포함하며 주관식 문제 채점 기준에는 답안 평가 요소별 배점을 포함한다.

④ 출제 문제의 공정성과 출제 문제의 보안성은 철저히 지켜야 한다.

나) 수행평가의 의미와 방법

수행평가는 평가자가 학습자들의 학습과제 수행과정 및 결과를 직접 관찰하고 결과를 전문적으로 판단하는 평가방법으로, 수행평가의 합법성, 방법적 합리성, 수행평가의 객관성을 포함한다.

다) 고사 시행 및 감독

출제지의 인쇄 과정의 보안 관리와 고사의 시행을 위한 계획수립, 고사의 시행과 감독이 철저히 이루어져야 한다.

라) 채점 및 답안지 처리

성적처리의 객관성을 확보하기 위해 주관식 문항 채점 시 두 사람 이상의 채점자가 별도로 채점하여 그 평균으로 점수를 산정하며, 채점 후 답안지 처리는 점수 표기의 정확성 여부를 점검 확인한 후 서명 또는 날인을 한다.

마) 채점 결과 공개 및 사후처리

채점 결과의 공개와 사후처리는 빠른 시일 내 학생 본인에게 공개 확인시키며, 이의 신청 시 학업성적관리규정에 명시된 절차에 따라 수정 보완한다. 인정점 부여는 과목별 지필평가 및 수행평가에 참여하지 못한 결시생의 성적처리의 경우 결시 이전 이후의 성적 또는 기타 성적의 일정 비율을 환산한 성적을 부여한다.

바) 성적 일람표 및 성취도 평정

① 성적 일람표의 작성은 매 학기말 담당과목 지도교사가 작성하고, 지필평가는 과목의 명칭과 반영 비율을 명기하고 수행평가는 평가 영역과 반영 비율을 명기하여 점수를 합산하며, 성취도와 석차를 산출하여 작성한다.

② 평가점수의 반영 비율은 소수점 이하 자릿수의 경우 학교별로 정하며 2005학년도 이후 입학자는 원점수를 소수 첫째 자리에서 반올림하여 정수로 기록한다.

사) 석차 산출

① 석차 산출 공식은 석차(소수 셋째 자리에서 반올림하여 둘째 자리 점수로 산출) = 지필평가 + 수행평가(반영 비율 환산 점수)로 한다.

② 재적수는 해당과목을 이수한 학생 수로 하며 단계형 수준별 교과는 해당과목을 이수한 동학년 학생 수로 한다.

③ 동점자 처리는 과목별로 동점자 발생한 경우 모두에게 해당 순위의 최상의 석차를 부여하고 ( )안에 본인을 포함한 동점자 수를 병기한다.

④ 특수학교의 석차는 해당 학교의 교육과정 특성에 따라 학과별 교과목을 이수한 총 학생 수를 재적수로 하여 산출할 수 있다.

3) 재량활동 및 특별활동의 평가

가) 재량활동의 평가

① 교과재량활동은, 전문 교과로 이수하는 경우의 평가는 '교과학습발달상황 평가 및 관리'에 의거 시행하며, 심화 보충학습의 경우 성취도와 석차를 산출하지 아니한다.

② 창의적 재량활동은 활동영역 또는 주제에 특기사항을 해당사항이 있는 학생에 한하여 간략한 문장으로 기술한다.

나) 특별활동 평가

① 평가의 목표와 방법은 지필평가와 수행평가를 배분하고 평가영역, 방법, 횟수, 기준, 반영비율, 성적처리방법, 결과의 활용으로 분류한다.

② 평가문제의 출제는 타당도, 신뢰도, 객관도의 조건을 충족하며 난이도의 조정, 변별도의 고려, 이원목적 분류표의 작성, 출제 문항당 점수 배점을 다양하게 한다.

③ 고사의 시행 및 감독은 고사 시행을 위한 사전 계획을 수립하고 고사 시행과정의 보안성 유지 대책 수립, 부정행위 사전 예방을 위한 대책 수립을 한다. 또 감독교사는 감독의 엄정성과 일관성을 유지해야 한다.

④ 채점 및 답안처리는 채점의 객관성 확보를 위한 기준을 설정하고 특히 주관식 문제의 채점 기준의 일관성과 공정성, 채점 결과의 확인 및 공개, 채점 결과의

답안지를 일정기간 보관해야 한다.

⑤ 성적 평정 및 성적 일람표의 작성은 지필평가와 수행평가에 의해 성적을 산출하며 성취도는 성취율에 의한 5단계로 산정하고 석차는 지필검사와 수행평가의 반영비율의 환산점수의 합계에 의해 석차 순으로 9단계로 평정한다. 성적일람표는 학기말 담당과목 지도교사가 작성한다.

4) 출석관리

출결상황은 학생의 학교생활과 관련된 다양한 정보를 제공하고 학업성적과 함께 상급학교 진학이나 학생의 미래 삶에 영향을 미치는 중요한 요소이며, 법적 요건에 따라 작성된 출석부는 법정장부이다.

① 수업일수의 산정은 초・중등학교의 수업일수의 경우 법적으로 정해져 있으므로 학생은 학교의 법적 수업일수 중 2/3이상을 출석하여야 한다.

㉮ 전출, 휴학, 면제, 유예, 제적, 자퇴, 퇴학일까지를 수업일수에 산입한다.

㉯ 재입, 편입, 전입, 복학생의 수업일수는 원적교의 수업일수와 합산하되, 중복되는 재학기간의 수업일수는 제외한다.

㉰ 퇴학, 자퇴, 제적, 휴학한 일자와 재입학, 편입학, 전입학, 복학한 일자 사이에 공백 기간이 있을 경우, 당해 학년 수업일수로 산정하지 않는다.

㉱ 재입학, 편입학, 전입학, 복학생의 수업일수가 당해 학교 당해 학년 수업 일수의 2/3미만이 될 경우 당해 학년도 재입학, 편입학, 전입학, 복학이 불가능하다.

② 출석으로 처리되는 결석 사유

㉮ 불가항력 사유(해당 기간 동안 내에 천재지변에 의한 결석, 법정 전염병에 의한 결석)

㉯ 학교장의 허가(허가된 해당기간 동안 내에 학교장의 허가에 의한 대회 출전, 현장 실습, 훈련 참가, 현장학습 체험 학습 등)

㉰ 학생의 징계(공적으로 일을 한 해당 기간 동안 병역관계, 공적인 의무 수행, 공권력의 행사 기간)

㉱ 경조사(경조사를 위한 인정 일수에 거리를 계산한 실제 소요 일수를 학교장이 인정 가능)

㉲ 학교장 인정 결석(기타 부득이한 사유로 학교장의 허가를 받아 결석하는 경우)

㉳ 학생 보호(폭력 등에 의한 피해로 학교의 장이 인정하는 일시보호, 치료를 필요로 하는 경우, 「학교폭력예방 및 대책에 관한 법률」 제14조 제 1항의 규정에 의한 요양기간)

③ 결석 일수의 산정

㉮ 결석은 교칙에 의거 출석하여야 할 날짜에 출석하지 않을 때 인정

㉯ 병결은 결석한 날부터 3일 이내에 의사의 진단서를 첨부하여 결석계를 제출한 경우와 결석임을 증명할 수 있는 증빙자료(담임교사 확인 의견서 등)를 첨부한 결석계를 3일 이내에 제출하여 학교장의 승인 후 인정한다.

㉰ 무단결석은 무단으로 결석한 경우로 태만, 가출, 고의적인 출석 거부, 범법행위로 관련기관에 연행 및 도피 등의 경우와 결석계를 제출하였다 하더라도 질병이나 기타 결석의 사유가 아닌 결석, 「초・중등 교육법 시행령」 제31조 제5항의 가정학습기간(학생의 징계), 「학교폭력예방 및 대책에 관한 법률」 제15 제1항의 규정에 의한 출석정지 기간(가해 학생에 대한 조치) 동안 인정한다.

㉱ 기타결석은 학교장이 인정하는 부모 및 가족 봉양, 가사 조력, 부득이한 개인 사정 또는 공납금 미납(고등학교만 해당)으로 출석하지 못하는 경우에 인정한다.

㉲ 지각은 소정의 등교시간에 출석하지 않는 경우, 조퇴는 소정의 하교시간 이전에 하교하는 경우, 결과는 소정의 교과 수업시간에 출석하지 않는 경우, 같은 날짜에 지각, 조퇴, 결과가 발생된 경우에는 학교장이 판단하여 어느 한 가지 경우로만 처리한다. 같은 날짜에 결과가 2회 이상이라도 1회로 처리하며, 지각 조퇴 결과 3회는 결석 1회로 산정한다.

④ 학업 관련 법정장부는 학교생활기록부(초・중・고등학교 학교생활 기록부전산 처리 및

관리지침 제22조), 학교생활기록부 정정대장 (초·중·고등학교 학교생활기록부 전산처리 및 관리지침 제24조), 졸업대장(「초·중등교육법 시행령」 제 50조, 초·중·고등학교학교생활기록부전산 처리 및 관리지침 제18조), 학생건강기록부(학생건강기록 부 등 전산처리 및 관리지침 제16조, 학교건강검사규칙 제9조)이다.

다. 생활기록부

학교의 장은 학생의 학업성취도와 인성(人性) 등을 종합적으로 관찰·평가하여 학생지도 및 상급학교(「고등교육법」 제2조 각 호에 따른 학교를 포함한다. 이하 같다)의 학생 선발에 활용할 수 있는 인적사항, 학적사항, 출결상황, 자격증 및 인증 취득상황, 교과학습 발달상황, 행동특성 및 종합의견, 그 밖에 교육목적에 필요한 범위에서 교육부령으로 정하는 사항 자료를 교육부령으로 정하는 기준에 따라 작성·관리하여야 한다.

1) 법적 근거

가) 「초·중등교육법」 제25조(법률 제14603호, 시행 2017.6.22. 일부개정 2017.3.21.)

나) 학교생활기록 작성 및 관리지침(교육부훈령 제280호, 시행 2019.3.1. 일부개정 2019.1.18.)

다) 학교의 장은 제25조에 따른 학교생활기록과 「학교보건법」 제7조의3에 따른 건강검사기록을 정보시스템을 이용하여 처리하여야 하며, 그 밖에 소관 업무 의 전부 또는 일부를 정보시스템을 이용하여 처리하여야 한다(제30조의6).

라) 학교의 장은 제25조에 따른 학교생활기록과 「학교보건법」 제7조의3에 따른 건강검사기록을 해당 학생(학생이 미성년자인 경우에는 학생과 학생의 부모 등 보호자)의 동의 없이 제3자에게 제공하여서는 아니 된다. 다만, 다음 각 호의 어느 하나에 해당하는 경우에는 그러하지 아니하다(제30조의6).

① 학교에 대한 감독·감사의 권한을 가진 행정기관이 그 업무를 처리하기 위하여 필요한 경우 ② 제25조에 따른 학교생활기록을 상급학교의 학생 선발에

이용하기 위하여 제공하는 경우 ③ 통계작성 및 학술연구 등의 목적을 위한 것으로서 자료의 당사자가 누구인지 알아볼 수 없는 형태로 제공하는 경우 ④ 범죄의 수사와 공소의 제기 및 유지에 필요한 경우 ⑤ 법원의 재판업무 수행을 위한여 필요한 경우 ⑥ 그 밖에 관계 법률에 따라 제공하는 경우

마) 학교의 장은 제1항 단서에 따라 자료를 제3자에게 제공하는 경우에는 그 자료를 받은 자에게 사용목적, 사용방법, 그 밖에 필요한 사항에 대하여 제한을 하거나 그 자료의 안전성 확보를 위하여 필요한 조치를 하도록 요청할 수 있다.

바) 제1항 단서에 따라 자료를 받은 자는 자료를 받은 본래 목적 외의 용도로 자료를 이용하여서는 아니 된다.

사) 교육부장관과 교육감은 필요하다고 인정하면 제30조의5에 따른 업무처리 및 제27조의2・제30조의6에 따른 자료 제공 또는 이용하여서는 아니 된다.

아) 교육부장관과 교육감은 필요하다고 인정하면 제30조의5에 따른 업무처리 및 제27조의2・제30조의6에 따른 자료 제공 또는 이용에 관한 사항을 지도・감독할 수 있다.

2) 인적・학적상황의 작성

가) 인적사항은, '학생'란에는 성명, 성별, 주민등록번호와 입학 당시의 주소를 입력하며, 재학 중 주소가 변경된 경우에는 변경된 주소를 누가하여 입력한다. '가족상황'란에는 부모의 성명, 생년월일을 입력하고, '특기사항'란에는 학생 이해에 도움이 될 수 있는 내용이 있는 경우 본인 또는 보호자의 동의를 받아 입력한다.

나) 학적사항은 중・고등학교에서는 입학 전 전적학교의 졸업연월일과 학교명을 입력하며, 검정고시 합격자는 합격 연월일과 '검정고시 합격'이라고 입력한다. 재학 중 학적변동이 발생한 경우에는 전출 교와 전입 교에서 각각 학적 변동이 발생한 일자, 학교와 학년, 학적변동 내용을 입력한다. '특기사항'란에 「폭력 예방 및 대책에 관한 법률」 제17조에 규정된 가해학생에 대한 조치사항을 입력한다.

다) 수상경력 · 자격취득 · 진로희망사항

① 수상경력은 재학 중 학생이 교내에서 수상한 상의 명칭, 등급(위), 수상연월일, 수여기관명, 참가대상을 입력하며, 동일한 작품이나 내용으로 수준이 다른 상을 여러 번 수상하였을 경우, 최고 수준의 수상 경력만을 입력한다.

② 기재할 수 있는 자격증의 명칭 또는 종류, 번호 또는 내용, 취득연월일, 발급기관을 입력하며 원본을 대조한 후 취득한 순서대로 입력한다. 그리고 국가기술자격법에 의한 국가기술자격증, 개별 법령에 의한 국가자격증, 자격 기본법에 의한 국가공인을 받은 민간자격증 중 기술과 관련있는 내용으로 고등학생이 재학 중에 취득한 것으로 하며, 고등학교의 장은 학교교육계획에 의한 국가직무능력표준의 이수상황을 입력한다. 초등학교와 중학교 학교생활기록부인 자격증 및 인증 취득상황에는 입력하지 않는다.

③ 진로희망사항은 학기 중에 진로지도를 실시하여 파악한 학생의 진로 희망과 희망사유를 담임교사가 입력하지만 담임교사 외 진로교육 담당자의 자료가 있을 경우 이를 받아 담임교사가 입력한다.

라) 창의적 체험활동 및 교과학습발달 상황

① 창의적 체험활동의 4개 영역별 활동내용, 평가방법 및 기준은 교육과정을 근거로 학교별로 정하며, 자율 활동, 동아리활동, 봉사활동, 진로활동의 영역별 이수시간 및 특기사항(참여도, 활동의욕, 태도의 변화 등)을 입력하며 초등학교 특기사항은 자율 활동, 동아리활동, 봉사활동 3개 영역의 특기사항의 경우 통합하여 종합적으로 기록하고, 초등학교 진로활동 영역의 특기사항은 별도로 구분하여 기록 한다. 그리고 안전생활(초1~2학년)은 교육과정 기준을 근거로 이수, 시간 및 특기사항을 별도로 기록한다.

② 봉사활동 영역의 실적은 학교계획에 의한 봉사활동과 학생 개인계획에 의한 봉사활동의 구체적인 내용을 별도의 '봉사활동실적'란에 연간 실시한 봉사활동의 일자 또는 기간, 장소, 주관기관명, 활동내용, 시간을 실시일자 순으로 모두 입

력한다. 그리고 체계적이고 지속적인 봉사활동 등 특기할만한 사항이 있는 경우 봉사활동 특기사항란에 자세히 입력한다.

③ 영역별 누가기록은 공정성, 객관성, 투명성, 신뢰도, 타당도 등이 확보되도록 서식을 개발하여 활용하며 학생의 구체적인 활동내용이 포함된 자료를 바탕으로 전산 입력하여 관리함을 원칙으로 한다.

④ 진로활동의 특기사항에는 활동실적이 우수한 사항과 각종 진로검사 및 진로 상담, 결과 관심분야, 진로희망과 관련된 학생의 활동내용 등 학생의 진로 특징이 드러나는 사항을 담임교사가 입력한다.

⑤ 동아리 활동 중 학교스포츠 클럽의 실적은 활동 인정기간 동안 학교장이 승인한 학교스포츠클럽활동의 구체적인 활동 내용으로 동아리활동란에 클럽명, 활동시간, 팀에서의 포지션, 대회출전 경력 등을 입력하며 활동시간은 동아리활동 이수시간에 합산한다. 또한 동아리활동 중 청소년 단체 활동의 실적은 학교교육계획에 의한 청소년 단체활동과 학교장의 승인을 받은 학교교육계획 이외의 청소년 단체 활동으로 구분하여 동아리활동란의 특기사항을 입력할 수 있다.

⑥ 자율 활동, 봉사활동의 특기사항은 담임교사가, 동아리활동의 특기사항은 해당 동아리 담당교사가 입력한다.

마) 교과학습발달상황의 평가는 교과학습발달상황 평가 및 관리에 의거한다.

① 초등학교 교과학습발달상황은 각 교과별 성취기준에 따른 성취수준의 특성 및 학습활동 참여도 등을 세부능력 및 특기사항란에 교과별 문장으로 입력하며, 12학년 '바른생활', '슬기로운 생활', '즐거운 생활' 교과는 통합하여 입력하고, '방과후 학교 수강내용(강좌명, 이수시간)을 입력할 수 있다.

② 중학교는 '교과', '과목', '성취도(수강자수)', '원점수/과목평균(표준편차)'을 산출하여 각 학기말에 입력하며 체육・예술(음악/미술) 교과(군)의 과목은 '교과', '과목', '성취도'를 입력한다.

③ 고등학교는 '교과', '과목', '단위수', '성취도(수강자수)', '원점수/과목평균(표준편

차)', '석차등급'을 산출하여 각 학기말에 입력하며 전문교과Ⅱ는 '교과', '과목', '단위수', '성취도(수강자수)', '원점수/과목평균(표준편차)'를 입력하고, 보통교과의 체육 · 예술 교과(군)의 일반 선택과목은 '교과', '과목', '단위수', '성취도'를 입력한다.

④ 자유학기 활동상황은 자유학기 중에 자유학기 활동을 실시한 결과를 입력하며, 자유학기 활동별 담당교사가 수시로 관찰한 활동내용, 참여도, 흥미도 등을 문장으로 입력한다.

⑤ 독서활동 상황은 중 · 고등학교의 개인별 · 교과별 독서활동 상황의 경우 독서활동에 특기할만한 사항이 있는 학생을 대상으로 학기 말에 입력하며, 학생이 읽은 책의 제목과 저자를 교과 담당교사 또는 담임교사가 입력한다.

바) 행동특성 종합의견 및 기타사항은 다음과 같이 입력한다.

① 수시로 관찰하여 누가 기록된 행동특성을 바탕으로 총체적으로 학생을 이해할 수 있는 종합의견을 문장으로 입력한다. 행동특성 중 학교폭력과 관련된 사항은 「학교폭력예방 및 대책에 관한 법률」 제17조에 규정된 가해학생에 대한 조치사항을 입력한다.

② 졸업대장번호란은 졸업대장 번호를 입력하며, 구분란은 학생의 학과, 반, 번호 및 담임성명을 입력하고 변경사항이 있을 경우에는 변경 전 · 후의 내용을 함께 입력하며, 전공 · 과정란에는 특성화고등학교(특정분야의 인재양성을 목적으로 하는 교육을 실시하는 학교에 한함)의 학기별 전공코스 이수, 산업체 실습과정 또는 일반고등학교, 특수목적고등학교 및 자율고등학교의 개인별 과정선택 등 교육과정 이수에 따른 특기사항을 입력한다.

사) 학생부종합전형의 학생부 제공 범위는 [그림 12-1]의 내용과 같다.

항목	수시	정시
1. 인적사항	모든 자료	모든 자료
2. 학적사항	모든 자료	모든 자료
3. 출결상항	모든 자료	모든 자료
4. 수상경력	모든 자료	모든 자료
5. 자격증 및 인증 취득상황	모든 자료	모든 자료
6. 진로 희망사항	모든 자료	모든 자료
7. 창의적 체험활동상황(봉사활동 실적 포함)	모든 자료	모든 자료
8. 교과학습 발달상황(과년도 성적 포함)	1, 2학년 및 3학년 1학기 자료	모든 자료
9. 독서활동 상황	1, 2학년 및 3학년 1학기 자료	모든 자료
10. 행동특성 및 종합의견	1, 2학년	모든 자료

[그림 12-1] 학생부종합전형의 학생부 제공 범위

출처: 교육부(2019).

3) 기재요령

가) 적용범위는 학교의 장이 관리하는 학교생활기록에 관하여 적용한다.

나) 학교생활기록부 작성 및 관리의 표준화를 통해 학교생활기록부의 공정성과 신뢰성을 제고하기 위한 것으로 시・도교육청이나 교육지원청, 학교현장에서 임의로 변경하여 적용할 수 없다.

다) 현재 사용하고 있는 '교육정보시스템'이란 「초・중등교육법」 제30조의4・5에 의한 것으로 '나이스'로 통칭한다.

라) 학교생활기록부 기재요령에 제시된 일자 표기 방식 등은 교육정보시스템에서 사용하는 방식을 적용한다.

마) 2019년 초등학교 학교생활기록부 기재요령의 개정 현황은 〈표 12-1〉과 같으며, 초・중・고등학교 적용시기는 〈표 12-2〉의 내용과 같다.

〈표 12-1〉 2019년 초등학교 학교생활기록부 기재요령의 개정 현황

항목		개정 전	개정 후
인적사항 학적사항		▪(인적사항) 학생정보, 가족상황, 특기사항 ▪(학적사항) 졸업연월일, 학교명, 특기사항	▪ 인적사항의 학부모 정보 및 특기사항 삭제 (인적 · 학적사항) 인적사항과 학적사항 통합
진로희망사항		▪ 진로희망, 희망사유 입력	▪ 항목삭제 학생의 진로희망은 창체 진로활동 특기사항에 기재(초: 선택적 기재)
출결상황		▪ 질병 · 무단 · 기타 결석	▪ 질병 · 미인정 · 기타결석 ※ '무단'→'미인정'
수상경력		▪ 수상명, 등급(위), 수상연월일, 수여기관명, 참가대상(참가인원) 입력	▪ 항목 삭제
진로희망사항		▪ 진로희망, 희망사유 입력	▪ 항목 삭제 ▪ 학생의 진로희망은 창체 진로활동 특기사항에 기재(대입 미제공)
창의적 체험활동 상황	이수시간 및 특기사항 기재	▪ 개인별 이수시간 및 활동 내용 분리 기재	▪ 개인별 이수시간 미기재 '안전한 생활'을 포함하여 특기사항 통합 기재
	봉사활동	▪ 실적 및 특기사항 기재	▪ 특기사항 미기재(실적만 기재)
	자율 동아리활동	▪ 기재 개수 제한없이 자율동아리명, 활동내용 등을 특기사항란에 기재	▪ 자율동아리 활동은 학년당 1개만 기재할 수 있고 동아리명, 동아리에 대한 간략한 설명을 30자 이내로 기재
창의적 체험활동 상황	청소년 단체활동	▪ 교육과정에 편성된 청소년단체, 학교교육계획에 포함된 청소년 단체, 학교밖 청소년단체 활동 모두 기재(단체명, 활동내용)	▪ (정규 교육과정에 편성된 청소년단체) 단체명, 활동내용 모두 기재 (학교교육계획에 따른 청소년단체) 단체명만 기재 (학교밖 청소년단체) 미기재
	학교 스포츠클럽	▪ 구체적 활동내용(포지션, 대회출전 경력, 역할, 특성 등) 기재	▪ 학교스포츠클럽활동 기재 간소화 정규교육과정 내: 개인특성 중심 기재 정규교육과정 외: 클럽명(시간)만 기재
	기재분량	▪ 특기사항 기재분량: 3,000자	▪ 특기사항 기재분량 축소: 1,700자
	누가 기록	▪ NEIS 활용 전산 기재 · 관리 원칙	▪ 누가기록 기재 · 관리 방법 시도 위임
교과학습 발달상황	방과후 학교	▪ 활동(수강) 내용 기재	▪ 활동(수강) 내용 미기재
행동특성 및 종합의견		▪ 기재분량: 1,000자 ▪ 누가기록 나이스에서 관리	▪ 기재분량 축소: 500자 ▪ 누가기록 기재 · 관리 방법 시도 위임

출처: 교육부(2019).

〈표 12-2〉 초 · 중 · 고등학교 적용시기

적용 대상	항목		개정 전	개정 후	적용 시기 '19	적용 시기 '20	적용 시기 '21
공통	인적사항 학적사항		• (인적사항) 학생정보, 가족상황(부모 성명, 생년월일), 특기사항 • (학적사항) 졸업년월일, 학교명, 검정고시 합격 정보 등	• 인적사항의 학부모 정보 및 특기사항 삭제, 인적사항과 학적사항 통합	초1~6 중1 고1	- 중1~2 고1~2	- 중1~3 고1~3
	진로희망사항		• 진로희망, 희망사유 입력	• 항목삭제 학생의 진로희망은 창체진로활동 특기사항에 기재(초: 선택적 기재/중 · 고: 상급학교 미제공)			
	출결상황		• 질병, 무단 · 기타 결석	• 질병 · 미인정 · 기타 결석	초1~6 중1~3 고1~3		
	창의적 체험 활동 상황	봉사활동	• 실적 및 특기사항 기재	• 특기사항 미기재(실적만 기재)	초1~6 중1 고1	- 중1~2 고1~2	- 중1~3 고1~3
		자율 동아리 활동	• 기재 개수 제한 없이 자율동아리명, 활동내용 등을 특기사항란에 기재	• 자율동아리 활동은 학년당 1개만 기재할 수 있고 동아리명, 동아리에 대한 간략한 설명을 30자 이내로 기재			
		청소년 단체활동	• 정규 교육과정에 편성된 청소년 단체, 학교교육계획에 포함된 청소년 단체, 학교 밖 청소년 단체활동 모두 기재(단체명, 활동 내용)	• (정규 교육과정에 편성된 청소년 단체) 단체명, 활동 내용 모두 기재 (학교교육계획에 따른 청소년 단체) 단체명만 기재 (학교 밖 청소년 단체) 미기재			
		학교 스포츠 클럽활동	• 구체적 활동내용(포지션, 대회 출전 경력, 역할, 특성 등) 기재	• 학교스포츠클럽활동 기재 간소화 정규교육과정 내: 개인 특성 중심 기재 정규 교육과정 외: 클럽명(시간)만 기재			
		기재 분량	• 특기 사항 기재분량: 3,000자	• 특기사항 기재분량 축소: 1,700자	초1~6 중1~3 고1~3	-	-
	교과학습 발달상황	방과후 학교	• 활동(수강) 내용 기재	활동(수강) 내용 미기재	초1~6 중1 고1	- 중1~2 고1~2	- 중1~3 고1~3
	행동특성 및 종합의견		• 기재분량: 1,000자 누가기록 나이스에서 관리	• 기재분량 축소: 500자 누가기록 기재 · 관리방법 시도 위임	초1~6 중1~3 고1~3	-	-
초	수상경력		• 수상명, 등급(위), 수상년월일, 수여기관명, 참가 대상(참가 인원) 입력	• 항목삭제	초1~6	-	-
	창의적 체험활동상황		• 개인별 이수시간 및 활동 내용 분리 기재	• 개인별 이수시간 미기재 '안전한 생활'을 포함하여 특기사항 통합 기재			
중 · 고	수상경력		• 수상경력 모두 기재, 상급학교 제공 개수 제한 없음	• 수상경력은 모두 기재, 상급학교 제공 수상경력 개수 제한(학기 당 1개)	중1 고1	중1~2 고1~2	중1~3 고1~3
	(고) 자격증 및 인증취득 상황		• 대입자료로 제공	• 대입자료로 미제공	고1	고1~2	고1~3

출처: 교육부(2019).

4) 생활기록부에 관한 질의응답 자료

Q 교사별 평가의 어려움으로 단위학교 학업성적관리규정에 "~실시할 수 있다"로 규정해 놓는 것이 가능한가요?

A 가능합니다.
교사별 평가는 학생평가의 방향성입니다. 모든 교사가 모든 교과에 참여하지 않아도 됩니다. 교사별로 다른 평가 문서를 만들어 내야 한다고 인식하기 보다는 같은 내용을 평가하더라도 교사별로 상이한 평가 자료와 방식으로 시행되는 경우도 교사별 평가라고 할 수 있습니다.
교사별 평가도 과정중심평가의 일환이라고 본다면 오히려 더 중요한 것은 단위학교 학년(군)협의회나 소규모학교의 전학년 교과협의회의 협업을 통한 교육과정과 평가계획을 수립하려는 노력입니다.

가) 이의 신청 관련 건

〈2019. 초등학교 학교생활기록부 기재요령 81쪽 2) 평가운영, 다)항〉
"평가의 결과에 대한 '이의 신청' 절차를 마련하여 학생 및 학부모에게 안내하며, '이의 신청'이 들어온 경우, 절차에 따라 검토하여 결과를 안내한다."

Q 이의 신청을 위한 평가 결과란 어떤 것을 의미하나요?

A 교과학습발달상황 입력을 위한 평가자료(수행평가 결과)를 의미합니다.

Q 이의 신청의 주체는 누구인가요?

A 학생입니다. 수행평가에 대한 학생 확인 절차만을 거치면 됩니다.

Q 이의 신청 절차나 기간에 대한 바람직한 안내 방법은 어떤 것일까요?

A 절차에 대한 안내는 학생과 학부모에게 모두 공지되어야 합니다. 학기초 가정통신문이나 홈페이지를 활용한 안내 등으로 안내하시면 됩니다.

나) 학기말 또는 학년말 학생평가 결과 결재 처리 관련 건

Q 교과별 평가결과를 포함한 일람표 등을 출력하여 결재해야 하나요?

A 출력하여 결재하지 않습니다.
학교 관리자 결재는 2학기말에 있는 학생부 최종 마감 시 올리는 결재로 대체합니다. 단, 교차 점검 시에는 관리자 조회 권한만 부여가 가능하도록 시스템이 개선되었습니다. 조회 권한 부여 시 입력 권한이 부여되었는지 반드시 확인해야 하며, 교육정보시스템 상의 권한 부여에 대한 결재과정이 있어야 합니다.

다) 학생평가 계획 관련 건

Q 단위학교에서 교과별 수행평가 계획을 작성할 때 채점기준안을 꼭 작성해야 하는지요?

A 평가기준을 단위학교에 맞게 수정하여 채점기준안으로 병용합니다.
즉, '평가기준(채점기준)'으로 작성하시면 됩니다.

라) 학교생활기록부 누가기록 기재 관리 방법 재강조

• 근거: 학교생활기록 작성 및 관리지침(시행 2019. 3. 1. 교육부훈령 제280호)

> 제4조(처리요령) ③ 학교생활기록부 작성에 필요한 보조부는 각 학교의 실정에 맞게 계획을 수립하여 전산입력·관리하되, 창의적 체험활동 상황, 행동특성 및 종합의견의 누가기록 방법은 시도교육감이 정한다. ④ 학생이 전학할 때, 원적교에서는 재학 당시까지의 상황을 입력한 학교생활기록부 전산자료를 전·편입학하는 학교로 이송한다.

• 누가기록방법(서식 등) 및 관리방법(보존기간 등)은 단위학교의 학업성적관리규정에 근거하여 실시함을 원칙으로 함.

• '전산입력·관리'의 적용 범위(교육부): 초등의 경우는 보조부 중 수행평가 결과에만 해당되며, 창의적체험활동 상황, 행동특성 및 종합의견의 누가기록은 제외 대상임.

- 우리 교육청 지침

창의적 체험활동 상황, 행동특성 및 종합의견의 누가기록 방법(기재양식과 기재된 기록의 관리 방법 등)은 교육정보시스템, 전산매체(한글, 워드, 엑셀 문서 등), 수기(교무수첩 등) 등 교사가 자율적으로 선택할 수 있다.

- 우리 교육청 지침 해설

• 훈령 제4조 제3항의 '창의적 체험활동상황, 행동특성 및 종합의견의 누가기록 방법'은 기재 양식, 기재된 기록의 관리 방법 등을 의미한다.
• 유의사항: 이전 학년도 자료의 정정은 전출교에서 자료를 받아 전입교에서 처리함.
• 영역별 누가 기록은 공정성, 객관성, 투명성, 신뢰도, 타당도 등이 확보되도록 서식을 개발하여 활용하되, 학생의 구체적 활동 내용이 포함된 자료를 바탕으로 작성하여 관리한다.
• 전출 시에는 전출일 현재까지의 창의적 체험활동상황 영역별 활동 내용과 실적 및 시도교육청 지침에 따라 작성된 누가기록 자료를 전입교로 전송(송부)한다. 이때, 입력의 근거가 되는 증빙서류는 원적교에서 보관한다.

• 누가기록으로 인정할 수 있는 자료의 범위
  - 교육정보시스템(NEIS)을 활용하여 누가기록한 자료
  - 전산매체(한글, 워드, 엑셀 등)에 저장하여 누가기록한 자료
  - 수기(교무수첩 등)로 누가기록한 자료
  - 단위학교 자체 학생 평가계획에 의거 실시한 창의적 체험활동 평가 기록부
  - 단위학교에서 가정으로 통지한 평가 및 생활통지 내용 중 학생 개인의 행동특성과 창의적 체험활동의 특기할만한 사항이 기록되어 있는 경우 인정 가능
  - 학생 상담 기록 중 창의적 체험활동과 행동발달 관련 상담 후 기록한 자료
• 누가기록의 행정 처리 방법
  - 누가기록은 학교생활기록부 평가 결과 기재를 위한 보조 기록 자료로 그 보관기간은 단위학교 학업성적관리규정으로 정함.
  - 누가기록의 결재 처리는 의무사항은 아님.
  - 전출 시 수기로 기록된 누가기록은 스캔 또는 복사본을 전입학교로 송부

2. 학교생활기록부 개정 사항에 따른 학생부 정정 관련 안내

인적사항의 학부모 정보 및 특기사항, 진로희망사항 입력, 수상경력, 창의적체험활동 개인별 시수, 봉사활동 특기사항은 2019. 3. 1. 이후 사항은 정정대상이 아님.

3. 학교생활기록부 수상경력 입력 항목 삭제 관련 안내

• 수상경력 입력(수상대장)의 법적 근거 및 해설

- 「초중등교육법 시행규칙」 제21조 및 부칙 제2조
- 학교생활기록 작성 및 관리지침(교육부 훈령 제280호) 제9조
- 해설: 초등학교의 경우 수상경력이 학교생활기록부 기재 사항에서 삭제되면서 수상대장의 법적인 근거가 사라짐. 따라서, 수상대장 작성 여부는 단위학교에서 교무위원회 및 학업성적관리위원회 등 학교구성원이 참여하는 협의 과정을 거쳐 결정함.

• 수상경력 입력(수상대장) 관련 Q & A

Q 수상대장은 꼭 작성해야 하나요?

A 수상대장의 작성 여부는 단위학교에서 결정합니다. 단, 협의과정에 학교 구성원이 참여할 수 있도록 해야 합니다.

Q 학교생활기록부 기재사항에는 수상경력 입력항목이 삭제되었는데 교육정보시스템(NEIS)에 아직도 수상경력 입력항목이 남아 있는 이유는 무엇인가요?

A 업무상 필요한 경우는 교육정보시스템을 활용할 수 있도록 한 것입니다. 사용하더라도 학교생활기록부에는 반영되지 않습니다.

Q 수상대장을 작성한다면 어떤 방법 및 서식이 가능한가요?

A 수상대장을 작성할 경우 기록 방법과 서식은 교육정보시스템(NEIS)과 수기 장부 등 학교에서 정합니다.

Q 학교생활기록부 기재사항에서 수상경력 입력 항목 삭제는 언제부터 적용되며 적용대상은 어떻게 되나요?

A 2019년 3월 1일부터 적용됩니다. 적용대상은 2019년 3월 1일 이후 입학생 및 재학생입니다.

Q 수상경력은 입력하지 않아도 되나요?

A 수상경력은 학교생활기록부 반영 자료로 그 법적인 근거가 명확하였으나, 근거가 되었던 '초중등교육법 시행규칙 제21조와 부칙 제2조'와 '학교생활기록 작성 및 관리지침(교육부 훈령 제280호)'에서 초등학교의 수상경력 입력이 삭제되면서 수상경력을 입력하지 않아도 법적인 문제는 없습니다.

4. 출결상황 관련 건

<2019. 초등학교 학교생활기록부 기재요령, 48쪽>
마. 기타결석
1) 부모·가족 봉양, 가사조력, 간병 등 부득이한 개인사정에 의한 결석임을 학교장이 인정하는 경우
2) 공납금 미납을 사유로 결석한 경우
3) 기타 합당한 사유에 의한 결석임을 학교장이 인정하는 경우

Q 기타결석의 증빙서류를 제출해야 한다고 하는데, 부모·가족봉양, 가사조력, 간병, 기타 합당한 사유에 의한 결석의 증빙서류는 어떤 것인가요?

A 교육부 주관 학생부 강사요원 연수 시 기타결석은 증빙서류를 제출하도록 함.

• 도교육청 지침: 기타 결석의 경우는 담임교사의 확인서를 내부결재(학교장 결재)하는 것으로 증빙서류를 갈음합니다.

Q 기타결석 증빙서류로 결석계(결식신고서)를 제출해야 하나요?

A 아닙니다. 기타결석은 결석계(결석신고서)를 제출하지 않아도 됩니다. 결석계(결석신고서)는 질병 결석만 해당됩니다.

5. 창의적체험활동 이수 시간 입력 관련 건

<2019. 충청북도 학업성적관리시행지침, 제4장 제12조, ⑤항>
⑤ 제1항의 동아리활동 중 학교스포츠클럽활동의 실적은 활동 인정기간 동안 학교장이 승인한 학교스포츠클럽활동의 구체적인 활동 내용으로 '동아리활동'란에 클럽명, 활동시간 등을 입력하되, 활동시간은 동아리활동 이수 시간에 합산한다. 다만 정규교육과정이외의 학교교육계획에 의한 학교스포츠클럽활동은 클럽명과 활동시간만 입력한다.

Q 창의적체험활동 시수 입력 항목이 삭제된다고 하는데 학교스포츠클럽활동 시간을 동아리활동 이수 시간에 합산한다는 말은 무슨 뜻인가요?

A 창의적 체험활동 시수 입력 항목은 입력하지 않습니다.
2019. 충청북도 학업성적관리시행지침(2019. 2. 21.)의 제12조 5항에 해당하는 항목은 이후 수정해야 할 내용입니다. 빠른 시간 내에 수정하도록 하겠습니다. 지침 개정 전까지는 본 지침으로 위 지침의 제12조 5항에 대한 부분을 대체합니다.

• 도교육청 지침: 창의적 체험활동의 누계 시수는 입력하지 않습니다. 다만 다음의 경우는 예외적으로 시수를 창의적체험활동 특기사항으로 입력합니다.
- 관련근거: 2019. 초등학교 학교생활기록부 기재요령
- 정규교육과정 내 청소년단체활동: (00단)(34시간) 특기사항 기재(기재요령, 63쪽)
- 정규교육과정 이외의 학교스포츠클럽활동: (00반: 방과후학교스포츠클럽)(20시간)(기재요령, 67~68쪽)

• 창의적체험활동 봉사활동 실적 입력시 해당하는 시수 입력은 입력 탭에서 시간 단위로 입력(기재요령, 69~70쪽)

6. 창의적체험활동 누가기록 내용 관련 건

<교육부 훈령 280호, 시행 2019.3.1., 학교생활기록 작성 및 관리지침>

제4조(처리요령) ③ 학교생활기록부 작성에 필요한 보조부는 각 학교의 실정에 맞게 계획을 수립하여 전산입력・관리하되, 창의적 체험활동 상황, 행동특성 및 종합의견의 누가기록 방법은 시도교육감이 정한다. ④ 학생이 전학할 때, 원적교에서는 재학 당시까지의 상황을 입력한 학교생활기록부 전산자료를 전・편입학하는 학교로 이송한다.

제13조(창의적 체험활동 상황) ① 창의적 체험활동의 4개 영역(자율활동, 동아리활동, 봉사활동, 진로활동)별 활동내용, 평가방법 및 기준은 교육과정을 근거로 학교별로 정하며, 자율활동, 동아리활동, 진로활동의 영역별 이수시간 및 특기사항(개별적 특성이 드러나는 사항 등)과, 봉사활동 실적을 입력한다. 다만, 초등학교는 창의적 체험활동의 이수시간을 입력하지 않으며, '자율활동', '동아리활동' 2개 영역의 특기사항은 통합하여 종합적으로 입력하되, 초등학교 '진로활동' 영역은 별도로 구분하여 입력한다. 또한, '안전한 생활'(초등학교 1~2학년)은 교육과정 성취기준을 근거로 특기사항을 입력한다.

Q 창의적 체험활동 누가기록은 기존처럼 연간 운영 계획의 활동내용을 그대로 입력하면 되나요?

A 아닙니다.

창의적 체험활동의 누가기록은 자율활동, 동아리활동, 진로활동의 특기사항을 입력하는 근거자료이기 때문에 시간 중 학생들의 특기사항이 있는 경우에만 기록하면 됩니다. 기존의 행동특성 및 종합의견의 누가기록처럼 학생의 특성이나 발달, 변화 정도를 나타낼 수 있는 일화 내용으로 기록합니다.

Q 창의적 체험활동 시수 누계가 교육정보시스템(NEIS)에 보이는 이유는 무엇인가요?

A 추후 시수 입력란 자체가 삭제될 예정입니다.

현재는 시스템 개선 중이어서 시수 입력란에 확인되고 있으나 추후 최종적으로 시수 입력란 자체가 삭제될 예정입니다. 현재 시수를 입력하였더라도 개선된 시스템에서는 학생부에 반영되지 않습니다.

7. 동아리활동 특기사항의 청소년단체 입력 관련 건

<교육부 훈령 제280호(2019.1.18.)>
제13조(창의적 체험활동상황)
⑥ 제1항에 따른 동아리활동 특기사항 입력 시 정규교육과정이외의 학교교육계획에 의한 청소년단체활동의 경우 단체명을 입력한다.

Ⓠ 동아리활동 특기사항 입력 시 '정규교육과정 이외의 학교교육계획에 의한 청소년단체활동'은 2018학년도까지 단위학교 학업성적관리위원회 협의를 통해 학교교육계획에 따른 청소년단체활동은 기재하지 않아도 됐는데, 2019학년도에는 반드시 기재하여야 한다는 의미인가요?

Ⓐ 네, 운영되었을 경우에는 그렇습니다.
생활기록부 기재요령에서 '~한다'라고 표현되어 있는 부분은 꼭 기재해야 하는 항목입니다.

Ⓠ 청소년단체 활동은 교육정보시스템(NEIS)에서 동아리활동에서 부서 배정을 해야 하나요?

Ⓐ 창의적체험활동 내의 동아리 부서로 정규 편성되었을 경우에만 그렇습니다.

Ⓠ 자율활동, 동아리활동, 안전한 생활이 통합 기재되는데 청소년단체 활동 기록은 어느 위치에 기록하면 될까요?

Ⓐ 청소년단체활동도 동아리활동 영역의 일부이기 때문에 동아리활동 뒤에 기록하는 것이 더 합리적이라고 하겠습니다.

8. 교과학습발달상황 관련 건

Q 학교생활기록부의 교과학습발달상황의 세부능력 및 특기사항은 1 · 2학기 내용을 모두 기재해야 하나요?

A 1학기와 2학기 내용을 종합적으로 기재해야 합니다.
교과학습발달상황 기재는 학기말 종합의견을 1, 2학기로 구분하여 기재하라는 의미는 아닙니다. 학년말에만 기록해도 상관 없습니다.
단, 교과학습발달상황 기재 내용에 1, 2학기의 평가 내용을 모두 포함해야 한다는 의미이므로 단위학교에서 자율적으로 기재하시면 됩니다.

토의 주제

discussion

01 학업성적관리위원회의 구성과 역할에 대하여 설명하고 토의해 보자.

02 학교급, 학년, 교과를 선정하여 평가계획서를 작성한 후, 그 내용을 설명하고 토의해 보자.

- ( )학교 ( )학년 ( )과 평가계획서

03 학적처리 사용 용어에 대해 구분하여 설명하고 토의해 보자.

04 본인이 담임교사라고 가정하고, 동료 학생 2명의 행동특성과 종합의견을 100자 이상으로 작성해 보자.

• 부정적인 측면이 있다면 긍정적인 측면 다음에 서술할 것

(예) 목표가 뚜렷하고 매사에 적극적이나, 끈기와 노력이 요구됨

참고문헌

1. 국내 자료

강경석, 박세훈, 이윤식, 고영남, 이일용, 홍후조, 권술달, 송경오, 신재흡, 임연기, 송선희, 박호근, 김명수, 전제상, 신상명(2011). **중등교직실무**. 경기: 교육과학사.

강기수, 김희규(2012). **최신교사론**. 서울: 동문사.

강대중, 최준렬, 서금택(2009). 교원 신분보장에 관한 판례 분석 연구. **가정보육연구**, 2(1), 26-51.

강원근, 장원규, 임규봉, 김춘복, 최한성, 한일량(2008). **미주알 고주알 열두 빛깔 학급경영**. 경기: 교육과학사.

경상북도교육청(2019). 학교폭력 사안처리 길라잡이.

경상북도교육청(2019). 학생생활지도 길라잡이.

고전(1988). 교원의 신분 보장과 정년제 연구. **교육법학연구**, 10, 29-58.

고전 외(2010). **교원 양성과정에서 청렴교육 강화 방안 연구**. 교육과학기술부.

교육부(2015). 2015 개정 교육과정 총론.

교육부(2016). 제2차 진로교육 5개년(2016~2020) 기본계획.

교육부(2017). 부정청탁 및 금품 등 수수의 금지에 관한 법률에 관한 학교 및 학교법인 매뉴얼.

교육부(2019). 초등학교생활기록부 지역별 설명회 질의 응답자료(2019).

권기욱(2006). **교사론**. 서울: 보현사.

권기욱(2010). **교직실무**. 서울: 보현사.

권낙원, 김민환, 한승록, 추광재(2011). **교사를 위한 교육과정론**. 경기: 공동체.

권대훈(2017). **교직실무의 이해**. 서울: 도서출판 신정.

권이종, 김용구(2007). **청소년 이해론**. 경기: 교육과학사.

기순신(2001). **교사론**. 서울: 학지사.

김경식, 박형진, 윤주국, 이병환, 이현철(2011). **교육사회학**(제3판). 경기: 교육과학사.

김규태(2017). **교육행정 및 교육경영**. 경기: 양성원.

김규태(2018). **교육학 논리와 논술**. 경기: 양성원.

김금화(2007). 학교단위책임경영제의 운영 평가. 한국교원대학교 대학원 석사학위논문.

김덕희(2006). 학교단위수업장학 평가도구 개발. 경북대학교 대학원 박사학위논문.

김동일, 신을진, 이명경, 김형수(2011). **학습상담**. 서울: 학지사

김상돈, 김형진(2012). **초·중등 교직실무**. 서울: 학지사.

김성열(2001). 학교단위 책임경영제의 성공조건의 설계. **교육행정학연구**, 19(4). 109-129.

김성열, 김용주, 조석훈, 변민석(2004). 경상남도 교육행정체제의 진단 및 혁신방향. 수탁연구 CR2004-9-15. 한국교육개발원.

김영화(2001). 공교육 이념과 기능의 효용성 및 시대적 적합성에 대한 일 고찰. 교육사회학연구, 11(2), 53-75.

김운종(2013). 교권보호조례를 통해서 본 교권의 재음미. 한국교원교육학회, 30(4), 117-138.

김윤태(2006). 교육행정 · 경영의 이해. 서울: 동문사.

김재덕(2016). 예비교사를 위한 최신 핵심 교직실무. 경기: 교육과학사.

김정한(2009). 장학론 - 이론 · 연구 · 실제. 서울: 학지사.

김종철 외(1973). 교원근무 부담에 관란 분석 및 그 적정 직무량에 관한 연구. 한국교육학회.

김종철(1985). 교육행정신강. 서울: 세영사.

김종철, 진동섭, 허병기(1991). 학교 · 학급경영론. 서울: 한국방송통신대학출판부.

김진한(2009). 교사를 위한 교직실무. 서울: 학지사.

김진한(2016). 교사를 위한 교직실무. 서울: 학지사.

김태준, 김남희, 이병준, 한준(2003). 사회적 자본 형성의 관점에서 본 시민의식 측정 연구. 서울: 한국교육개발원.

김희규, 김순미, 안성주, 최상영(2017). 최신 교직실무. 서울: 학지사.

김희규, 김순미, 안성주, 최상영(2018). 예비교사의 수업과 실무를 위한 최신 교직실무. 서울: 학지사.

류장희(2001). 학교 경영 계획 수립의 기초와 설계. 강원도교육청.

문병호(2015). 교원의 정치활동 등의 제한에 관한 소고(小考). 국가법연구, 11(1), 1-17

박경묵(2000). 초등교원 신규임용시험의 현황과 과제. 학생생활연구, 9, 59-95.

박경묵(2006). 교원의 신분상 의무에 관한 판례분석. 초등교육학연구, 13(1), 339-360.

박기호(2007). 초등학교 상담활동에 대한 교사와 학생의 인식. 홍익대학교 대학원 석사학위논문.

박병량(2003). 학급경영. 서울: 학지사.

박세훈(2000). 단위학교책임경영제의 조건과 성과에 관한 연구. 교육행정학연구, 18(4), 33-68.

박종렬, 신상명, 이해우, 이준효, 김덕희, 김순남, 정금현, 이재훈(2009). 신 교육행정 및 경영. 서울: 형설출판사.

백현기(1964). 장학론. 서울: 을유문화사.

부희식(2002). 학교경영 계획 수립과 경영 전략. 제주특별자치도교육청.

서정화, 황석근, 김대유(2000). 21세기의 교원단체. 한국교원교육연구, 17(1), 155-182.

성수, 정제영, 조동섭, 조석훈, 주현준, 홍창남(2009). 중등교직실무. 서울: 학지사.

송기창, 김민조, 김병주, 김병찬, 김성기, 김용, 나민주, 남수경, 박수정, 오범호, 이정미, 이희숙, 신재철, 이영길, 이용환, 이지헌(2003). 교육개혁조치에 따른 학교의 자율적 경영에 관한 연구. 교육행정학연구, 21(2), 329-357.

송기창 외(2015). **중등교직실무(2판)**. 서울: 학지사.

신재철, 이길, 이용환, 이지헌(2003). 교육개혁조치에 따른 학교의 자율적 경영에 관한 연구. **교육행정학연구**, 21(2). 329-358.

신현석, 이경호, 가신현, 김병모, 김재덕, 김희규, 박균열, 박정주, 박종필, 박호근, 안선희, 이강, 이일권, 이준희, 전상훈(2014). **교직실무**. 서울: 학지사.

신형석(2008). 공무원의 의무위반에 대한 징계제도에 관한 연구: 경찰공무원의 의무위반을 중심으로. 중앙대학교 대학원 석사학위논문.

심미자 외(2009). **성공적인 수업을 위한 교수전략**. 서울: 학지사.

안병환, 신재흡, 이기용(2012). **교육행정 및 교육경영**. 서울: 청목출판사.

오만록(2017). **생활지도-상담 이론과 실제**. 경기: 정민사.

우미형(2017). 공무원의 복종의무와 그 한계 -헌법 제7조와의 관계를 중심으로. **일감법학**, 38, 355-380.

우종완(2002). 교육청과 학교간의 교육행정권한 배분에 관한 연구. 한국교원대학교 대학원 박사학위논문.

윤정일, 송기창, 조동섭, 김병주(2008). **교육행정학원론(5판)**. 서울: 학지사.

윤정일, 허형(2002). **훌륭한 교사가 되는 길**. 경기: 교육과학사.

이경숙(2007). 학교단위 책임경제의 효과인 정착방안 연구. 한국교원대학교 교육정책학원 석사학위논문.

이경진(2018). 교사의 교육권 관점에서 본 초등통합교과서 제도의 개선 방안 탐색. **통합교육과정연구**, 12(3), 25-47.

이귀학(2009). **선생님도 전략이 있어야 산다**. 서울: 동서문화사.

이명자 외(2010). **교직실무의 이론과 실제**. 경기: 교육과학사.

이병환(2018). **교직실무**. 경기: 정민사.

이병환, 박미란(2012). **예비교사를 위한 지침서: 교직실무**. 서울: 교육과학사.

이상천(2017). 학교단위 의사결정기구의 운영 분석 연구. 대구대학교 대학원 석사학위논문.

이상철(2011). 교원 품위유지의무 위반 관련 교원소청심사위원회 결정 분석. **교육법학연구**, 23(2), 133-163.

이석하(2015). 유의미학습에서 선행조직자를 적용한 함수 단원의 수업 모형 설계.

이승준(2016). 수업 연구 대회 참여 경험이 초등교사의 수업 전문성에 미치는 영향. 한국교원대학교 교육대학원 석사학위논문.

이웅(2009). **교육학**. 경기: 형설출판사.

이윤식(1999). **장학론: 유치원 · 초등 · 중등 자율 장학론**. 서울: 교육과학사.

이재용(2013). 공무원인 근로자의 근로삼권과 국가공무원법 제66조의 집단행위의 금지: 집단행위의 개념과 국가공무원법 제66조의 개선방향을 중심으로. **법학연구**, 49, 115-138.

이종근(2012). 교사의 교육권, 학부모의 자녀교육권, 학생의 학습권의 내용 및 상호관계. 법과인권교육연구, 5(3). 47-68.

이종재 외(2006). 교사론. 경기: 교육과학사.

이칭찬, 주상덕(2009). 교직실무이론. 서울: 동문사.

임규혁(1999). 교육심리학. 서울: 학지사.

임연기, 이진철, 박일관, 이광호, 김성근, 서길원, 민병성, 조진형, 최병호(2018). 교직실무: 교직의 이해와 혁신. 경기: 공동체.

장재홍(2019). 학생이 인식하는 교사의 수업능력 및 수업방법 유형 분석과 영향요인 탐색. 고려대학교 대학원 박사학위논문.

장현용(2001). 단위학교 책임경영에 요구되는 초등학교장의 지도성에 관한 연구. 한국교원대학교 교육대학원 석사학위논문.

전국교직원노동조합 편(1990). 중등용 학급경영. 서울: 도서출판 들풀.

정명옥(2003). 단위학교책임경영에서 학교장의 재량권에 관한 연구. 전남대학교 교육대학원 석사학위논문.

정영수, 정일환(2006). 단위학교의 통합적 책임경영모형 탐색. 한국교육행정학회. 25(1). 51-73.

정일환, 권상혁(1996). 교사론. 서울: 교육출판사.

정치수(2010). 단위학교 책임경영을 위한 학교장 리더십 연구-강원도 초ㆍ중ㆍ고 교장의 인식을 중심으로-. 한국교원대학교 대학원 석사학위논문.

정태범(1988). 학교경영의 계획과 평가. 충청북도교육청.

조기성, 정상우(2016). 교권의 개념과 침해 구제방안. 교육문화연구, 22(6), 33-57.

조남두 외(2011). 수업을 꿰뚫어 보는 힘! 수업분석. 서울: 상상 채널.

조동섭, 이승기, 송윤성, 이현석, 장수진, 나인애, 박선주, 안병천(2008). 새내기 교사가 알아야 할 100가지. 경기: 교육과학사.

조벽(2012). 조벽 교수의 수업 컨설팅. 서울: 해냄.

주삼환 외(2009). 수업 관찰 분석과 수업연구. 경기: 한국학술정보.

주삼환, 천세영, 김택균, 신붕섭, 이석열, 김용남, 이미라, 이선호, 정일화, 김미정, 조성만(2015). 교육행정 및 교육경영. 서울: 학지사.

주철안, 오경희, 이상철, 이용철, 이지영, 한대동, 홍창남(2016). 교직실무. 서울: 학지사.

진동섭, 김병찬(2004). 단위학교 자율경영체제 연구. 수탁연구 CR2004-9-17. 한국교육개발원.

천호성(2009). 수업분석의 방법과 실제: 질적 연구방법을 중심으로. 서울: 학지사.

최석민 외(2014). 신규교사 임용시험 제도개선 정책연구. 전국시도교육감협의회ㆍ대구광역시교육청.

한공우(2003). 교육행정 및 교육경영. 서울: 동문사.

한국고용정보원 사이버진로교육센터(2015). 중등교사 진로특강 6차 자료.

한민석(2017). 교직실무. 경기: 공동체.

한석웅(2000). 중학교 학생의 생활지도방법에 관한 분석 연구. 연세대학교 관리과학대학원 석사학위논문.

홍관석(1999). 학교단위책임경영제의 모형개발과 실천전략. 교육행정학연구, 17(2). 1-24.

황영준, 정창호(2014). 교사를 위한 교직윤리. 경기: 교육과학사.

2. 해외 자료

Beach, D. M., & Reinhartz, J.(2000). Supervisory leadership: Focus on instruction. Boston: Allyn and Bacon.

Burton, W. H.(1947). Supervision. New York: Appleton Century Crofts, Inc.

Harris, B. N.(1985). Supervisory Behavior in Education (3rd ed.). Englewood Cliffs, New Jersey: Prentice-Hall.

Liberman, M.(1956). Education as a professiopn. New Jersey: Prentice-Hall.

Lou Carey, Walter Dick(2009). 체제적 교수 설계. 아카데미프레스.

McMillan, D. W., & Chavis, D, M.(1986). Sense of community: A definition and theory. *Journal of community psychology*, *14*(1), 6-23.

OECD(2005). Teachers Matter: Attracting, Developing and Retaining Effective Teachers. OECD Publications.

UNESCO · ILO(1966). The ILO/UNESCO Recommendation concerning the Status of Teachers. Paris: UNESCO.

Wiles, K., & Bondi, J.(1983). Supervision for better school (5th ed.). New Jersey: Prentice-Hall.

참고 사이트

경상북도교육청연구원 http://school.gyo6.net/gber

네이버 백과사전 http://100.naver.com

티쳐빌 연수원 http://www.teacherville.co.kr

한국교육과정평가원 http://www.kice.re.kr

찾아보기

(인명)

(ㄱ)

(ㅊ)

(ㅌ)

(ㅍ)

(ㅎ)

(ABC)

저자 소개

이 기 용

경북대학교 대학원 교육학박사
현 안동대학교 교수

강 정 숙

중원대학교 대학원 교육학박사
현 중원대학교 시간강사

김 규 태

The University of Texas at Austin 철학박사
현 계명대학교 교수

김 덕 희

경북대학교 대학원 교육학박사
현 경상북도 문경교육지원청 교육장

이 경 순

경북대학교 대학원 교육학박사
현 경상북도 안동 임동초등학교 교장

최 석 민

경북대학교 대학원 교육학박사
현 대구교육대학교 교수

중등예비교사를 위한

교직실무

1판 1쇄 인쇄 — 2020년 2월 15일
1판 1쇄 발행 — 2020년 2월 20일

저　　자 - 이기용 · 강정숙 · 김규태 · 김덕희 · 이경순 · 최석민
발 행 인 - 강철원
발 행 처 - 양성원
주　　소 - 경기도 파주시 검산로 173번길 29-20
전　　화 - 031-946-3861(代)
팩　　스 - 031-946-3864
이 메 일 - tnwpub@naver.com
홈페이지 - tnwpub.co.kr
출판등록 - 2015년 8월 31일 제 2015-000211 호

ISBN 979-11-6126-253-6

정가 20,000원